Σ BEST シグマベスト

JN004869

くめはら先生と学ぶ

中学国語のきほん50レッスン

粂原圭太郎

文英堂

勉強には，才能も特別な環境《かんきょう》も必要ない。
自分に合ったやり方を見つけて積み重ねていけば，
だれでも成績を上げることができる。

ここは学校でも塾《じゅく》でもない，今までとは違《ちが》う場所。
だから，これまで勉強が苦手だったきみもあきらめないで。
ぼくたちが全力でサポートするから！

ここから一緒《いっしょ》にがんばっていこう！

くめはら先生
国語担当

でんがん先生
理科担当

いっせー先生
社会担当

こーさく先生
数学担当

すばる先生
英語担当

この本の登場人物紹介

はやく帰って
マンガ読むー。
ぼくはゲーム
したいな。
録画してた推《お》しの
ドラマ見る！

ヒナ（中1）
明るく元気。マンガや
アニメが好き。

ユウマ（中2）
おとなしくて素直。
ゲーム好き。

アオイ（中3）
ふだんは冷静なほう。
実はアイドル推し。

くめはら先生との出会い

幼なじみの３人が，とぼとぼ歩いている。

どうやら全員，定期テストの結果が悪かったらしい。

「あーあ。勉強しなかったからしょうがないけど，ひどい点数だった」

と言ったのは，中１のヒナ。すると，中２のユウマが，

「ぼくは国語がひどかった。国語って，何をどう勉強したらいいのか，よくわからないよ」

と，ため息をつく。

それを聞いた中３のアオイが，つぶやくように言った。

「国語かあ。私，ずっと得意教科だと思っていたんだけど，実はなんとなく解いているだけで，点数がよくないときもあるんだよね」

うつむきがちで歩く３人の前に，いつの間にか，笑顔の男性が立っていた。

ぼくが来たからには
もう大丈夫《だいじょうぶ》！
一緒《いっしょ》に解決していこう。

くめはら先生

スーパー講師陣紹介

国語講師

学参マイスター

くめはら先生（条原圭太郎《くめはらけいたろう》）

左ページの４人の仲間とともに，みんなの合格を全力であと押《お》しするよ！

PROFILE

京都大学経済学部卒業後にオンライン個別指導塾《じゅく》で受験指導を開始。多くの受験生を合格へと導いている。著書に『やる気と集中力が出る勉強法』（二見書房），『偏差値《へんさち》95の勉強法』（ダイヤモンド社）などがある。
Twitter：@k_kumehara

MESSAGE この本を手に取ってくれたみんなへ

なかなか成績が上がらない自分のことを，頭が悪いとか，努力が足りないとかって責めてしまっていない？

そんなきみは，まだ自分に合った勉強のやり方を知らないだけ。

それさえつかめれば成績は上がっていくよ。

さあ，今から一緒《いっしょ》に始めよう！

先生からのメッセージ動画はこちら

TIMELINE

- **1991年** 群馬県安中市に生まれる
- **2003年** 群馬県立中央中等教育学校進学
- **2007年～2009年**
  - ・全国かるた競技大会で初優勝
  - ・高校時代の平均偏差値80，最高偏差値95
- **2010年** 京都大学に首席で現役合格
- **2014年** 日本テレビ系の番組「最強の頭脳 日本一決定戦！頭脳王」に出演（2016年まで出演）
  オンライン個別指導塾「条原学園」設立
- **2019年** 競技かるた名人位（65～67期，3連覇《れんぱ》）
- **2020年** オンライン個別指導塾「となりにコーチ」代表就任
- **2022年** 本田式認知特性研究所のメンバーに就任
  マンガ『ガクサン』（佐原実波／講談社）の監修《かんしゅう》
  ソーシャルデータバンク株式会社 社長室顧問《こもん》に就任
- **2023年** 『くめはら先生と学ぶ 中学国語のきほん 50レッスン』発売

小学5年生から始めた競技かるたは現在も続けている

3年連続でファイナリストになり，全国的な人気を博す

認知特性（16～17ページ参照）の観点から個々に合う勉強法を提案

社会講師

くめはら先生は
大好きなアニキ！

受験合格請負人《うけおいにん》

いっせー先生（西岡壱誠《にしおかいっせい》）

出身地	北海道
出身高校	私立宝仙学園高校
最終学歴	東京大学経済学部在学中
主な活動	・株式会社カルペ・ディエム代表 ・リアルドラゴン桜プロジェクト ・スタディサプリ講師
著書	『東大読書』『東大作文』『東大思考』（東洋経済新報社）など多数
YouTube	西岡壱誠のアタマの中（@nishiokaissei）
SNS	Twitter：@nishiokaissey

数学講師

くめはら先生は
お兄ちゃん！

計算の申し子

こーさく先生（永田耕作《ながたこうさく》）

出身地	愛知県
出身高校	愛知県立明和高校
最終学歴	東京大学教育学部在学中
主な活動	株式会社カルペ・ディエムの講師として全国の高校で講演・ワークショップ
著書	『東大生の考え型「まとまらない考え」に道筋が見える』（日本能率協会マネジメントセンター）
SNS	Twitter：@NagataKosaku08

理科講師

くめはら先生は
みず／かくとう！

理系 YouTuber

でんがん先生

出身地	兵庫県
出身高校	兵庫県立芦屋高校
最終学歴	大阪大学大学院基礎工学研究科（修士）
主な活動	・YouTube チャンネル運営 ・映画俳優（出演作品『カラダ探し』『近江商人，走る！』）
著書	『元バカによるバカのための勉強 100 カ条！』（SB クリエイティブ）など
YouTube	日常でんがん（@nichijo_dengan） たまるクエスト（@tamaruquest）
SNS	Twitter：@dengan875

英語講師

くめはら先生は
話が合う友達！

東大医学部卒 YouTuber

すばる先生（宇佐見天彗《うさみすばる》）

出身地	香川県
出身高校	香川県立高松高校
最終学歴	東京大学医学部医学科
主な活動	・YouTube チャンネル運営 ・勉強法や受験対策情報の発信
著書	『現役東大医学部生が教える最強の勉強法』（二見書房）など
YouTube	PASSLABO in 東大医学部発「朝 10 分」の受験勉強 cafe（@passlabo）
SNS	Twitter：@sbr_usami

この本の構成と使い方

基本ページ

会話形式の授業で習ったことをもとに「練習問題」を解いて力をつける

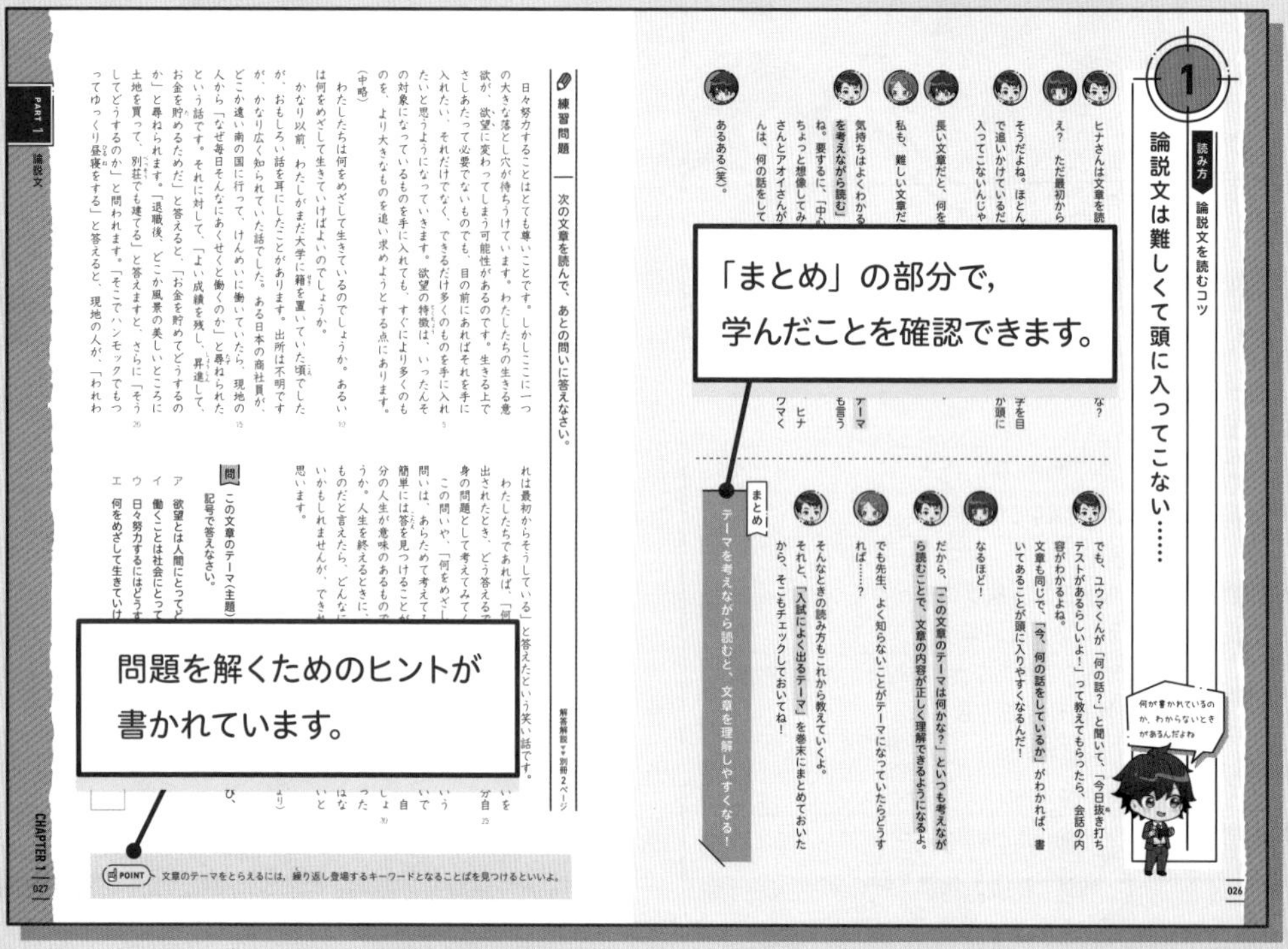

巻末付録

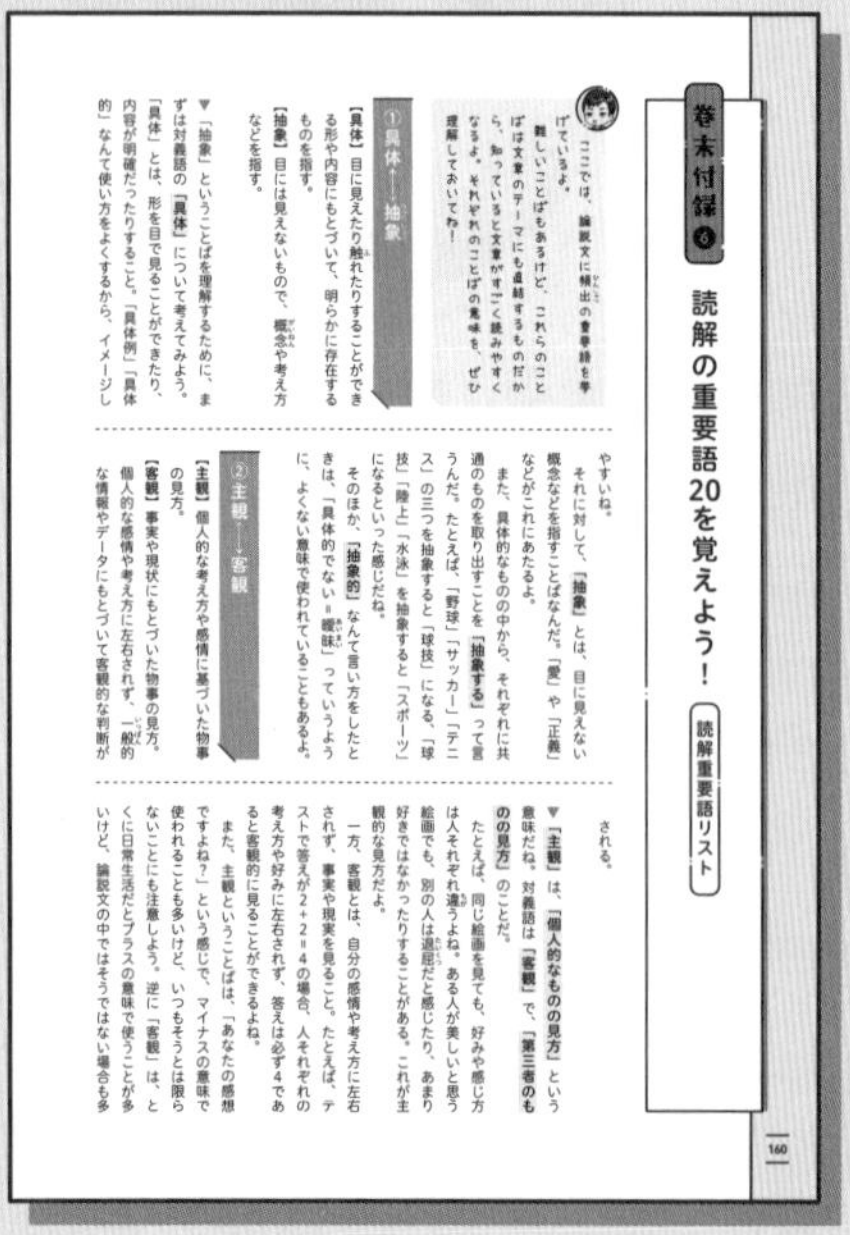

「漢字」「文法」「敬語」をはじめとした国語の知識や，「入試によく出るテーマ」「読解重要語」などのお役立ちデータ

自分に合う勉強法の見つけ方

先生の経験や適性の例を参考にしながら，自分に合ったやり方を見つける

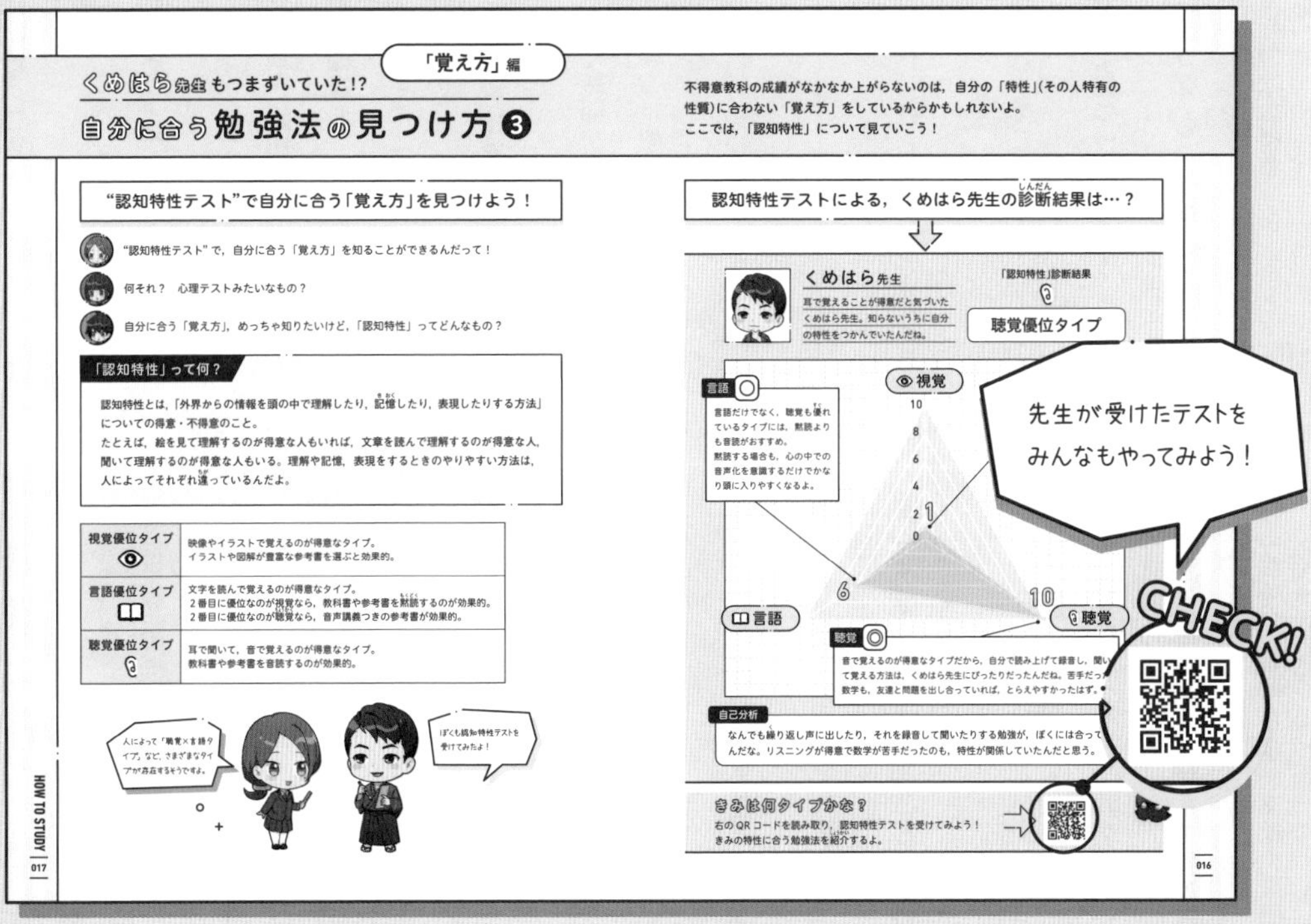

解答解説

問題を解いたら，答え合わせをする

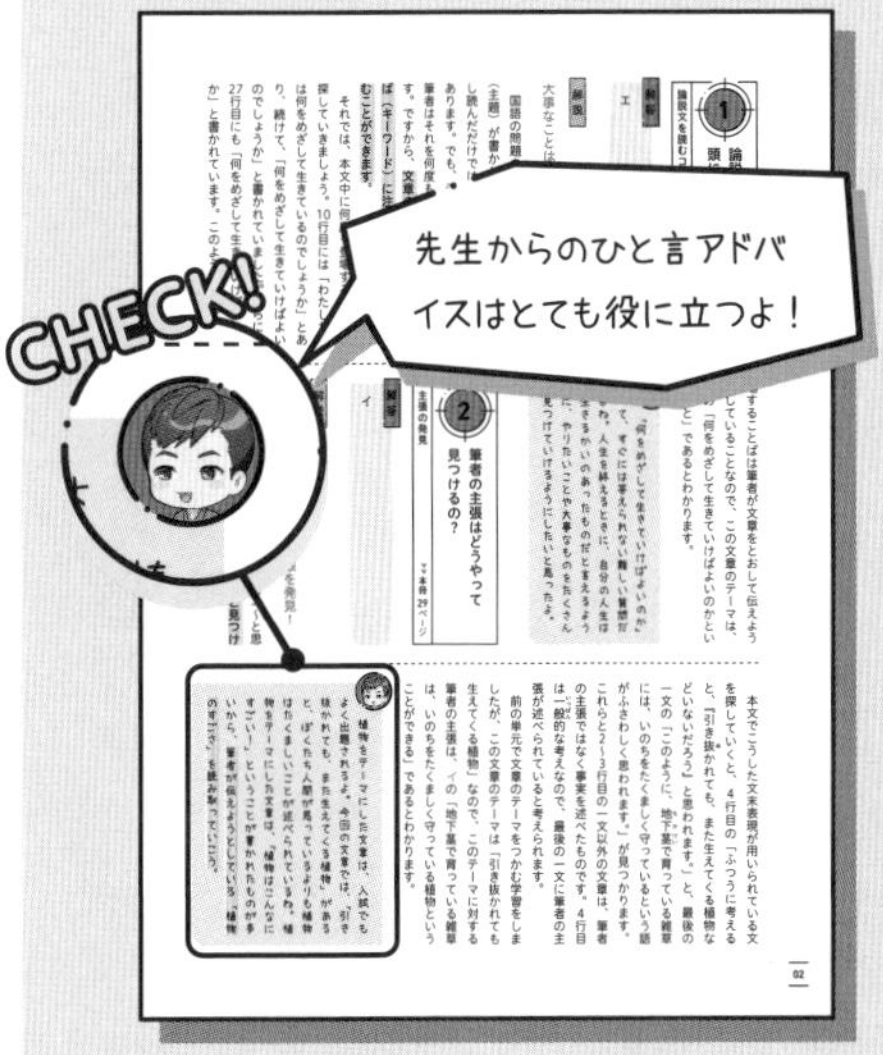

Q&A

生徒たちの悩《なや》みに先生が全力で答える

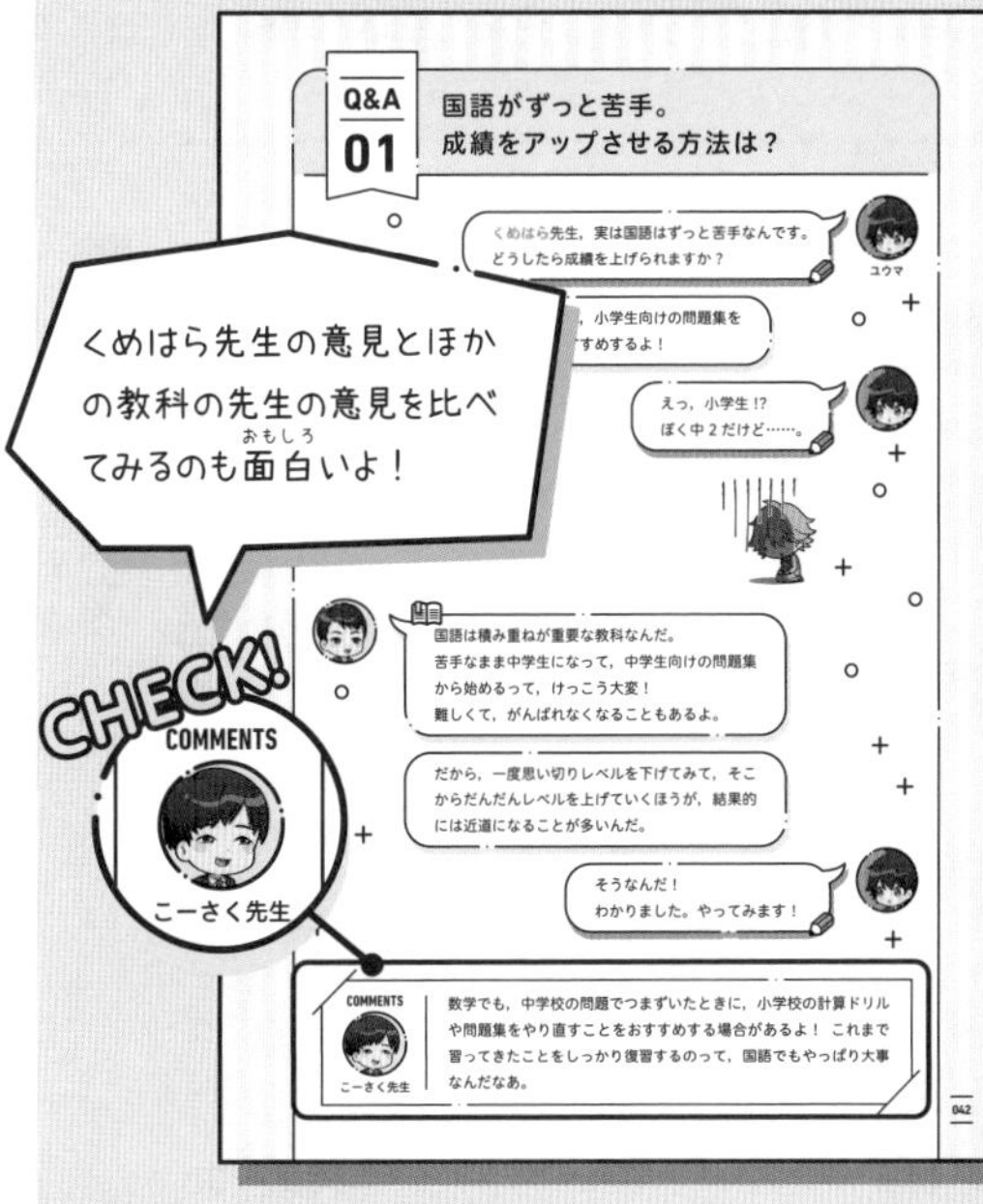

もくじ

「中学のきほん」シリーズの国語担当は粂原圭《くめはらけい》太《た》郎《ろう》先生！
京都大学に主席で現役合格したくめはら先生は，どんな中学生だったのかな？
あれこれ質問してみたよ。

いろいろ試していく中で，ぼくの場合は耳から覚える方法が合っていることがわかってきた。人の脳は，本人のやる気に関係なく，楽しくないことを継続できないしくみになっているんだって。だから，いろんなやり方を試してみて，無理せず続けられそうなことを見つけるのがいいと思うよ。

参考書がぎっしりと並んだ自宅の本棚《ほんだな》

――― 中学生のとき，もっとこうしておけばよかったなって思うことはある？

毎日最低でも 30 分は勉強しておけばよかったかな。歯みがきやお風呂《ふろ》のように，勉強を習慣にしておけば，かなり違《ちが》っていたと思うんだ。
でも，ぼくは基本的に過去は変えられると思っているよ。
起こった事実は変えられないけど，過去に起こったことの意味をあとから変えることはできると思う。失敗はだれでもするし，したっていい。そのあとの行動次第で過去の意味を変えられると考えれば，あのとき失敗してよかったと思えるように努力もするし，楽しく生きようとするでしょ？ そういうクセをつけていると，落《お》ち込《こ》むことが減って人生が楽しくなるって考えているんだ。

――― 勉強じゃなくても，つまらないことってあるよね。そういうことをやらなきゃいけないとき，くめはら先生だったらどんなふうに考えてるの？

ぼくは，高杉晋作《たかすぎしんさく》の辞世《じせい》の句(この世を去るときによむ歌)である「おもしろきこともなき世をおもしろく」を座右《ざゆう》の銘《めい》にしているよ。つまらないことをどうしてもやらなきゃいけないときは，そこにも楽しみを見出したい。つまらないことが楽しくなる方法を見つけたいし，もっといい方法がないか常に探したい。つまらないことを耐《た》える努力をするんじゃなくて，つまらないことを楽しくするための努力ならいくらでもしたいって考えているよ。

ヒナ
マンガやアニメが好きで，あんまり勉強していなかった時期もあるなんて親近感がわいたよ！

ユウマ
中学生のときの友だちの影響で勉強をするようになったんだね。

アオイ
くめはら先生は明るく前向きな人だなと思った。こっちまで元気をもらえたよ！

くめはら先生ってどんな人!?

―― **くめはら先生の中学時代について教えて！ どんな生徒だったの？**

スポーツが好きで，中１はバスケ部，中２からはテニス部に入っていたよ。
小５から始めた競技かるたは，５人編成のチームで戦う団体戦がとくに好きだった。かるたはずっと続けていて，今は１人で戦っているけど，みんなで力を合わせることがもともと好きなんだ。今もだれかと一緒《いっしょ》に仕事をするほうが，がんばれるタイプだね。

―― **勉強についてはどうだったの？ 毎日，真面目にやっていた？**

中学時代，勉強は嫌《きら》いなほうではなかったけど，毎日必ず勉強していたわけではないね。マンガを読んだり，アニメを見たりしているほうが楽しかった。中学生のころは，マンガだと『こちら葛飾《かつしか》区《く》亀有《かめあり》公園前《こうえんまえ》派《は》出所《しゅつじょ》』や『クレヨンしんちゃん』をよく読んでいたな。本も好きで，ハリーポッターシリーズは全巻，発売日に買って読んだし，あさのあつこ先生の『バッテリー』は，セリフを暗記するまで読んだよ。

小学時代，上毛かるたの競技大会にて。
優勝旗を持っているのがくめはら先生

勉強は０時間の日もあり，テスト前にあせって５，６時間集中して勉強する日もあり……という感じ。夏休みの宿題を最終日までためてしまって，泣きながら終わらせたこともあるよ。

―― **へえ，意外！ 親近感がわく。いつからちゃんと勉強するようになったの？**

中２で出会った友人の影響《えいきょう》が大きいね。彼《かれ》は「絶対に東大を目指す！」と言って，学食で白米とみそ汁《しる》だけ注文し，脳にいいとされる納豆を２パック持参して食べているような人だった。当時，クラスでは恋愛小説が流行《はや》っていたのに，彼は勉強法について書かれた本を熱心に読んでいて，ぼくにも貸してくれたんだよ。
もともとゲームの攻略本を読むのが好きだったんだけど，彼に借りた本はまるで人生の攻略本に思えた。中高時代の日々って，生活の中で勉強がしめる割合が大きいよね？ 勉強を制したらおもしろい大学へ行けて，その後の人生もきっとうまくいく。そんな気がして，いろいろな勉強法を試《ため》すようになったんだ。

―― **いろいろ試した中から，どうやって自分にぴったりの勉強法を見つけたの？**

勉強法って，どれもある程度の期間やってみないと自分に合うかどうかはわからない。だから，１週間くらい継続《けいぞく》してみて，振《ふ》り返《かえ》ることが大切だよ。

**中高生時代に勉強でつまずいてしまうのは，自分に合わない勉強法を実践《じっせん》しているからかもしれない。
くめはら先生は，どうだったのかな？**

得意教科と不得意教科，くめはら先生はそれぞれどのように勉強していたのかな？

得意教科の勉強法

得意教科は国語・英語

いろいろな勉強法を試していたとき，たまたま耳で聞いて覚えることが得意だと気づいた。

英単語や古文単語など，覚えたいことを自分で読み上げて録音し，それを聞いていたらどんどん覚えられた。

「さらなり」は言うまでもない
録音
国語
再生

不得意教科の勉強法

不得意教科は数学

自分の部屋にこもり，1人で黙々《もくもく》と教科書を読んでは問題を解くということを繰《く》り返していた。

楽しくないから続かず，苦手なままだった。友達と一緒《いっしょ》に勉強するとか，耳で聞いて覚える勉強法を試すとかすればよかった。

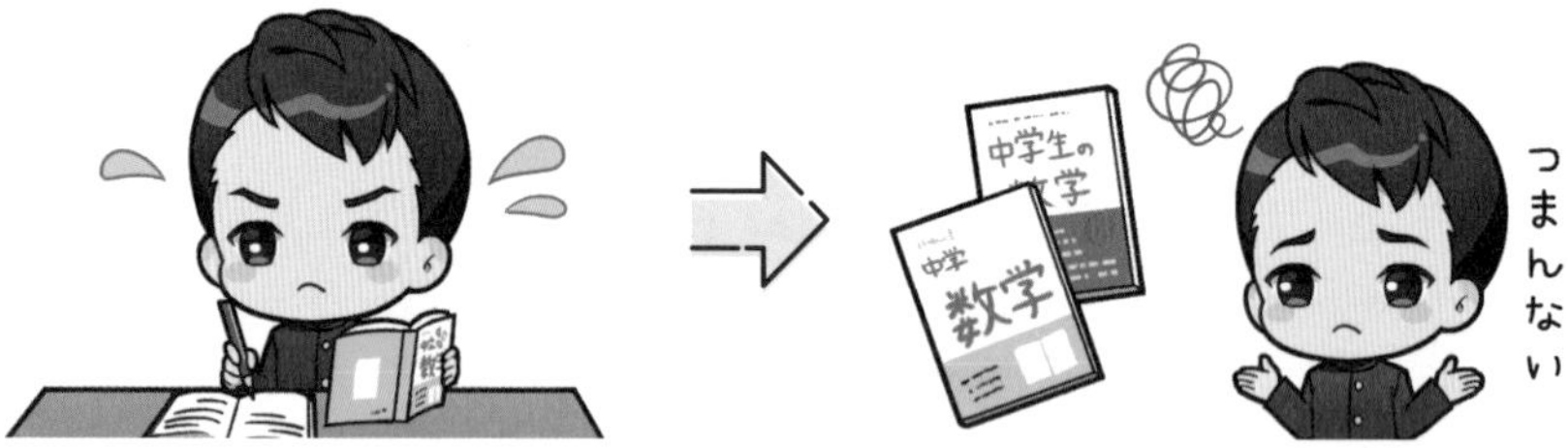
中学生の数学
中学
数学
つまんない

「勉強の進め方診断《しんだん》」や「認知特性テスト」で，自分に合う勉強法を知ることができるよ。
「自分に合う勉強法の見つけ方❷」から見ていこう！

くめはら先生もつまずいていた!?

自分に合う勉強法の見つけ方❶

中高生時代のくめはら先生は，どうやってスランプから抜《ぬ》け出《だ》したのかな？

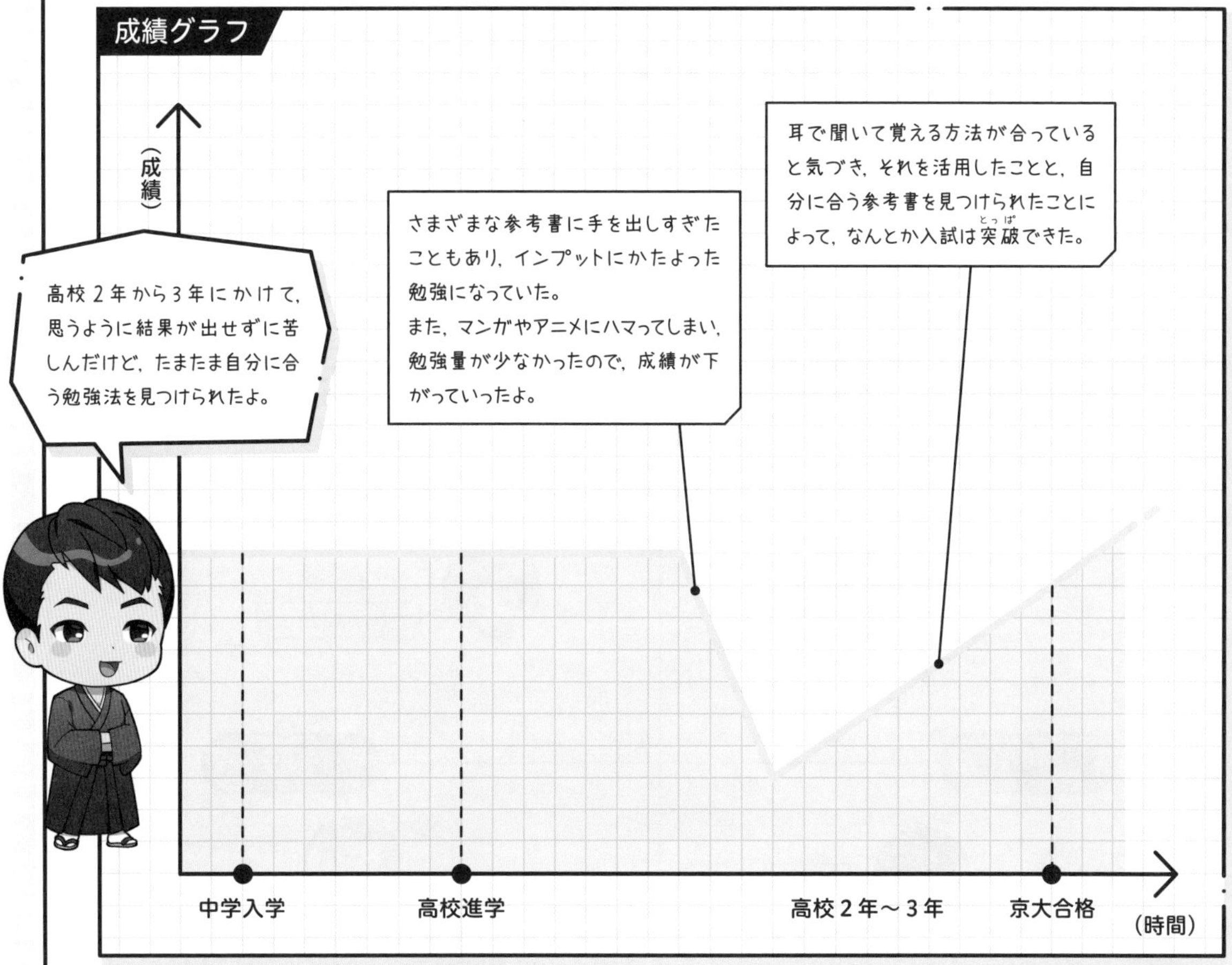

成績グラフ
(成績)
高校２年から３年にかけて，思うように結果が出せずに苦しんだけど，たまたま自分に合う勉強法を見つけられたよ。
さまざまな参考書に手を出しすぎたこともあり，インプットにかたよった勉強になっていた。
また，マンガやアニメにハマってしまい，勉強量が少なかったので，成績が下がっていったよ。
耳で聞いて覚える方法が合っていると気づき，それを活用したことと，自分に合う参考書を見つけられたことによって，なんとか入試は突破《とっぱ》できた。
中学入学
高校進学
高校２年～３年
京大合格
(時間)

今の自分が中高生時代の自分にアドバイスするなら…

いろいろな参考書や問題集に目移りするより，１冊を極めたほうがいい。また，自習室へ行く，SNSなどを通して同じ目標の人たちと競い合うなどしたほうが，がんばれることもあるよ。

先生もいろいろ悩《なや》んで，自分に合う勉強法を発見したんだね。
自分に合う勉強法がすぐに見つかるといいよね！

自分の「学び型」を知らないまま，合わない勉強法を続けていると，
スランプにおちいることがあるよ。
ここでは，「学び型」について見ていこう！

診断テストで判明した，くめはら先生の「学び型」は…？

くめはら先生

自分で興味をもったことは，とことん追求してしまうくめはら先生。
その特徴は学び型にも表れていたよ。

「学び型」診断結果

感情拡散型

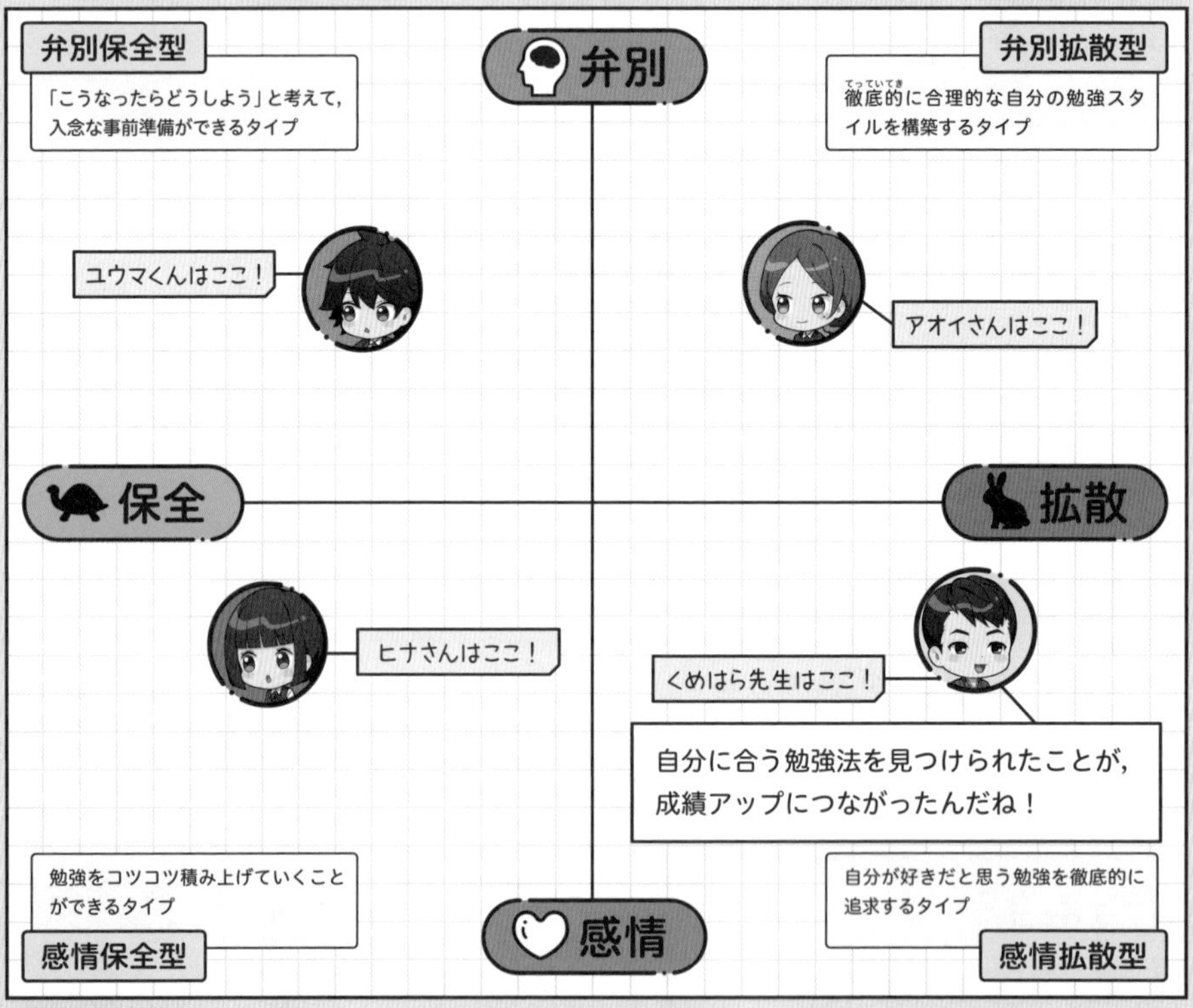

弁別
保全
拡散
感情
弁別保全型
「こうなったらどうしよう」と考えて，入念な事前準備ができるタイプ
弁別拡散型
徹底的《てっていてき》に合理的な自分の勉強スタイルを構築するタイプ
ユウマくんはここ！
アオイさんはここ！
ヒナさんはここ！
くめはら先生はここ！
自分に合う勉強法を見つけられたことが，成績アップにつながったんだね！
勉強をコツコツ積み上げていくことができるタイプ
感情保全型
自分が好きだと思う勉強を徹底的に追求するタイプ
感情拡散型

自己分析

たしかにぼくは，「楽しい！」と思える勉強に出会えたときの集中力には，自信があったな。
勉強を「ゲーム」のようにとらえていて，どんな勉強も楽しむ努力をしていたよ。

きみの「学び型」はどれかな？

右のQRコードを読み取り，診断テストを受けてみよう！
きみの学び型に合う勉強法を紹介《しょうかい》するよ。

くめはら先生もつまずいていた!?

「学び型」編

自分に合う勉強法の見つけ方 ❷

診断《しんだん》テストで自分の「学び型」を知ろう！

自分の「学び型」がわかる，“勉強の進め方診断” があるんだって !!

勉強の進め方診断？　何それ？

自分の「学び型」に合う勉強法を実践《じっせん》すれば，効果が出やすいんだね。

診断テストって何？

勉強の進め方診断は，「その人がどんなふうに勉強を進めていくと，勉強がうまくいきやすいのか」をまとめたものだよ。真面目にコツコツ進めたいタイプの人もいれば，気分次第で進めたい人もいるよね。細かいことが気になる人もいれば，大ざっぱな人もいる。勉強は，自分のタイプに合わせて実践していくのが一番なんだ。「FFS 診断」という理論を参考につくられているよ。

どんな「学び型」があるの？　それぞれの特徴《とくちょう》は？

	積み上げる勉強	応用問題	問題を解くスピード	その他の特徴
弁別保全型	得意	苦手	ゆっくりていねいに解くのが合っているが，わからないところがあると時間がかかりがち。	自分にとって意味があると思える勉強ならがんばれるタイプ。
弁別拡散型	苦手	挑戦《ちょうせん》したい！	パパッと解くのが得意だが，その分ミスも多くなりがち。また，わからないところを無視しにくい。	宿題など，他人からおしつけられた勉強に取り組むのが苦痛なタイプ。
感情保全型	得意	苦手	ゆっくりていねいに解くのが合っていて，早く解くのが苦手。	自分が苦手なところと向き合い，間《ま》違《ちが》いを認めて反省できるタイプ。
感情拡散型	苦手	挑戦したい！	パパッと解くのが得意だが，その分ミスも多くなりがち。	「これ楽しい！」と思える勉強はするが，嫌《きら》いなものはできないタイプ。

弁別：白黒はっきりさせたいタイプ
感情：気持ちに左右されがちなタイプ
保全：慎重《しんちょう》にコツコツと進めるタイプ
拡散：活発で行動力があるタイプ

不得意教科の成績がなかなか上がらないのは，自分の「特性」(その人特有の性質)に合わない「覚え方」をしているからかもしれないよ。
ここでは，「認知特性」について見ていこう！

認知特性テストによる，くめはら先生の診断《しんだん》結果は…？

くめはら先生

耳で覚えることが得意だと気づいたくめはら先生。知らないうちに自分の特性をつかんでいたんだね。

「認知特性」診断結果

聴覚優位タイプ

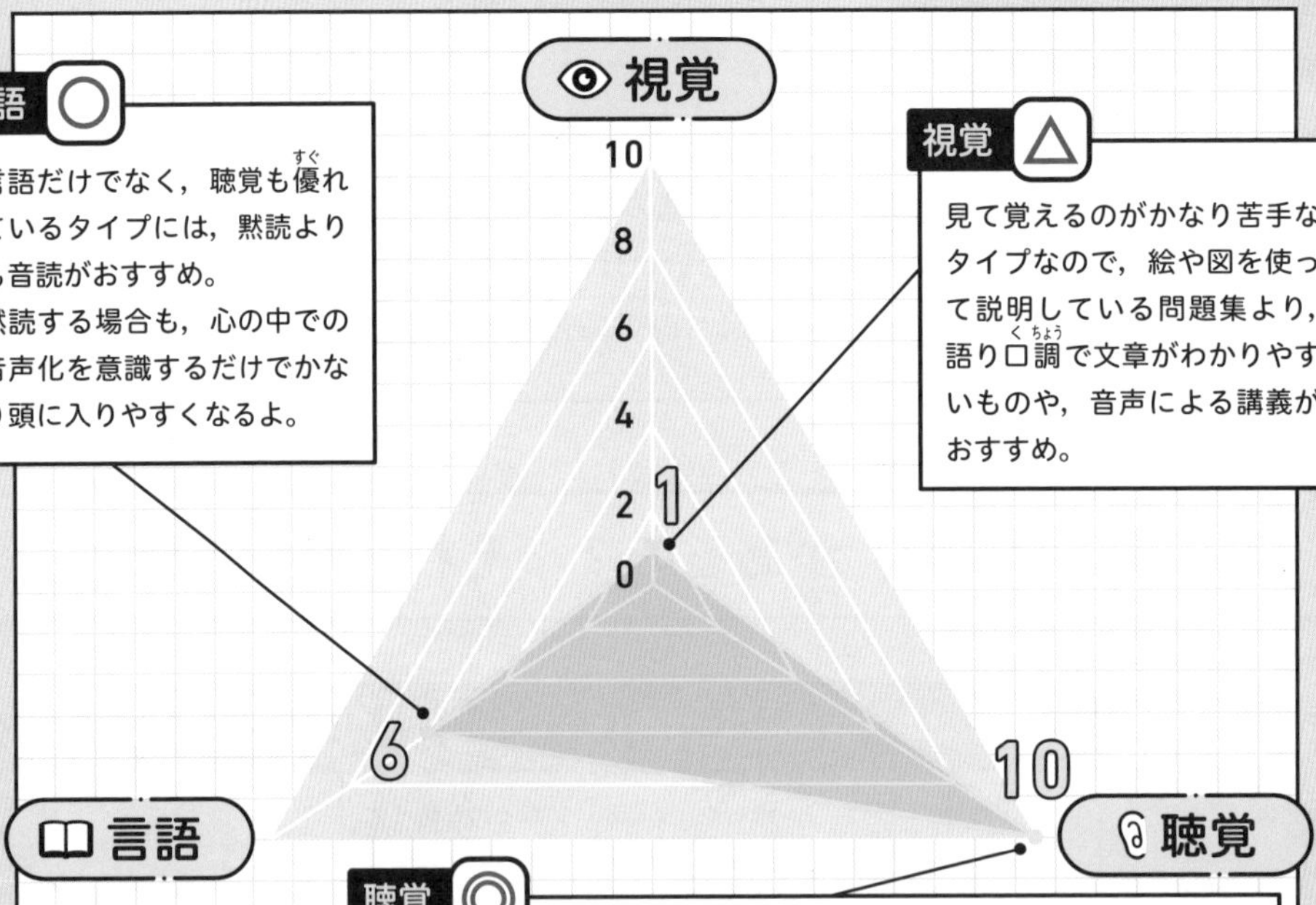

言語 ○

言語だけでなく，聴覚も優《すぐ》れているタイプには，黙読よりも音読がおすすめ。
黙読する場合も，心の中での音声化を意識するだけでかなり頭に入りやすくなるよ。

視覚 △

見て覚えるのがかなり苦手なタイプなので，絵や図を使って説明している問題集より，語り口《く》調《ちょう》で文章がわかりやすいものや，音声による講義がおすすめ。

聴覚 ◎

音で覚えるのが得意なタイプだから，自分で読み上げて録音し，聞いて覚える方法は，くめはら先生にぴったりだったんだね。苦手だった数学も，友達と問題を出し合っていれば，とらえやすかったはず。

自己分析

なんでも繰《く》り返し声に出したり，それを録音して聞いたりする勉強が，ぼくには合っていたんだな。リスニングが得意で数学が苦手だったのも，特性が関係していたんだと思う。

きみは何タイプかな？

右の QR コードを読み取り，認知特性テストを受けてみよう！
きみの特性に合う勉強法を紹介《しょうかい》するよ。

「覚え方」編

くめはら先生もつまずいていた!?

自分に合う勉強法の見つけ方 ❸

“認知特性テスト”で自分に合う「覚え方」を見つけよう！

“認知特性テスト” で，自分に合う「覚え方」を知ることができるんだって！

何それ？　心理テストみたいなもの？

自分に合う「覚え方」，めっちゃ知りたいけど，「認知特性」ってどんなもの？

「認知特性」って何？

認知特性とは，「外界からの情報を頭の中で理解したり，記《き》憶《おく》したり，表現したりする方法」についての得意・不得意のこと。
たとえば，絵を見て理解するのが得意な人もいれば，文章を読んで理解するのが得意な人，聞いて理解するのが得意な人もいる。理解や記憶，表現をするときのやりやすい方法は，人によってそれぞれ違《ちが》っているんだよ。

視覚優位タイプ	映像やイラストで覚えるのが得意なタイプ。 イラストや図解が豊富な参考書を選ぶと効果的。
言語優位タイプ	文字を読んで覚えるのが得意なタイプ。 ２番目に優位なのが視覚なら，教科書や参考書を黙読《もくどく》するのが効果的。 ２番目に優位なのが聴覚《ちょうかく》なら，音声講義つきの参考書が効果的。
聴覚優位タイプ	耳で聞いて，音で覚えるのが得意なタイプ。 教科書や参考書を音読するのが効果的。

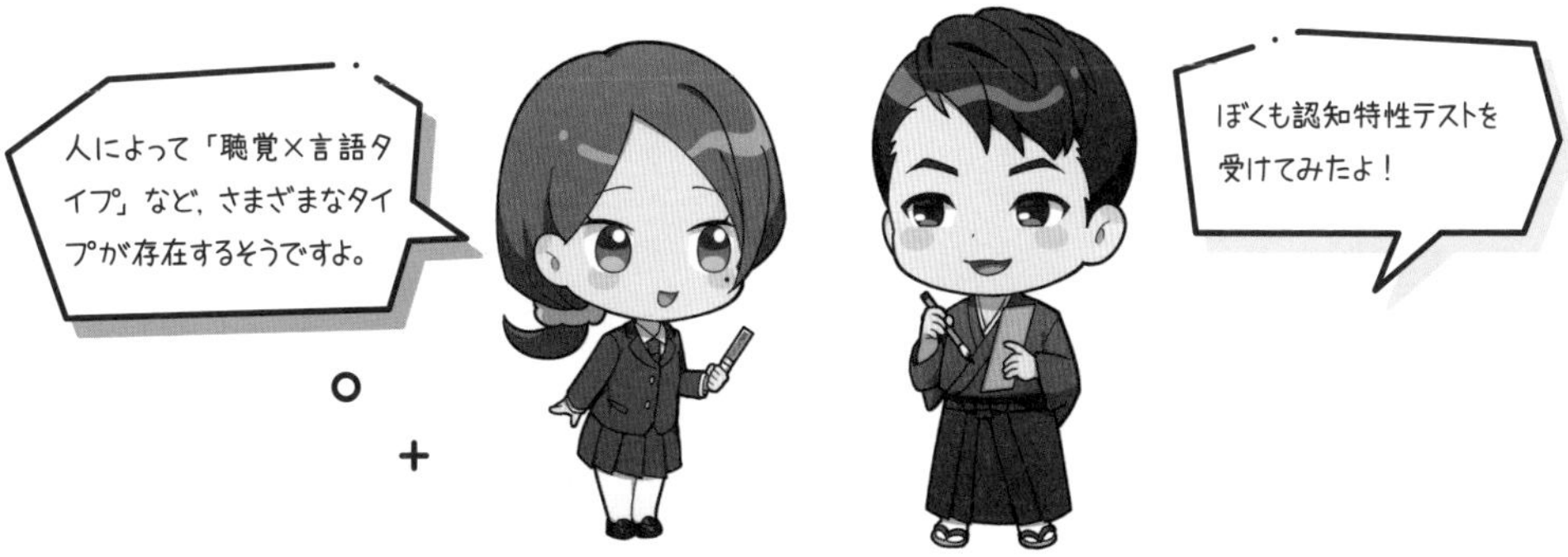
人によって「聴覚×言語タイプ」など，さまざまなタイプが存在するそうですよ。
ぼくも認知特性テストを受けてみたよ！

プロローグ　国語の勉強を始める前に

1　そもそも国語って、勉強する意味あるの？

先生！　私、国語がめっちゃ苦手！　っていうか、嫌《きら》いなんだけど！

ぼくもです。そもそも、国語って勉強する意味あるんですか？

いきなりストレートにきたね！　じゃあ、今回は「国語を勉強すると、とってもお得！」っていう話をしよう。

国語を勉強すると「お得」なんですか？

そうだよ！　国語が得意になると、なんとほかの教科まで得意になっちゃうんだ。たとえば、ユウマくんは、数学の文章題が苦手だったよね？

そうなんです。計算するだけの問題なら得意なんですが……。

国語を勉強して正しく文章を読むことができる力がつけば、数学の文章題も得意になるよ。問題文の意味をしっかり理解して、正しい式をつくれるようになるからね。

たしかに、それはなんとなくわかるけど……。

それだけじゃないんだ。社会も理科も、勉強するときは日本語を読んで理解していくよね。日本語、つまり国語の読解力が高まれば、勉強全体の効率が上がるんだ。

なるほどー。

先生、私は英語があまり得意じゃないんですが、さすがに、英語と国語はあまり関係ないような……。国語の勉強は、英語にも役に立つんですか？

いい質問だね！　英語と国語では、使われている言語が違《ちが》う。でも、「文章を論理的に読んでいく」というところは、共通しているんだよ。

たしかに！

だから、**国語の読解が得意になれば、英語の読解にもいい影《えい》響《きょう》が出てくるよ。**

そういうことなら、ちょっと国語の勉強をやってみようかな。

「ちょっと」じゃなくて、「たくさん」勉強してくれるとうれしいな（笑）。

まとめ

国語が得意になるとほかの教科の勉強にもいい影響が出てくるから、国語を勉強すると、とってもお得！

「お得」って言われると、頑張《がんば》ってみようって気になるね

やる気が出てきたよ！

---

2 国語ができるようになるには、いっぱい本を読まないといけないの？

先生、国語を得意にするには、たくさん本を読まないといけないって聞いたんですけど、そうしたほうがいいんですか？

もちろん、読書は国語の力を高めてくれる。本が好きな人は活字を読むことに慣れているし、読書を通してたくさんのことばを知ることができるから、国語も得意になる傾向があるよ。

え、ということは、あんまり本を読まないぼくは国語ができるようにならないんじゃ……？

そんなことはないから、安心して！　たしかに、本をまったく読まないよりは読んでいたほうがいいけど、**国語のテストでは、読書をするときと同じように読んでも、いい点数が取れるわけじゃない**んだ。

読書と同じ読み方じゃだめってこと？

そうなんだ。読書では、自分の思いどおりに楽しく読んでいけばいいんだけど、**国語のテストの読解では、「文章に書いてあることを正しくつかむ読み方」をする必要がある**んだよ。

なるほど、たしかに違《ちが》いますね。

国語ができるようになるためには、この**「文章に書いてあることを正しくつかむ読み方」**を身につければいいんだ。ふだんあまり本を読まない人ほど、効果的だよ。

それなら、希望がもてます！

これから一緒《いっしょ》に「文章に書いてあることを正しくつかむ読み方」を勉強していこうね。

まとめ

ふだんあまり本を読まない人でも、「文章に書いてあることを正しくつかむ読み方」を身につければ、国語を得意にできる！

本を読むことも大事だから、
できればたくさん読むようにしてね

3 国語の答えなんて、人それぞれ違うんじゃないの？

先生、国語は数学や理科とかと違って、答えを一つに決められないって聞いたことがあるんですけど、本当ですか？

たしかに、国語については、そんなふうに言われることがあるね。でも、ぼくはそうは思わないよ。

あ、それって、前回の話と関係あるんじゃない？

ユウマくん、よく気づいたね！　アオイさん、前回の話、覚えているかな？

はい。読書は、自分の思いどおりに楽しく読んでいけばいいけど、国語のテストの読解では、「文章に書いてあることを正しくつかむ読み方」をする必要があるんですよね。

そうそう。つまり、「読書」のように読めば、読んだ人の数だけ違う感想があるけど、**国語のテストとして「読解」していくのであれば、答えは一つに決まる**んだ。

そっか！　文章に書いてあることについて問われているから、答えは一つに決まるんだね。

そのとおり。しかも、国語のテストとして問題を出す場合には、「あれも正解」「これも正解」では困ってしまうから、きちんと一つの答えが出るようになっているんだよ。

「文章に書いてあることを正しくつかむ読み方」ができれば、一つの答えにたどりつけるってことですね！

まとめ

国語のテストでは、「文章に書いてあることを正しくつかむ読み方」ができているかどうかを試すので、答えは一つに決まる。

国語のテストでは答えが一つに決まるってわかって安心したよ

テストで求められている読み方は、「読書」じゃなくて「読解」なんだね

4 文章を読むのにすごく時間がかかっちゃう！

国語のテストのことで、先生に相談したいことがあるんですけど……。

ユウマくん、どんなことかな？

文章をじっくり読めば理解できることも多いんですが、それだとすごく時間がかかっちゃって、テストの時間内に全部解き終わらないんです……。

わかる！　私も読むのが遅《おそ》くて、いつもテストの最後のほうで時間が足りなくなってあわてちゃいます。

なるほど。たしかに、ユウマくんやアオイさんと同じ悩《なや》みをもつ人は、すごく多いね。

ほら先生、出番だよ！　はやく読めるようになる裏技《うらわざ》教えて！

はやく読めるようになる裏技か……。そういうのがあったらいいなとは思うんだけど、「明日から読むのが超《ちょう》はやくなる」みたいな技は、残念ながらないんだ。

ないのかー。がっかり……。

でもね、国語の文章には「読み方のコツ」があるんだよ。読むのが遅《おそ》くて悩《なや》んでいる人の多くは、そのコツを知らないまま読んでしまっているから、大事なポイントを読み落としたり、誤った読み取りをしたりして時間をロスしてしまうことが多いんだ。

「読み方のコツ」って、速く読むコツとは違《ちが》うんですか？

「読み方のコツ」は、「型」みたいなものなんだ。たとえば、バスケットボールのシュートも、やみくもにボールを投げているうちはなかなかゴールが決まらないけど、シューティングの練習をして正しい「型」を身につければ、正確にすばやくボールを投げることができるようになるよね。

たしかに！　練習して正しい投げ方ができるようになるとゴールも決まりやすくなるよね！

そうそう！　それと同じように、国語の文章を読むときの正しい「型」を身につければ、正確にはやく読むことができるようになるんだよ。

正しい「型」を身につけることが、結果的にはやく読むことにつながるってことですね。

そのとおり！　だから、今は読むのが遅くてもあせらなくて大丈夫《だいじょうぶ》だよ。

国語の「読み方のコツ」って、どんなものがあるんですか？

たとえば、本文中に「問いかけ」の文があったら「答え」を探しながら読むとか、二つのものを比べる「対比」に注目してそれぞれの違いをおさえながら読むことなんかがあるよ。

あ、その二つは聞いたことがあります！

でしょ。しかも、「読み方のコツ」が身についているってことは、「型」が身についているってことだから、どんな文章にも応用できるんだよ。

スポーツでも勉強でも、「型」を身につけることが大事なんですね。

そのとおり。しかも、この「読み方のコツ」は、高校入試だけじゃなくて、大学入試でも使えるし、もちろん、勉強以外で文章を読むときにもすごく役立つんだよ。

えーっ！　「読み方のコツ」って、すごいね！

「明日から読むのが超はやくなる」っていう裏技はないけど、「読み方のコツ」っていう一生使える技はあるから、それを一緒《いっしょ》に勉強していこうね。

はい！

先生、たまにはいいこと言うね！

えっ？　いつもいいこと言ってるつもりなんだけどな……。

まとめ

文章を読むときの正しい「型」である「読み方のコツ」を身につければ、結果的に、文章を正確にはやく読むことができるようになる。

「はやく読まなきゃいけない」ってあせらなくていいんだね！

「一生使える読み方のコツ」をはやく知りたい！

5 国語ができるようになるためには、どんなことをすればいいの？

先生の話を聞いてちょっとやる気が出てきたから、国語ができるようになるためにどんなことをすればいいのかを教えて！

すばらしい！　やる気になってくれてうれしいよ。まずは、**ことばの知識**を身につけることが大事だよ。漢字の読み書きや文法や敬語などについての知識を、意味や用法をふまえて覚えていくようにしよう。あとは、もちろん、**読書**をすることも、たくさんの文章に触《ふ》れるという点で効果的だよ！

あ……、まあ、たしかにそのとおりなんだけど、そういうの以外に、何かもう少し手軽にできることがいいな……。

じゃあ、日常生活の中でも手軽にできる「とっておきの方法」を教えるね！
国語ができるようになるためには、**ふだんからいろいろなことに「なぜ？」と疑問をもつこと**がとっても大事なんだ。

疑問をもつ？

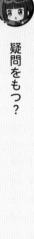

たとえば、この教室に「黒板」があるよね。これを見てちょっと考えてみようか。

うーん、何かあるかな……？

そういえば、黒板って「黒」っていうより「緑」じゃない？

あ、たしかに。じゃあなんで「黒」板って呼ぶんだろう？

そうそう！　そうやって、**とにかく身近なものに対して疑問をもつようにする**んだ。そのうえで、**できるだけ自分で考えたり調べたりして、「なぜ？」に対する答えを見つける**ようにしよう。

それが国語の勉強になるの？

もちろん！　「なぜ？」を考えることは「理由」や「原因」を考えることにつながるんだけど、国語では、この「理由」や「原因」を問われることが多いんだ。

たしかに、「理由を答えなさい」っていう問題がよくありますね。

そのとおり。しかも、「なぜ？」を考える力は、国語だけじゃなく、ほかのどの教科でも大切な力なんだよ。

そういえば、「なぜだろう？」って考えたことのほうが、記《き》憶《おく》に残りやすいって聞いたことがあります。

そうだね。人から教えられたことよりも、自分で疑問に思っていろいろ考えたことのほうが、頭に残りやすいんだ。だから、**身の回りのことに対して「『なぜ』を考える」習慣をつけていく**ようにしよう！

ところで先生、さっきの「黒板」の答えがすごく気になるんですが……。

そうだったね、ごめんごめん。アメリカでは、「ブラックボード」って呼ばれる黒い板が使われていて、日本に入ってきたときにそれをそのまま日本語にしたって説が有力かな。その後、目にやさしい緑のものが広く使われるようになったんだけど、伝統的に「黒板」って呼ばれているみたいだよ。

まとめ

日常生活の何気ない場面でも「『なぜ』を考える」ことが、国語の力をつけることにつながる！

「なぜ」って考えると、いろいろなことがわかって面白いね！

1章 読み方

1章では，文章の「読み方」について学んでいくよ。国語はすべての教科の土台。ここで文章の「読み方」を身につければ，国語だけじゃなく，ほかの教科も得意になることまちがいなしだ。一緒《いっしょ》にがんばろうね！

KUMEHARA

国語って何から始めたらいいかわからなかったけど，まずは「読み方」から勉強すればいいんだね！
今までは，ただなんとなく読んでいるだけで，「読み方」を意識したことはなかったなー。どんな問題にも使える「読み方」をはやく知りたいな！
「読み方」を学んで，ほかの教科も得意にしたい！やる気が出てきたよ！

1

読み方 論説文を読むコツ

論説文は難しくて頭に入ってこない……

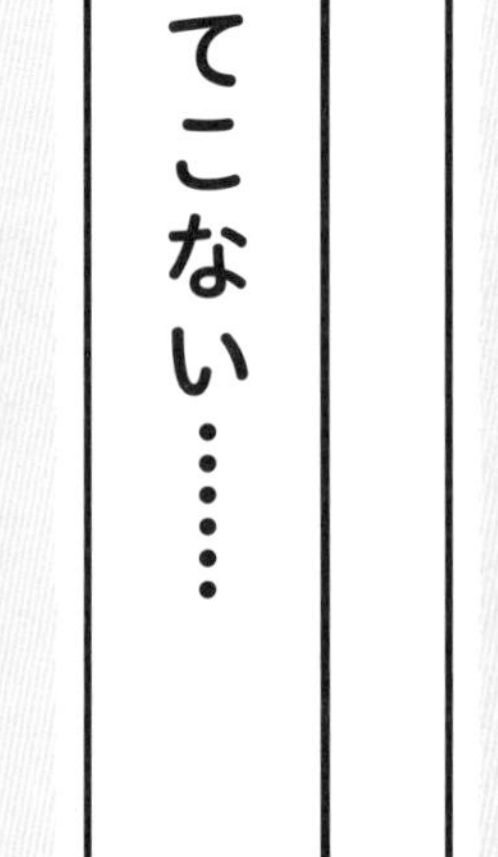
何が書かれているのか、わからないときがあるんだよね

ヒナさんは文章を読むとき、何を考えて読んでいるかな？

え？　ただ最初からなんとなく読んでるけど？

そうだよね。ほとんどの人は、とくに何も考えず、文字を目で追いかけているだけなんだ。でも、それだとなかなか頭に入ってこないんじゃないかな？

長い文章だと、何を言っているか全然わからないです。

私も、難しい文章だと眠《ねむ》くなってしまいます。

気持ちはよくわかる（笑）。今日はそんなみんなに、「テーマを考えながら読む」ことを教えたい。テーマは主題とも言うね。要するに、「中心になっている話題」のことだよ。ちょっと想像してみよう。ユウマくんがやってくると、ヒナさんとアオイさんが会話をしている。途中《とちゅう》から来たユウマくんは、何の話をしているかわからない。

あるある（笑）。

でも、ユウマくんが「何の話？」と聞いて、「今日抜《ぬ》き打ちテストがあるらしいよ！」って教えてもらったら、会話の内容がわかるよね。

文章も同じで、「今、何の話をしているか」がわかれば、書いてあることが頭に入りやすくなるんだ！

なるほど！

だから、「この文章のテーマは何かな？」といつも考えながら読むことで、文章の内容が正しく理解できるようになるよ。

でも先生、よく知らないことがテーマになっていたらどうすれば……？

そんなときの読み方もこれから教えていくよ。

それと、「入試によく出るテーマ」を巻末にまとめておいたから、そこもチェックしておいてね！

まとめ

テーマを考えながら読むと、文章を理解しやすくなる！

練習問題

次の文章を読んで、あとの問いに答えなさい。

解答解説▼▼別冊2ページ

日々努力することはとても尊いことです。しかしここに一つの大きな落とし穴が待ちうけています。わたしたちの生きる意欲が、欲望に変わってしまう可能性があるのです。生きる上でさしあたって必要でないものでも、目の前にあればそれを手に入れたい、それだけでなく、できるだけ多くのものを手に入れたいと思うようになっていきます。欲望の特徴《とくちょう》は、いったんその対象になっているものを手に入れても、すぐにより多くのものを、より大きなものを追い求めようとする点にあります。

（中略）

わたしたちは何をめざして生きているのでしょうか。あるいは何をめざして生きていけばよいのでしょうか。

かなり以前、わたしがまだ大学に籍《せき》を置いていた頃《ころ》でしたが、おもしろい話を耳にしたことがあります。出所は不明ですが、かなり広く知られていた話でした。ある日本の商社員が、どこか遠い南の国に行って、けんめいに働いていたら、現地の人から「なぜ毎日そんなにあくせくと働くのか」と尋《たず》ねられたという話です。それに対して、「よい成績を残し、昇進《しょうしん》して、お金を貯《た》めるためだ」と答えると、「お金を貯めてどうするのか」と尋ねられます。「退職後、どこか風景の美しいところに土地を買って、別荘《べっそう》でも建てる」と答えますと、さらに「そうしてどうするのか」と問われます。「そこでハンモックでもつってゆっくり昼寝《ひるね》をする」と答えると、現地の人が、「われわれは最初からそうしている」と答えたという笑い話です。

わたしたちであれば、「何のために働くのか」という問いを出されたとき、どう答えるでしょうか。みなさんもぜひ自分自身の問題として考えてみてください。

この問いや、「何をめざして生きていけばよいのか」という問いは、あらためて考えてみると、なかなかむずかしい問いで簡単には答《こたえ》を見つけることができません。ただ、誰《だれ》であれ、自分の人生が意味のあるものであることを願うのではないでしょうか。人生を終えるときに、自分の人生は生きるかいのあったものだと言えたら、どんなによいでしょう。それは容易ではないかもしれませんが、できればそういう人生を歩んでみたいと思います。

（藤《ふじ》田《た》正勝《まさかつ》『はじめての哲学《てつがく》』より）

問 この文章のテーマ（主題）として適切なものを次から一つ選び、記号で答えなさい。

ア　欲望とは人間にとってどういうものかということ。
イ　働くことは社会にとってどういうものかということ。
ウ　日々努力するにはどうすればよいのかということ。
エ　何をめざして生きていけばよいのかということ。

［　　］

POINT　文章のテーマをとらえるには，繰《く》り返し登場するキーワードとなることばを見つけるといいよ。

2 読み方 主張の発見

筆者の主張はどうやって見つけるの？

先生、この問題教えてー。

どれどれ……。「**筆者の主張を選びなさい**」か。

筆者の主張って大事だと思うけど、まちがえてしまうことが多いです……。主張を理解するコツはありますか？

いい質問だね。「筆者の主張」はとても大事だよ。**筆者の主張＝筆者が言いたいこと**を理解しているかどうかを確かめるために、出題者は問題をつくっているんだ。

筆者の主張、めっちゃ大事じゃん！

そのとおり！　次に、**筆者の主張を見つける目印**をまとめておいたから、チェックしてね。

★ 筆者の主張を見つける目印

「～と思う」「～と思われる」「～ねばならない」「～はずだ」
「～なのである」「～なのだろう」「～であろう」
「～ではないだろうか」「～ではあるまいか」　など

全部、**文の最後につく**んですね。

いいところに気づいたね。「文末表現」が筆者の主張を探す目印になることはとても多いんだ。

じゃあ、これから文の最後だけ読めば……。

そうできたらいいんだけどね(笑)。「～と思う」「～はずだ」「～なのだろう」みたいに、最後だけ読んでもなんのことだかさっぱりわからなくなっちゃうよ。

そう簡単にはいかないかー。

でも、**文末表現に注目すると筆者の主張が見つけやすくなる**というのは、文章を読むときの大きなヒントになりますね！

まとめ

「～と思う」「～と思われる」などの文末表現から、筆者の主張を読み取ろう！

練習問題

次の文章を読んで、あとの問いに答えなさい。

解答解説▼別冊2ページ

植物には、「引き抜《ぬ》かれても、また生えてくる」といわれるものがあります。ほんとうに、「引き抜かれても、また生えてくる」というような植物があるのでしょうか。

ふつうに考えると、「引き抜かれても、また生えてくる植物などいないだろう」と思われます。ところが、ほんとうに、そのような植物がいるのです。土の中で、〝地下茎《ちかけい》〟というものを横に伸《の》ばしている植物たちです。

多くの植物の茎《くき》は、上に伸びて地上に出ていますから、引き抜かれたら生えてくることはありません。でも、地下茎は、地上には姿を見せずに、地中を這《は》うように横に伸びる茎です。この茎は、土の中を横に伸びながら、新しい芽や葉を生み出し、地上部へ生やしていきます。だから、地上部が引き抜かれても、地下茎は生きています。（中略）

地下茎をもつ植物では、地上部が、引き抜かれるだけでなく、冬の寒さで姿を消しても、刈《か》り取られても、除草剤《じょそうざい》を散布《さんぷ》されて枯《か》らされても、土の中で地下茎が生き続けています。春になると、前の年には植物の姿のなかった場所に、突然《とつぜん》に新しい芽や葉っぱが出てくることがあります。地下は気温などの環《かん》境《きょう》変化に影響《えいきょう》されにくいため、地中にある根は、冬の寒さなどにも耐《た》えられるだけでなく、成長していることがあるからです。

それだけではありません。鍬《くわ》などで土が耕されるときに、地下茎は切られます。でも、切り離《はな》されて地中に残った地下茎の断片《だんぺん》は、何ごともなかったように芽を出します。やがて、その芽は一株に育ちます。

このように、地下茎で育っている雑草には、いのちをたくましく守っているという語がふさわしく思われます。

（田中修《たなかおさむ》『植物のいのち』より）

問 この文章で述べられている筆者の主張として適切なものを次から一つ選び、記号で答えなさい。

ア 地下茎で育っている雑草は、引き抜かれるともう生えてくることができない弱い植物といえる。

イ 地下茎で育っている雑草は、地中でいのちをたくましく守っている植物ということができる。

ウ 地下茎をもつ植物は、地下茎が引き抜かれてしまったとしても地上部はまだ生き続けている。

エ 地下茎をもつ植物は、地上部と地下茎が切り離されるとすべて枯れてしまう。

□

POINT 「〜(と)思われます」という文末表現の文に注目すると，筆者の主張がとらえやすくなるよ。事実と意見を読み分けよう。

3

読み方　否定と譲歩《じょうほ》

筆者の主張を見つけるコツ、もっと教えて！

★「反対意見・異論（A）」と「筆者の主張（B）」の目印

否定…「AではなくB」「AよりむしろB」

譲歩…「たしかにA　けれどもB」「もっともA　でもB」

先生、前回は「文末表現に注目して、筆者の主張を見つける」ことを教えてくれましたけど、ほかに筆者の主張を見つけるコツってあるんですか？

出し惜《お》しみしないで教えてよー。

そうくると思ったよ。それじゃ今回も、超《ちょう》役立つ方法を教えよう。早速だけど、次の例文を読んでみて。

例 私が食べたいのは、焼肉ではなくお寿司《すし》だ。

この人が言いたいことは、「お寿司が食べたい」ということだよね。今は、焼肉は食べたくないわけだ。こんなふうに、**自分の意見と違《ちが》うことをあえて言ってから、自分が本当に伝えたいことを言う**ことがよくあるんだ。

なるほど！　**反対意見や異論を一緒《いっしょ》に言うことで、自分が伝えたいことを強調している**んですね。

そのとおり！　反対意見や異論で主張を強調するときに、よく出てくる表現があるから覚えておこう。

どの表現も、**あとにくる「B」のほうが大事なこと**なんですね。

先生、私はハンバーグよりむしろステーキが食べたい！

たしかにハンバーグもおいしいけど、ステーキがいいですね！

むしろ先生のおごりですかね。

さ、最後の使い方は少し違うぞ……。

まとめ　「ではなく」や「むしろ」のあとに書かれる筆者の主張に注目！

練習問題

次の文章を読んで、あとの問いに答えなさい。

解答解説▶▶別冊3ページ

人間が作った機械の場合、構造もはたらきもすべて人間にわかっている。その考え方が強くなったために何にでも答《こたえ》があって当《あた》り前と思うようになりました。実はそうではないのに、すべてに答を期待し、しかも答がないのはおかしいと決めつけるようになってきたわけです。そして科学は答を出すチャンピオン。科学者の書いた「答える本」の中にこそ正解があるというわけでしょう。おかしな科学信仰《しんこう》、科学技術信仰です。

実はこれは、次の二つの点で、科学を間違《まちが》って受けとめていることになります。一つは、科学は答を出すためのものではなく、常に問い続けるものだということを忘れている点です。なぜあなたは科学の道を選んだのかと聞かれたら、私はためらうことなく、「なぜ？」と考えることが好きだから、そして、今自分が知っているところから、もう一つ次のステップへ進む路《みち》を探しあてることが面白《おもしろ》いからと、答えます。これは、答とは違います。だんだんに自分の世界が広がっていく楽しさであって、外から答が与《あた》えられることを求めているのではありません。科学の持つ意味は、こうして自分の世界を広げていくとても着実な道筋であるというところにあると私は思っています。多くの人に科学に興味を持ってもらいたい。おせっかいにもそう思うのは、たくさんの答を知って欲しい、知識をふやして欲しいということではなく、世界の広げ方を共有したいと思うからなのです。もう一点は、科学が唯一《ゆいいつ》の正解を出すものだ、すべては矛盾《むじゅん》なく説明されるはずだという期待です。

科学技術の時代と言われながら、子どもの科学離《ばな》れが今大きな問題になっています。もっとも、社会で騒《さわ》がれている科学離れは、社会の要員としての科学技術者不足を嘆《なげ》いているだけのことであり、科学の本質とは無関係の面もあります。でも、いずれにしても、科学技術の時代と言われながら、私から見ると、若い人たちがオカルト、占《うらな》い、新興宗教などに、異常なほどの関心を示していることは確かです。これは、科学は整った答を与えて安心させてくれるもののはずなのに科学技術の未来は怪《あや》しく、不安だという気持ちの現れでしょう。

（中村桂子《なかむらけいこ》『科学技術時代の子どもたち』より）

問 この文章で述べられている筆者の主張として適切でないものを次から一つ選び、記号で答えなさい。

ア 科学離れは、科学技術者不足という科学の本質と関係する。
イ 科学離れは、科学技術の未来への不安の気持ちの現れである。
ウ 科学というものは、常に「なぜ」と問い続けるものである。
エ 科学に興味をもつことで、世界の広げ方を共有してほしい。

POINT 「Aではなく B」「もっともA でもB」という表現がこの文章にもあるよ。これらを目印にして，筆者の言いたいことをとらえよう。

4

読み方

言い換《か》えの発見

同じことを言い換えるのはなぜ？

言い換えの目印になることばには、どんなものがあるの？

くめはら先生って、授業中同じこと何度も言うよねー。『ではなく』のあとは大事」って十回くらい聞いた気がする(笑)。

お、いいところに気がついたね。じゃあ今回は「**繰《く》り返し表現**」について勉強しよう。先生が授業中に同じことを繰り返すのはなぜだと思う？

それが大事なことだから？

そのとおり。じつはこの「繰り返し」は、論説文でもよく行われるんだ。自分の言いたいことを読者に確実に伝えるために、**筆者は主張を繰り返す**んだね。

同じことばが使われてるところをよく読めばいいなら簡単！

そう単純でもないぞ。気をつけてほしいのは、「まったく同じことばが繰り返されるとは限らない」ってこと。筆者は同じ内容を**別のことばで言い換えて表現する**ことがよくあるんだ。

え、でもそれだと繰り返しに気づけないんじゃ……。

そうだね。だから筆者は**言い換えの目印**として、次のようなことばをよく使う。言い換えの目印のあとには**筆者の主張**が書かれることが多いから、とくに気をつけて読むといいよ！

★ 言い換えの目印

「つまり」「いわば」「要するに」「すなわち」　など

言い換えなんてしないで、同じことばで書けばいいのに……。

筆者はとても心配性なんだよ。自分が伝えたいことが一つの表現で伝わるか心配だから、**いろいろな表現で何度も伝えようとしている**んだ。

くめはら先生も私たちのことが心配だから、何度も繰り返したり言い換えたりするんですね(笑)。

まとめ

言い換えの目印のあとには、筆者の主張があるので要チェック！

練習問題

次の文章を読んで、あとの問いに答えなさい。

解答解説▶▶別冊3ページ

重大なことを決定しなくてはならない時も、自分の周囲の人びとの決断の内容をおおよそ予測できますし、それだけではなく、そのような決断をした理由やそれに至るまでの心の動きさえもある程度わかっています。

多数の人が、集団を作って助け合って生きている場合、いつの間にか、長い時間の中で、こうしたお互《たが》いを理解し合い行動を予測することのできる、大きなルールのかたまりのようなものができあがります。それは、たとえば日本語を作ったのは誰《だれ》であり、いつ頃《ごろ》でき上がったのか決してわからないのと同じように、いつの間にか、次第《しだい》にまとまりをもったものとして集団のメンバーによって受け入れられ維持《いじ》され、さらに若い世代に伝達されるのですが、決して、いつ、誰が作ったのかわかりません。このルールのかたまりのようなものを、文化人類学という学問では「文化」と呼んでいます。（中略）

食べることひとつを取ってみても、なにを、どのように料理し、どのように器《うつわ》に盛りつけ、どんなふうにお箸《はし》を使って食べるのか、また、一回にどのくらいの分量を食べるのが普通《ふつう》なのか、やはり一定のルールがあります。向こうから知っている人がやって来るのが見えた時、どの距離《きょり》で、どんな挨拶《あいさつ》をすればいいのか、微笑《ほほえ》むのか、手を振《ふ》るのか、頭を下げるのか、あまり考えることもしないで双方《そうほう》が同じ行動をとります。

こうしたことを取り上げると無数にあります。そして、それらのことはほとんど意識されない当たり前のことなのです。でも、私たちの生活が、たくさんのそうした生活上の細々したルールから成り立っているということについて、ほんの一時期でも自宅へ外国からのお客さんを迎《むか》えて滞在《たいざい》してもらうとすぐに気づきます。外国人のお客さんは、一つひとつについて、どうすればよいのか、どういう意味か、日本語でなんというのか聞きます。聞かれてみて初めて、自分たちにとって当たり前のことが、日本に住んでいない人には決して当たり前でないことに気づきます。つまり、「文化」は、その文化を学びとった人以外の人びとにとっては少しも当たり前ではないのです。

（波平恵美子《なみひらえみこ》『生きる力をさがす旅』より）

問 ――線部「『文化』」とあるが、筆者は文化をどのようなものだと述べているか。適切なものを次から一つ選び、記号で答えなさい。

ア どの国に暮らす人にとっても当たり前に理解できるもの。
イ その文化を学びとった人以外には当たり前ではないもの。
ウ 特定の集団の中でリーダーが作り出した一定のルール。
エ 世界中の人々の間で共有する生活上の細々したルール。

［　　］

POINT 言い換えの目印となる「つまり」が使われている部分に注目！　言い換えによって筆者が主張していることをとらえよう。

5

読み方 問いかけと答え

筆者が問いかけてくるのはなぜ？

先生、最近よく「〜はなんだろうか」とか「〜はなぜだろうか」みたいに、筆者が質問してくる文章を見るんですが、筆者はなんで読んでいる人に質問するんですか？

たしかに「そんなの知らんわ！」って思うときあるよねー。

二人とも、いい指摘《してき》だね。実は「問いかけ」を筆者が使うのには、ちゃんとした理由があるんだ。ユウマくん、どんな理由かわかるかな？

え？　そうだな……。読者に考えさせるためとか？

そう。筆者は何か伝えたいことがあって文章を書いているわけだから、読者には興味をもってほしい。ぼーっと読むんじゃなくて、考えて理解しながら読んでほしいんだ。

なるほど。そしたら、「問いかけ」は筆者の主張とつながっているんですね。

そのとおり。「疑問」を投げかけることで、読者に考えるきっかけをもってもらう。そのあと、その疑問に答えるという形で、筆者の主張が書かれるんだ。「問いかけ」は、筆者の主張につながる目印なんだよ。

筆者の主張を理解するのが、論説文では大事なんですよね。

目印だから、筆者の問いかけは無視しちゃだめなんだね。

そうそう。だから「知らんわ！」なんて言わずに、問いかけに対して「なんでだろう？」って考えながら読んでいくと、筆者の主張をつかみやすくなるよ！

じゃあ、先生が授業中に質問してきたときも、なるべく考えるようにします。

あ、いや、「なるべく」じゃなくて「いつも」考えてほしいんだけど……。

「そんなの知らんわ！」って言いたくなっちゃうんだよね

まとめ

筆者の問いかけは「今からこの疑問に答える」という目印で、筆者の主張につながる！

練習問題 ― 次の文章を読んで、あとの問いに答えなさい。

解答解説▼▼別冊4ページ

かつて日本の人々は、さまざまなかたちでキツネにだまされていた、と私は述べた。なぜなら「だまされた」という話はいくらでも存在していたからである。

ところが今日の多くの人たちは言うだろう。それはだまされたのではなく、だまされたと思っただけなのではないか、と。そればかりか自分の失敗の責任をキツネになすりつけたケースも多いのではないか、と。

私がここまでで述べてきたことは、キツネにだまされていた時代とだまされなくなった時代では、人間観も自然観も、生命観も異なっていたということである。それらが異なれば日々の精神的態度やコミュニケーションのあり方なども違《ちが》ってくる。

とすると、キツネにだまされたという出来事を包んでいる世界が、今日とは異なっていることになる。この包んでいる世界が異なっているとき、同じ現象は発生するのだろうか。

かつて山奥《やまおく》のある村でこんな話を聞いたことがある。明治時代に入ると日本は欧米《おうべい》の近代技術を導入するために、多くの外国人技師を招いた。そのなかには土木系の技師として山間地に滞在《たいざい》する者もいた。この山奥の村にも外国人がしばらく暮らした。（中略）伝承がこの村には残っている。「当時の村人は、キツネやタヌキやムジナにだまされながら暮らしていた。それが村のありふれた日常だった。それなのに外国人たちは、けっして動物にだまされることはなかった」

いまなら動物にだまされた方が不思議に思われるかもしれないが、当時のこの村の人たちにとっては、だまされない方が不思議だったのである。だから「外国人はだまされなかった」という「事件」が不思議な話としてその後語りつがれた。

同じ場所にいても同じ現象はおこらなかったのである。おそらくその理由は、その人を包みこんでいる世界が違うから、なのであろう。村人を包んでいる自然の世界や生命の世界と、その外国人たちを包んでいた自然の世界や生命の世界が、客観的世界としては同じものでも、とらえられた世界としては異なっている。それがこのようなことを生じさせたのだろうと思う。

（内山節《うちやまたかし》『日本人はなぜキツネにだまされなくなったのか』より）

問 ――線部の問いかけに対する筆者の答えとして適切なものを次から一つ選び、記号で答えなさい。

ア　その人を包みこんでいる世界が違っても同じ現象がおこる。
イ　その人を包みこんでいる世界が違うと同じ現象は生じない。
ウ　その人を包みこんでいる世界は生じた現象と関係がない。
エ　その人を包みこんでいる世界は生じた現象により変化する。

POINT　「～だろうか」という問いかけのあとで，筆者はその疑問にどのように答えているかを読み取っていこう。

6

読み方　序論・本論・結論

論説文のお決まりのカタチ、教えて！

文章の読み方を勉強してちょっと自信がついてきました！

いいね。それじゃ今回は、**「序論・本論・結論」**という、論説文のお決まりのカタチを教えよう。

なんか難しそうですね……。

たしかにことばは堅苦《かたくる》しいね(笑)。でも大丈夫《だいじょうぶ》、そんなに難しくないよ。**序論**っていうのは、最初の部分のこと。筆者は最初に**「これからこんな話をしますよー」**ってことを、読者に伝えるんだけど、これを序論っていうんだ。いきなり本題だと、筆者が何について話したいかわからないでしょ？

たしかに、「これから○○の話をするよ」って言ってもらえたらわかりやすいかも。

そう！　そして序論のあとの**本論**で、筆者が伝えたいことをくわしく説明するよ。本論は**論説文の中心**になるところだね。

そしたら、最後の**結論**は**まとめ**みたいな感じですか？

そのとおり！　でもまとめるだけじゃなくて、**「筆者がいちばん伝えたいことを書くところ」**ってことも覚えておこう。

じゃあ、最初から読まず、結論だけ読んでもいいんですか？

いい質問だね。たしかに結論を読めば、筆者が伝えたいことはわかる。でも、結論だけ読んでも、筆者が「なぜ」それを伝えたいのかはわからないんだ。

先生、いつも「なぜを考えろ」って言ってるもんね。

そうそう。筆者はただ自分の言いたいこと書いてるだけじゃなくて、読んでいる人に「自分の考えを理解して納得《なっとく》してもらいたい」んだね。そのための説明が本論だから、**ちゃんと全文を読もう**。

まとめ

序論・本論・結論の流れをおさえて、筆者の主張をとらえよう！

練習問題

次の文章を読んで、あとの問いに答えなさい。

解答解説▼別冊4ページ

1 コミュニケーションという言葉は、現代日本にあふれている。コミュニケーション力が重要だという認識《にんしき》は、とみに高まっている。プライベートな人間関係でも仕事でも、コミュニケーションの欠如《けつじょ》からトラブルを招くことが多い。仕事に就《つ》く力として第一にあげられるのも、コミュニケーション力である。コミュニケーションが上手《うま》くできない人間とはつきあいたくない、一緒《いっしょ》に仕事をしたくない、というのは一般《いっぱん》的な感情だろう。

2 では、コミュニケーションとは何か。それは、端的《たんてき》に言って、意味や感情をやりとりする行為《こうい》である。一方通行で情報が流れるだけでは、コミュニケーションとは呼ばない。テレビのニュースを見ている行為をコミュニケーションとは言わないだろう。やりとりする相互《そうご》性があるからこそコミュニケーションといえる。

3 やりとりするのは、主に意味と感情だ。情報伝達＝コミュニケーション、というわけではない。情報を伝達するだけではなく、感情を伝え合い分かち合うこともまたコミュニケーションの重要な役割である。何かトラブルが起きたときに、「コミュニケーションを事前に十分とるべきであった」という言葉がよく使われる。一つには、細やかな状況《じょうきょう》説明をし、前提となる事柄《ことがら》について共通認識をたくさんつくっておくべきであったという意味である。もう一つは、情報のやりとりだけではなく、感情的にも共感できる部分を増やし、少々の行き違《ちが》いがあってもそれを修復できるだけの信頼《しんらい》関係をコミュニケーションによって築いておくべきであった、ということである。

4 意味と感情――この二つの要素をつかまえておけば、コミュニケーションの中心を外すことはない。情報という言葉は、感情の次元をあまり含《ふく》んでいない言葉だ。情報伝達としてのみコミュニケーションを捉《とら》えると、肝心《かんじん》の感情理解がおろそかになる。人と人との関係を心地《ここち》よく濃密《のうみつ》にしていくことが、コミュニケーションの大きなねらいの一つだ。したがって感情をお互いに理解することを抜《ぬ》きにすると、トラブルのもとになる。

（齋藤孝《さいとうたかし》『コミュニケーション力』より）

問1 結論が述べられている段落の段落番号を答えなさい。

□ 段落

問2 「コミュニケーション」についての筆者の考えとして適切なものを次から一つ選び、記号で答えなさい。

ア コミュニケーションではお互いの共通認識は必要としない。
イ コミュニケーションは感情を抜きにして行うべきである。
ウ コミュニケーションでは意味と感情が重要である。
エ コミュニケーションは情報伝達のためのものである。

□

POINT 序論で提示した話題を本論で説明したあと，結論で筆者がどのような主張をしているかを読み取ろう。

7

読み方　指示内容の見つけ方

指示語の問題、苦手なんです……

「指示語は大事」ってよく言われるけど、どうして大事なの？

今回はすごーく大事な話をするから、よく聞いてほしい！

先生、いつも大事って言うじゃん（笑）！

そうだね（笑）。でも、今回の内容も本当に大事なんだ。今回勉強するのは**「指示語」**についてだよ。

指示語って、**「それ」**とか**「これ」**とかのことですか？

そうそう。ほかにも**「この」**とか**「その」**、**「これら」「それら」**っていうのも指示語だね。

指示語って、けっこうさらっと読んじゃうことが多いんですけど、なんで大事なんですか？

「『それ』は何を指していますか」っていう問題がいっぱい出るからじゃない？

たしかに指示語問題はよく出るんだけど、指示語が大事な理由はほかにもあるんだ。指示語が何を指しているかわからないまま読み進めると、文章の内容が頭に入ってこなくなってしまう。そうすると当然、問題も解けなくなっちゃう。

指示語、めっちゃ大事ですね。読むときにどんなことに注意したらいいですか？

ポイントは二つ。一つ目は、**「指示語が指す内容は、直前の部分にあることが多い」**ということ。二つ目は、**「指示語のすぐあとの表現が、指している内容を見つけるヒントになる」**ということ。次の例文を見てみよう。

例　ぼくの故郷は群馬県だ。そこは草津《くさつ》温泉で有名だ。

「そこ」が指しているのは群馬県だね。続く「草津温泉で有名だ」という部分が、「そこ」が「地名」であるというヒントになっているよ。この例は簡単だったけど、文章が長いと難しくなるから、うまくヒントを使おう！

まとめ

指示語は超《ちょう》大事！「直後」をヒントに「直前」を探す！

練習問題

次の文章を読んで、あとの問いに答えなさい。

解答解説▼別冊5ページ

「富士山の高さは何メートルですか」という問いに対しては、「三七七六メートル」と答えるのが正しい。これは、問いに対する答えを知っている場合にできる。正確な高さを忘れてしまったり、知らなかった場合には、「知りません」と答えざるをえないだろう。「富士山の高さは□□□□メートルである」という形の穴うめ問題では、完全に解答不能である。

しかし、三七七六メートルという以外に答えようがないのだろうか。「よくは憶《おぼ》えていないが、四〇〇〇メートルはなかったが、三五〇〇メートルよりは高いはずだ」とか、（中略）「私は知りませんが、私の友人に登山を趣味《しゅみ》にして富士山には何度も登った人がいるので、その人に電話で聞いてみます」ということもありうる。入学試験で答案を書くというのでないかぎり、これらのいずれの答えもけっして悪いものではない。「知りません」でほうっておくのはよくないのである。

人間は、*博覧強記になんでも記憶《きおく》していることは不可能である。また、たとえ記憶したとしても、忘れることもある。したがって、答えにいたるための道をいろいろともっていることが大切である。また、ある道すじによって答えを得ても、その答えがほんとうに正しいかどうかは、数学のように推論の各ステップの正しさを確認《かくにん》できる場合はよいが、多くの場合はいくつかの異なった方法で同じ答えを得ることによって、答えの正しさを保証することになるのである。（中略）

今日ひじょうに多くの情報がインターネット上に公開されていて、何か知りたいというときは、百科辞典や年鑑《ねんかん》を開いてみるのでなく、インターネットで探してみるほうが早いし、最新の情報を得ることができる。そのための情報検索《けんさく》にも、便利なものがつくられている。

しかし、このような情報検索のソフトウェアでも、よほど工夫していろいろと検索してみないと、隠《かく》れていて出てこない情報もたくさんあるし、また得られた情報がどの程度信頼《しんらい》できるものであるかを、どのようにしてチェックすればよいかという問題も残る。これは、インターネット情報を利用するときのもっともむずかしい問題であろう。

（長尾真《ながおまこと》『「わかる」とは何か』より）

*博覧強記＝よく物事を見知って、よく覚えていること。

問 ——線部「そのため」とあるが、何のためか。「〜ため」に続くように、本文中から十字以内で抜き出しなさい。

□□□□□□□□□□ ため

POINT 指示語の問題では、直後に続くことばをヒントにして，直前の部分から探すようにするといいよ。

8

読み方　指示語の活用法

指示語を使って上手に読む方法は？

今回は「**指示語の活用法**」について学んでいこう。

指示語を「活用」するって、どういうことだろう……？

難しく考えなくても大丈夫《だいじょうぶ》。指示語のはたらきを意識すると、文章を読むのがすごくラクになるってことだよ。

いいね！　それ、早く教えて！

わかった、わかった(笑)。じゃあ、さっそく次の例文を読んでみよう。

例　光を使えば夜を明るくできる。また、目に見えない小さなウイルスの研究をしたり、遠く離《はな》れた場所を見たりすることもできる。インターネットも光の力を利用している。このように、光はあらゆるところで使われている。

この文章中の「このように」は、どの部分を指している？

「光を使えば」から「利用している」までです。

けっこう広い範囲《はんい》を指していますね。

いいところに気づいたね！「このように」とか「そのように」という指示語は、**広い範囲を指すはたらきがあるんだ**。しかも、**その直後には、この広い範囲の内容がまとめて示されることが多い**んだ。

たしかに、「光はあらゆるところで使われている」ってまとめられています。

そのとおり。指示語がまとめのはたらきをしているんだね。このように、**広い範囲を指す**「**まとめの指示語**」のあとには**筆者の主張が書かれることが多い**から、とくに注意してチェックするといいよ。

あ！　先生も指示語を使ってまとめたね(笑)！

まとめ

「まとめの指示語」は、前の広い範囲をまとめている！

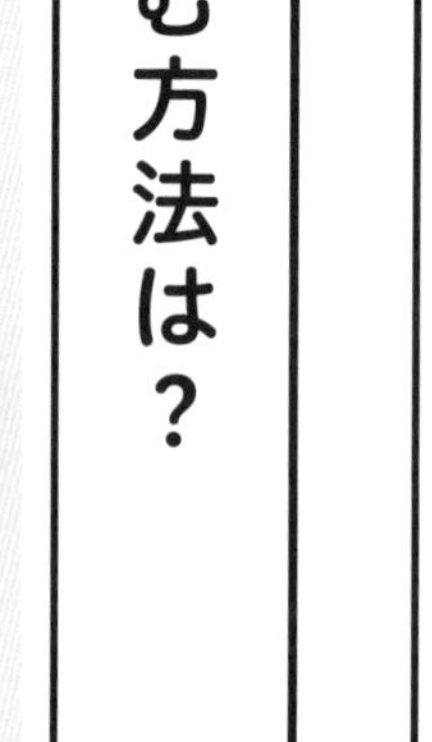
広い範囲をまとめる
はたらきをする指示
語があるんだよ

練習問題

次の文章を読んで、あとの問いに答えなさい。

解答解説▼▼別冊5ページ

たとえば、自分が碁《ご》が好きだとして、碁を打っているために使用される心のエネルギーを節約して、もう少し仕事の方に向けようと考えてみるとしよう。そこで、友人と碁を打つ回数を少なくして、仕事に力を入れようとして、果《は》たしてうまくゆくだろうか。あるいは、今まで運動などまったくしなかったのに、ふと友人に誘《さそ》われてテニスをはじめると、それがなかなか面白《おもしろ》い。だんだんと熱心にテニスの練習に打ち込《こ》むようになる。そんなときに、仕事の方は、以前より能率が悪くなっているだろうか。あんがい、以前と変わらないことが多い。テニスの練習のために、以前よりも朝一時間早く起きているのに、仕事をさぼるどころか、むしろ、仕事に対しても意欲的になっている、ということもあるだろう。

もちろん、ものごとには限度ということがあるから、趣味《しゅみ》に力を入れれば入れるほど、仕事もよく出来る、などと簡単には言えないが、ともかく、エネルギーの消耗《しょうもう》を片方で押《お》さえると、片方で多くなる、というような単純計算が成立しないことは了解《りょうかい》されるであろう。片方でエネルギーを費《つい》やすことが、かえって他の方に用いられるエネルギーの量も増加させる、というようなことさえある。

以上のことは、人間は「もの」でもないし「機械」でもない、生きものである、という事実によっている。

人間の心のエネルギーは、多くの「鉱脈」のなかに埋《う》もれていて、新しい鉱脈を掘《ほ》り当てると、これまでとは異なるエネルギーが供給されてくるようである。このような新しい鉱脈を掘り当てることなく、「手持ち」のエネルギーだけに頼《たよ》ろうとするときは、確かに、それを何かに使用すると、その分だけどこかで節約しなければならない、という感じになるようである。

このように考えると、エネルギーの節約ばかり考えて、新しい鉱脈を掘り当てるのを怠《おこた》っている人は、宝の持ちぐされのようなことになってしまう。

（河合隼雄《かわいはやお》『こころの処方箋《しょほうせん》』より）

問 ——線部「心のエネルギーを節約して」とあるが、心のエネルギーを節約することについて筆者はどう考えているか。適切なものを次から一つ選び、記号で答えなさい。

ア 節約を考えて心のエネルギーの新しい鉱脈を掘ろうとしないでいると、結局エネルギーがうまく活用できない。

イ 手持ちの心のエネルギーを何かに使用すると、その分どこかで節約をする必要が生じてくる。

ウ 心のエネルギーというものは鉱脈の中に埋もれているものなので、節約をしようとしても無駄《むだ》である。

エ 消耗をおさえるために心のエネルギーを節約することで、やがて回復して新しいエネルギーがわいてくる。

POINT 「このように」というまとめの表現がある段落に注目すると，そのあとの筆者の主張をとらえやすくなるよ。

Q&A 01 国語がずっと苦手。成績をアップさせる方法は？

ユウマ：くめはら先生，実は国語はずっと苦手なんです。どうしたら成績を上げられますか？

くめはら先生：そんなユウマくんには，小学生向けの問題集をやってみることをおすすめするよ！

ユウマ：えっ，小学生!?
ぼく中２だけど……。

くめはら先生：国語は積み重ねが重要な教科なんだ。
苦手なまま中学生になって，中学生向けの問題集から始めるって，けっこう大変！
難しくて，がんばれなくなることもあるよ。

だから，一度思い切りレベルを下げてみて，そこからだんだんレベルを上げていくほうが，結果的には近道になることが多いんだ。

ユウマ：そうなんだ！
わかりました。やってみます！

COMMENTS

こーさく先生：数学でも，中学校の問題でつまずいたときに，小学校の計算ドリルや問題集をやり直すことをおすすめする場合があるよ！ これまで習ってきたことをしっかり復習するのって，国語でもやっぱり大事なんだなあ。

Q&A 02 国語は得意なほう。さらにレベルアップするには？

アオイ：くめはら先生，こないだ買った国語の問題集，けっこう簡単だったんです。受験に向けて，もっとレベルを上げたほうがいいですか？

くめはら先生：アオイさん，がんばったね！ どのくらい解けていた？ 正解率は何％ぐらい？

アオイ：80％はこえていたと思いますが……。

くめはら先生：なるほど，よくできているね！ でも，問題集のレベルを上げるのはちょっと待って！ そのくらいだと，肝心《かんじん》な基礎《きそ》が抜《ぬ》け落《お》ちている可能性もある。

楽に解けるレベルの問題集を３周して 90 ～ 95％くらいこなせるようになったら，次のレベルへ進んでいいと思う。２，３周目はできなかった問題を解くだけでいいよ。試《ため》してみて！

アオイ：わかりました。２周目をやってみます！

COMMENTS

すばる先生：簡単だと思う問題集こそ，ていねいに復習することを徹底《てってい》したいね。解けなかった２割に目を向けることで，おもしろい発見や新たな成長につながるはず。ちなみに，復習するときはだれかに説明する習慣をつけておくと，忘れにくくなるのでおすすめだよ！

9

読み方　接続語のポイント

接続語はなんで大事なの？

先生、指示語が大事だって教えてもらいましたが、「**接続語**」も大事なんですよね？

空欄《くうらん》に接続語を入れる問題もよく出るよね。毎回正解できるわけじゃないから、少し苦手……。

なるほど。だったら、今回は接続語についてくわしく説明していこう。接続語ってそもそも何のために使うんだろう？

えー、難しいな。接続だから、**文と文をつなぐ**ため？

そうそう！　でもそれだけじゃなくて、接続語は**文と文の関係を示す**はたらきもしてもいるんだ。たとえば、「だから」という接続語の前には原因がきて、後ろには結果がくる。二つの文には原因と結果の関係があるんだね。

じゃあ、**接続語も読むときのヒントになる**ってこと？

鋭《するど》い！　接続語のはたらきをしっかり理解すれば、「このあとはこんなことが書かれるんだろうな」って**予測しながら読むことができる**んだ。そうすると、読むスピードもはやくなるし、理解もしやすくなる。

今までよく考えずに読んでたけど、接続語って大事ですね！

そのとおり。**代表的な接続語とそのはたらき**をまとめておくから、ここで接続語を得意分野にしよう！　空欄に接続語を入れる問題の解き方は、2章でくわしく説明するね。

代表的な接続語とそのはたらき

接続語	はたらき	説明	接続語	はたらき	説明
・でも ・しかし ・ところが	逆接	前のことがらと反対の内容があとに書かれる	・つまり ・要するに ・言わば	言い換え	前の内容をあとの部分で言い換える
・だから ・したがって ・すると	順接	前のことがらが原因・理由となり、あとにその結果が書かれる	・または ・あるいは ・もしくは	選択《せんたく》	前の内容とあとの内容のどちらかを選ぶ

まとめ

接続語のはたらきを理解して、先を予想して読もう！

練習問題

次の文章を読んで、あとの問いに答えなさい。

解答解説▼▼別冊6ページ

こどものときから、忘れてはいけない、忘れてはいけない、と教えられ、忘れたと言っては叱《しか》られてきた。そのせいもあって、忘れることに恐怖心《きょうふしん》をいだき続けている。悪いときめてしまう。

学校が忘れるな、よく覚えろ、と命じるのは、それなりの理由がある。教室は知識を与《あた》える。知識をふやすのを目標にする。せっかく与えたものを片端《かたはし》から、捨ててしまっては困る。よく覚えておけ。覚えているかどうか、ときどき試験をして調べる。覚えていなければ減点して警告する。点はいい方がいいにきまっているから、みんな知らず知らずのうちに、忘れるのをこわがるようになる。

教育程度が高くなればなるほど、そして、頭がいいと言われれば、言われるほど、知識をたくさんもっている。つまり、忘れないでいるものが多い。頭の優秀《ゆうしゅう》さは、記憶《きおく》力の優秀さとしばしば同じ意味をもっている。それで、[A]。

ここで、われわれの頭を、どう考えるかが、問題である。

これまでの教育では、人間の頭脳を、倉庫のようなものだと見てきた。知識をどんどん蓄積《ちくせき》する。倉庫は大きければ大きいほどよろしい。中にたくさんのものが詰《つま》っていればいるほど結構だとなる。

せっかく蓄積しようとしている一方から、どんどんものがなくなって行ったりしてはことだから、忘れるな、が合言葉になる。ときどき在庫検査《けんさ》をして、なくなっていないかどうかをチェックする。それがテストである。

倉庫としての頭にとっては、忘却《ぼうきゃく》は敵である。博識は学問のある証拠《しょうこ》であった。ところが、[B]。コンピューターである。これが倉庫としてはすばらしい機能をもっている。いったん入れたものは決して失わない。必要なときには、さっと、引き出すことができる。整理も完全である。

コンピューターの出現、普及《ふきゅう》にともなって、人間の頭を倉庫として使うことに、疑問がわいてきた。コンピューター人間をこしらえていたのでは、本もののコンピューターにかなうわけがない。

（外山滋比古《とやましげひこ》『思考の整理学』より）

問 [A]・[B]にあてはまることばとして適切なものを次から一つずつ選び、記号で答えなさい。

ア こういう人間頭脳にとっておそるべき敵があらわれた
イ このような倉庫としての頭をもつ人間に味方ができた
ウ 物忘れの多い人間でも評価される
エ 生き字引というような人間ができる

A [　　]　B [　　]

POINT 接続語のはたらきをおさえたうえで，あとにどんなことばが続くかを考えるといいね。

10

読み方　対比の発見

二つのものを比べるのはなぜ？

くめはら先生とすばる先生、どっちがモテると思う？

それは、断然すばる先生でしょ！

ちょっと(笑)！　ここは怒《おこ》りたいところだけど、ちょうどいいからこのまま国語の勉強だ。今回は**「対比」**の話をするよ。ヒナさん、どうしてすばる先生のほうがモテると思ったのかな？

え……、正直に言っちゃうよ？　くめはら先生は地味だけど、すばる先生はオシャレ。あと、くめはら先生は暑苦しいけど、すばる先生は冷静。そういう違《ちが》いがあるからね！

うっ……。かなりダメージが大きいけど、ヒナさんの説明はすごくわかりやすい。

比べてみると、違いがはっきりするね。先生ドンマイ！

ありがとう(笑)。で、こんなふうに何かを比べることを「対比」って言うよ。**国語の文章はこの「対比」で書かれていることが多いんだ。**「対比」に気をつけて違いを読み取ることで、**筆者の主張がつかみやすくなる**よ。

対比になっている部分を見つけるコツってありますか？

逆接や対比の接続語はヒントになるね。それ以外にも、次のような**対比の目印になる表現**に注目してみるといいよ。

対比の目印になる表現

「対して」「一方で」「異なり」「比べて」「よりも」　など

こういう表現があるところは、対比になりやすいってことですね。

対比の目印になる表現に注意して筆者の「推《お》し」を確認《かくにん》するんだね。私は断然すばる先生推しだよ！

まとめ

二つのものの違いを確認して、筆者の主張をつかもう！

練習問題　次の文章を読んで、あとの問いに答えなさい。

解答解説▼▼別冊7ページ

アブという昆虫《こんちゅう》は、ハチよりも低い気温で活動を始める。そのため、まだ気温の低い春先に花を咲《さ》かせる雑草は、アブに花粉を運んでもらうことが必要になる。

しかし、アブは、花粉を運ぶパートナーとして決定的な欠点がある。

アブは、ハチに比べてあまり頭のいい昆虫とは言えないのだ。ハチは頭のいい昆虫なので、同じ種類の花を選んで花粉を運ぶことができる。ところが、アブは花の種類を識別することなく、あらゆる種類の花に花粉を運んでしまう。タンポポの花粉をナノハナに運んでみたり、ナノハナの花粉をナズナに運んでしまったりする。これでは、植物は種子を作ることができない。植物はどうすれば、アブを使って、同じ種類の花に花粉を運ばせることができるだろうか。

その秘策こそが、集まって咲くことである。

アブが、めちゃくちゃに花を回ったとしても、同じ種類の花が集まっていれば、同じ種類の花を回って飛ぶことだろう。アブの移動範囲《はんい》を狭《せま》くしてやることによって、アブは効率的に同じ種類の花を回るのである。

しかも、アブの仲間は、ハチに比べると飛翔《ひしょう》能力も劣《おと》る。そのため、たとえばタンポポが集まって咲いていれば、アブがやたらめったらに飛び回っても、タンポポどうしで受粉することができる。

じつは、春に咲く草花の多くが、アブに花粉を運んでもらっているので、それらの植物は群落を作って、群れて咲いている。

春になると、たくさんの花が集まって咲き、野原にお花畑ができるのは、そのためなのだ。ビジネスの世界において、ある地域での出店を集中的に進めることを「ドミナント戦略」というが、それに似ている。

（稲垣栄洋《いながきひでひろ》『「雑草」という戦略』より）

問1 アブとハチについて、①頭のよさと②飛翔能力にはどのような違いがあるか。次の文の空欄《くうらん》にあてはまることばを、本文中からそれぞれ二字で抜《ぬ》き出しなさい。

① ハチはアブよりも頭が［　　］。

② アブはハチよりも飛翔能力が［　　］。

問2 アブに花粉を運んでもらう植物には、どのような特徴《とくちょう》があるか。適切なものを次から二つ選び、記号で答えなさい。

ア　春先に花が咲く。　　イ　夏に花が咲く。

ウ　集まって咲く。　　エ　まばらに咲く。

［　］［　］

POINT　「〜に比べて」「〜に比べると」という表現や逆接の接続語に注目して，対比をとらえよう。

11

読み方　対比の共通点

対比を読むときの注意点は？

今回は前回に引き続き、「対比」の話だ。

くめはら先生、またすばる先生と比べてほしいの？

それはちょっと置いておいて(笑)、今回は対比の注意点を説明するよ。
ユウマくん、「対比」って二つのものを比べることだったけど、比べられる二つのものってどんな関係になっていると思う？

うーん……。正反対の関係かな？

「対比」って言うくらいだから、反対の関係になってるはずですよね。

そうだね。たしかに、反対の関係になっているものは対比されやすい。でも、実は、対比されている二つのものには**共通点**もあるんだよ。

えっ？　反対なのに共通点があるってどういうこと？　こんがらがってきたんだけど……。

たとえば、前回のぼくとすばる先生の対比だけど、「地味」「オシャレ」は「見た目」という共通点の中で対比されているよね。「暑苦しい」と「冷静」は「性格」という共通点の中での対比だね。

そうか。「地味」と「冷静」を並べると、ちょっと違和感《いわかん》があるのは、共通する項目《こうもく》で比べていないからなんですね。

すばらしい！　実は対比って、二つのものの異なる点を比べてはいるんだけど、**共通している項目で比べることで、その違《ちが》いがはっきりわかるようになっている**んだよ。

共通する項目で比べたら、すばる先生のよさがはっきりわかっちゃうね！

ううう……。

まとめ

対比は、共通する項目で比べられていることに注意！

そういえば,「対比」ってどういう意味なんだろう？

練習問題

次の文章を読んで、あとの問いに答えなさい。

解答解説▶▶別冊7ページ

日本語の間という言葉にはいくつかの意味がある。まずひとつは空間的な間である。「すき間」「間取り」というときの間であるが、基本的には物と物のあいだの何もない空間のことだ。絵画で何も描《えが》かれていない部分のことを余白というが、これも空間的な間である。（中略）

次に時間的な間がある。「間がある」「間を置く」というように、こちらは何もない時間のことである。芝居《しばい》や音楽では声や音のしない沈黙《ちんもく》の時間のことを間という。

バッハにしてもモーツアルトにしても西洋のクラシック音楽は次から次に生まれては消えてゆくさまざまな音によって埋《う》め尽《つ》くされている。たとえば、モーツアルトの「交響曲《こうきょうきょく》二十五番」などを聞いていると、息を継《つ》ぐ暇《ひま》もなく、ときには息苦しい。モーツアルトは沈黙《ちんもく》を恐《おそ》れ、音楽家である以上、一瞬《いっしゅん》たりとも音のない時間を許すまいとする衝動《しょうどう》に駆《か》られているかのように思える。

それにひきかえ、日本古来の音曲は琴《こと》であれ笛であれ鼓《つづみ》であれ、音の絶え間というものがいたるところにあって長閑《のどか》なものだ。その音の絶え間では松林を吹《ふ》く風の音がふとよぎることもあれば、谷川のせせらぎが聞こえてくることもあるだろう。ときには、この絶え間があまりにも長すぎて、一曲終わってしまったかと思っていると、やおら次の節がはじまるということも珍《めずら》しくない。そんなふうに、いくつもの絶え間に断ち切られていても日本の音曲は成り立ってしまう。

空間的、時間的な間のほかにも、人やものごとのあいだにとる心理的な間というものもある。誰《だれ》でも自分以外の人とのあいだに、たとえ相手が夫婦や家族や友人であっても長短さまざまな心理的な距離《きょり》、間をとって暮らしている。このような心理的な間があってはじめて日々の暮らしを円滑《えんかつ》に運ぶことができる。

こうして日本人は生活や文化のあらゆる分野で間を使いこなしながら暮らしている。

（長谷川櫂《はせがわかい》『和の思想』より）

問 ――線部「時間的な間」に対する筆者の考えとして適切なものを次から一つ選び、記号で答えなさい。

ア　西洋の音楽は音のない時間がなく精密だが、日本の音曲は音の絶え間だらけでいいかげんである。

イ　西洋の音楽は音によって埋め尽くされているが、日本の音曲は無音の部分があり音楽として成り立っていない。

ウ　西洋の音楽は聞いていて一瞬たりとも気を抜《ぬ》けないが、日本の音曲は曲と曲の間が長すぎて退屈《たいくつ》である。

エ　西洋の音楽には絶え間がなくてときに息苦しいが、日本の音曲は絶え間がたくさんあっても成り立つ。

□

POINT　「それにひきかえ」という表現に注目して，西洋と日本の「時間的な間」に対する筆者の考えを読み取ろう。

12

読み方　原因と結果の関係

なんでそうなったの？

文章を読むときには、「なぜ」を探すのが大事だよ！

9で勉強した「接続語」の話、みんな覚えてるかな？

接続語は、文と文の関係を示すんですよね。

接続語のはたらきを覚えたら次に来る内容が予想できる！

そうそう！　じゃあ、もう一つ質問。「だから」という接続語はどんなはたらきをするんだっけ？

「だから」の前とあとで原因と結果の関係をつくるんですよね。

正解！　みんなしっかり勉強してるね。じつは、この**「原因と結果の関係（＝因果関係）」**は、入試で出題されることが多いんだ。とくに「原因」の部分が問われやすい。「〇〇の理由を答えなさい」って問題、よくあるでしょ？

あるある。先生得意の「なぜを考えろ」ってやつだね！

そうそう（笑）。理由を聞かれたら、**「だから」**とか**「したがって」の前の部分を読めばいい**ことが多いんだけど、逆に結果のあとに理由が書かれている場合もあるから気をつけたい。一つ例を挙げてみよう。

例　とても眠《ねむ》い。昨日遅《おそ》くまでアニメを見ていたからだ。

「眠い」理由は「アニメを見ていたから」だよね。

そうか。こういうときは、**「〜から」で終わる部分を探せばいい**んですね。

そのとおり！　原因と結果の関係は、**接続語**と**文末表現**を確《かく》認《にん》すればいい。

いろいろ勉強してきたけど、答えはいつも本文の中にあるし、**答えのヒントになる表現がたくさんある**んですね。

いいことを言うね。読み方を勉強すれば、国語はちゃんと点数が取れる。だからこれからも一緒《いっしょ》に頑張《がんば》ろう！

まとめ

原因はとくに問われやすい。接続語と文末表現に注目！

練習問題

次の文章を読んで、あとの問いに答えなさい。

解答解説▼▼別冊8ページ

　よく知られているように、サルの群れのメンバー間には通常、優劣《ゆうれつ》の順位が存在する。日本の動物園のサル山にいるニホンザルを想像すればよいだろう。エサを投げ入れてみよう（本当は、動物園の動物に客が食べ物を投げ入れたりするのは、絶対、許されないことであるけれども）。近くにいる個体の中でそれを手にするのは、付近でもっとも順位の高い個体に違《ちが》いない。劣位のサルは、エサに目をやろうともしないだろう。うっかり見ると、それだけで攻撃《こうげき》される。

　食物の入手は、彼《かれ》らにとって生存にかかわる重大事である。群れ内の順位は、基本的に強い者が生存上、有利になるように作用している。

　ところがチンパンジーとなると、事情が異なってくることが、野外での観察から明らかになってきた。彼らにとって魅《み》力《りょく》ある食物を、誰《だれ》かが手に入れたとしよう。しかも、手に入れたのは、高順位の個体だった。ニホンザルなら、その個体が全部たいらげてしまうところである。しかしチンパンジーでは、自分より劣位の個体が近づいてくると、何がしかを分け与《あた》えるという行動が見られる。

　補足しておくと、彼らの間にも、優劣ははっきりとある。その上で、ある者が入手した食物を共有するのだ。研究者が分配行動と命名した現象である。

　チンパンジーのように体の大きい動物は、おのずと必要とする資源の量も膨大《ぼうだい》となる。まして、まとまっているとたいへんだ。そこで*妙案《みょうあん》を思いついた。*パーティーに分かれて暮らす。そして、しばらくしてパーティーのメンバーを相互《そうご》に入れ替《か》えて、群れ全体のまとまりを維持《いじ》する。加えて、メンバー間は平等主義を基本原則とする、としたのだろう。

　だから彼らは*互助的である。食物を分け与えたり、分け与えられたりして、日々を送っている。

（正高信男《まさたかのぶお》『考えないヒト』より）

*妙案＝とてもよい考え。
*パーティー＝ここでは、行動を共にするある程度の頭数の集団のこと。
*互助＝互いに助け合うこと。

問　——線部「彼らは互助的である」とあるが、チンパンジーが互いに助け合うのは何が原因だと筆者は述べているか。適切なものを次から一つ選び、記号で答えなさい。

ア　パーティーのメンバーでの平等主義を基本原則とすること。
イ　パーティー内の個体間で優劣をつけようとすること。
ウ　助け合いをするために個体数を増やそうとすること。
エ　誰かが不平等に扱《あつか》われる事態がさけられないこと。

［　　］

POINT　因果関係を示す「だから」という接続語に注目すると，原因・理由がとらえやすくなるよ。

13

読み方　具体例の発見

「たとえば」を見つけたら、どうするの？

「たとえば」のあとって、いろんなことが長々と書いてあるよね

先生、論説文の**「たとえば」**のあとって読まなくてもいいの？

お、いい質問だね。答える前に確認《かくにん》したいんだけど、ヒナさんはどうしてそう思ったの？

なんか、「たとえば」のあとっていろんなことが長々と書かれてて、あんまり読む気がしないんだよね（笑）。

たしかに、「たとえば」のあとは具体例が長々と書かれていることがある。しかも、具体例が問題の答えになることはあまりない。でもだからって、飛ばしていいわけじゃないんだ。

そうなんですか？　問題の答えになることが少ないなら、飛ばし読みしてもいいのかと……。

直接答えになることは少なくても、筆者が具体例を書くのには意味があるんだ。**具体例は、筆者の主張をわかりやすくするためにある。**主張の裏付けとして使う場合もあるね。

そうか。具体例が書かれていたら、その近くに筆者の主張があるってことなんじゃないかな？

そういうこと！　**具体例の直前や直後には、筆者が本当に言いたいことが書かれていることが多い。**それはそのまま問題の答えになる可能性が高いんだ。

具体例は、筆者の主張を見つけるためのヒントになるってことですね。

具体例って便利だねー。

具体例の目印になる表現は「たとえば」以外にもあるから、しっかり覚えておいてね。

★具体例の目印になる表現

「たとえば」「例を挙げると」「具体的には」「～などが代表的だ」　など

まとめ

具体例は筆者の主張を補強する。具体例の前やあとを確認して、筆者の主張をつかもう！

練習問題

次の文章を読んで、あとの問いに答えなさい。

解答解説▶▶別冊9ページ

「情報化社会」という言葉が頻繁《ひんぱん》に使われるようになったのは一九七〇年代ごろだったと思いますが、いま現実に存在している「情報化社会」は、当時言われていた「情報化社会」と同じものとは思えないほど極限まで進んでしまっています。

職場でも、学校でも、日常生活においても、情報が洪水《こうずい》のようにあふれていますし、聞いたことがない事柄《ことがら》に出会っても、ネットでちょっと検索《けんさく》すれば、瞬時《しゅんじ》にしてだいたいのことはわかってしまいます。

ですから、日常的にそうした状況《じょうきょう》にいるわれわれは、「もう、すべてを知ってしまった」「知らないことは何もない」と、過多な情報量にげっぷが出そうな気分になっているのです。

それと関係するのでしょうか、最近の人は「知ってる」「知らない」ということに妙《みょう》に敏感《びんかん》になっているようです。「××知ってる？」と聞かれたとき、「知らない」と答えるのを過度に恥《はじ》と考えます。じっさい、「知らない」と答えると、「えっ、そんなことも知らないの？」などと言われてしまいます。これは、情報の引き出しをよりたくさん持っていることを知性とはき違《ちが》えていることのあらわれではないでしょうか。××を知らないから何だと言いたくなるのは、私だけではないはずです。

もちろん、「何でも知っている博学な人」はすばらしいと思います。けれども、私は本来的には、「物知り」「情報通」であることと、「知性」とは別物だと思います。「know」と「think」は違うのです。「information」と「intelligence」は同じではないのです。

たとえば、パソコンの操作が得意な小学生が、機械の苦手なお父さんに代わって旅行のプランを作ってあげる、としましょう。即座《そくざ》に交通手段と宿と目的地の情報を集めて、プリントアウトする。だからと言って、この小学生がお父さんより知的な人間とは言えないでしょう。それと同じようなことだと思うのです。

情報を扱《あつか》う技術に長《た》けている――そうした知のあり方と関係するのでしょうか、私は情報技術に通じた若い人たちの中に、変に老《ふ》けこんだイメージの人がいるように思えてなりません。

（姜尚中《カンサンジュン》『悩《なや》む力』より）

問 ――線部のような例に対する筆者の考えとして適切なものを次から一つ選び、記号で答えなさい。

ア 日常に情報のあふれる状況では情報がないことは恥である。
イ 知のあり方として情報技術に通じていることが望ましい。
ウ 情報の引き出しを多く持っていることが知性である。
エ 情報を扱うことがうまいことを知的だとはいわない。

［　　］

POINT 「たとえば」のあとには具体例が示されているよ。具体例をとおして筆者が主張しようとしていることをとらえよう。

14

読み方　まとめの発見

「つまり」を見つけたら、どうするの？

今回は、④「同じことを言い換《か》えるのはなぜ？」に出てきた「言い換え表現」の一つを、くわしく学んでいこう。

言い換え表現のあとには、筆者の主張が書かれることが多いんですよね。今回は具体的に何を学ぶんですか？

今回学ぶのは、「つまり」という表現だ。ユウマくん、「つまり」を使って例文をつくってごらん。

ええっと……。

例　ぼくが好きなものは、「モンスト」「ツムツム」「荒野《こうや》行動」、つまり「スマホゲーム」だ。

そんなにやってるの？　と、まぁそこは置いといて……。使い方は正解だよ。じゃあヒナさん、この例文の中で「つまり」ということばは、どのようなはたらきをしているかな？

まとめてる？

そのとおり。「つまり」には、**前に書かれていることを簡潔にまとめるというはたらきがある。**④の「練習問題」に出てきた「つまり」はこのはたらきをしていたね。また、**難しいことをわかりやすく言い換えている場合もある**んだ。

あ、先生、すごいことに気づいちゃった！　「つまり」は言い換え表現だから、**「つまり」のあとの内容がわかれば、前の内容もわかったことになる**んじゃないの？

いいことに気づいたね！　もう一つ考えてみてほしいんだけど、逆に「つまり」の前のほうがわかりやすくて、あとのほうが難しいって場合もたまにある。そんなときはどうする？

前に書かれている内容から、「つまり」のあとの内容を考えればいいんでしょ！

今日はヒナさんのほうが先生みたいだね。

まとめ

「つまり」は、前に書かれている内容を簡潔に言い換えるはたらきがある！

練習問題

次の文章を読んで、あとの問いに答えなさい。

解答解説▼別冊9ページ

ほんとに頭のいい人は、むずかしい内容をやさしく書けるのだ。事実、いい文章というものは、存外やさしい姿をしているのかもしれない。

文章を書く側は、自分の考えている意味を、それにふさわしいことばで表現したつもりでいる。それを読む側は、そこに表現されたことばから、相手の考えているらしい意味を類推する。表現されてそこにあることばが、もしどれもたった一つの意味しか持たなければ、伝達は比較的《ひかく》スムーズに運ぶ。ところが、現実には、たいていのことばがいくつかの意味を持つ。「高い」という誰《だれ》でも知っている語を例にしても、「山」「日」「熱」「声」「値段」「目」「地位」「評判」「密度」「理想」「格調」など、何を形容するかによって、それぞれ意味合いやニュアンスが違《ちが》ってくる。言語による伝達は必然的にそういう関係にある。

つまり、書き手がある語に自明のこととして託《たく》した意味も、読み手にとってはその語からくみとれるいくつかの意味のうちの一つの可能性にすぎない。同様に、「前に話した医者の奥《おく》さんの弟」とあるのを読んだ人間は、前に話に聞いたのが、医者自身なのか、それとも、妻のほうなのか、あるいはまた、妻の弟だったのかと一瞬《いっしゅん》迷う。書く人間はまさかそんな結果になるとは夢にも思わない。つまり、書き手があることばの修飾《しゅうしょく》として疑いもなく置いた、例えばこの「前に話した」という表現が、読み手にとっては、その表現の意味的に係りうる三つの可能な修飾関係のうちの一つの選択肢《せんたくし》でしかなかったことになる。

書く側の人は、それを読むのは自分とは違う別の人間だという、この明白な事実をまず自覚する必要がある。それには、文章を実際に他人の目にふれさせてみるのが有効だろう。

（中村明《なかむらあきら》『日本語の作法』より）

問 ——線部とあるが、どういうことか。適切なものを次から一つ選び、記号で答えなさい。

ア 書き手がむずかしい内容をやさしく書いたとしても、読み手には内容が伝わらないことがほとんどだということ。

イ 自分の考えている意味を書き手がそれにふさわしいことばで表現することで、読み手に正確に伝達されるということ。

ウ 書き手が書いたことばとことばの修飾関係を、読み手は複数の選択肢の中からまちがいなく読み取るということ。

エ ふさわしいことばで表現したつもりでも、書き手の伝えたい意味と読み手のとらえる意味が異なることがあるということ。

POINT 「つまり」の前とあとに書かれている内容は，同じことを言い換えたものだよ。

15

読み方 「 」のはたらき

「 」を使うのはどんなとき?

今回は、「 」（カギカッコ）について勉強するよ。

小学校でも習ったよ。会話や強調するときに使うよね?

「幸福の便りというものは、待っている時には、決して来ないものだ」みたいに、人のことばを引用するときにも使いますよね。

太宰治《だざいおさむ》の名言だね。実は、「 」には、ほかにも大事な使い方があるんだ。今日はその一つを勉強するよ。ユウマくんにちょっと質問。「皮肉」ってことばの意味はわかるかな?

「意地悪」みたいな意味ですよね。

そうそう。もっと言うと、遠回しな意地悪って感じかな。たとえば、ぼくが似合っていない服を着ているとするでしょ? そのときに……

「今日の先生の服、すごく素敵《すてき》ですねー」

そう、それが皮肉(笑)。ぼくの服のことは置いておくとして、皮肉に限らず、独自の意味を込《こ》めるときに「 」が使われることがあるんだ。次の文を読んでみよう。

例 自分が物知りだからと言って、周りの話を聞かない人がいる。そのような「知識人」は、本当の意味で知性があるとは言えない。

「知識人」って書いてあるけど、ほめてない気がします……。

よく気づいたね!「知識人」ということばは、ふつうはいい意味で使われるけど、ここでは「物知りだけど人の話を聞かない、知性が足りない人」という皮肉の意味で使われているんだ。こんなふうに、ふつうの使われ方とは違《ちが》う、筆者独自のニュアンスを出すという使われ方が、かなり大切なんだ。

筆者の強い思いが込められている「 」は、要注意ってことですね!

皮肉を言われても、すぐに気づかないときがあるよ……

まとめ 筆者独自のニュアンスを出す「 」に注意!

練習問題

次の文章を読んで、あとの問いに答えなさい。

解答解説▼▼別冊10ページ

今の子どもたちはテレビやゲーム遊びが中心となってしまったから、疑問を持ったり質問したりする癖《くせ》を失っている。与《あた》えられた情報をいかに使いこなすかが関心事になっているからだ。「疑う」のはかったるい、そのまま信じる方が楽なのに、と思う習性が身についている。そのような場合には、「疑う技術」を教えねばならない。「疑う」方が世界が広がり、もっと面白《おもしろ》いことが隠《かく》れていることを実感させれば、子どもたちは「疑う」ことに夢中になると請《う》け合える。

「疑う技術」を教えるためには、大人が子どもを挑発《ちょうはつ》する必要がある。次々と質問を発してアレコレ考える楽しみを味合わせるのだ。それによって子どもたちはいかに多くの不思議に取り囲まれているかがわかってくる。周囲の大人が「疑う心」を持っておれば、子どもも自然に同調するものなのだ。

むろん、世の中が円滑《えんかつ》に回るためには、共通に定められたルールを「信じる」ということが欠かせないのは事実である。ルールそのものを信じ、みんながルールを守ることを信じ、ルール違反《いはん》には罰則《ばっそく》が科せられることを信じる、それがあって始めて社会生活が営めるからだ。しかし、私はそのルールさえいったん疑い、納得《なっとく》の上で信じるというふうに変わるべきだと思っている。（中略）

「疑う」ばかりで、「信じる」が後回しになるのは心配だと思われるかもしれない。私が言いたいことは、「疑った上で納得すれば信じる」ということである。そうであれば、何を信じ、何が信じられないかの区別がつくだろう。信じることをいったん留保して、疑い続けねばならない場合もあることを学ぶ必要もある。単純なルールであっても、いろんな側面があることを知ることは人生にとって大切であると教えるのだ。ルールだけではない。自然界の現象について「なぜそうなるの？」と疑問を持ち、機械や道具の仕組みに「どんな仕掛《しか》けになっているの？」と考え、世の中の風習に「なぜそうしなければならないの？」と不審《ふしん》に思う。そのように疑い続けることが自然や社会の実相をつかむ根源の力になると思うのだ。

（池内了《いけうちさとる》『疑似《ぎじ》科学入門』より）

問 「疑う」に「　」が使われているのは、筆者は「疑う」ことについてどう考えているからか。筆者の考えとして適切なものを次から一つ選び、記号で答えなさい。

ア　世の中のルールや常識などを疑うことはよくない。
イ　人々が社会生活を営むうえで必要となる姿勢である。
ウ　疑うばかりで信じることが後回しになってはいけない。
エ　自然や社会の実相をつかむ根源の力となるものである。

［　　］

POINT 疑うことに対して一般的な考えとは異なる考えをもっているということを，「　」を使って示しているんだね。

16

読み方　予測しながら読む

この先に書いてあることまでわかるの？

先生がこの先に言おうとしていることは，すぐにわかるよ！

みんな、ここまでよく頑張《がんば》ったね！　論説文の読み方の学習はこれで最後だよ。今回は「予測読み」について教えるね。といっても、特別な方法というわけじゃない。**この先どんな内容が書かれているのか、考えながら読もう**っていうことなんだ。

でも、先に書いてあることなんて、わかるわけなくない？

いやいや、ちょっと待って。みんなも普段《ふだん》の会話でも予測をしながら話してるはず。ちょっとやってみようか。「ヒナさんは、とにかく国語が嫌《きら》いだった。でも、今は……」

「ほんの少し好きになった！」

「でも」ということばから判断したんだね。すばらしい！　もっと例を挙げてみよう。「論説文の読み方を学んだ。だから、難しい文章も……」

「自信をもって読むことができます」

さすが！

なんか先生にうまく誘導《ゆうどう》されてる気がするけど(笑)。でも、予測が外れることもあるんじゃないですか？

もちろん予測は外れることもある。ぼくもいまだに「あれ、思ってた内容と違《ちが》う」ってことがあるよ。でもそれでOK。**この先の展開を予測しながら読むこと自体が重要**なんだ。

え？　どういうことですか？

何も考えずになんとなく読む人と、この先がどうなるのかを考えながら読む人とでは、読む姿勢がだいぶ違うよね。

自分自身で文章の展開を考えようとする人のほうが、筆者の言いたいことをちゃんとつかめるってことですね。

そのとおり！　完璧《かんぺき》な予測だね！

まとめ

この先の内容を予測しながら読めば、点数アップ！

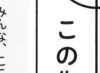

練習問題

次の文章を読んで、あとの問いに答えなさい。

解答解説▶▶別冊10ページ

人間が登場する以前から、地球環境《かんきょう》の大変動は何度も起こっていた。生物進化の歴史をさかのぼれば、九割五分以上の生物が絶滅《ぜつめつ》した時期がある。地質学上の古生代、中生代、新生代という大区分は、その境で大絶滅が起こったことを意味している。それぞれの区分がさらに細分されるが、それらもじつは絶滅の時期で境される。つまり大災害が何度もあったに違《ちが》いないのである。記録された人類の歴史にも、ノアの洪水《こうずい》という伝説があるが、おそらくまったくのデタラメではない。まだ文字はなくても、代々口承で伝えられるほどの大洪水があったに違いない。いまの人間が考える規模を超《こ》えた災害は、これまでにもあったし、いますぐ起こる確率は低いが、これからも起こりうる。生物の大絶滅は二千五百万年周期で起こるという絶滅周期説もある。

地球上の自然は、大きなシステムと見なすべきである。地勢、気候、生物がたがいに影響《えいきょう》しあい、あるていどの安定と調和が保たれている。システムとは本来安定したものをいうが、思わぬ揺《ゆ》さぶりを受け、大きく傾《かたむ》いてしまうこともある。有名な例は恐竜《きょうりゅう》の絶滅であろう。いまから六千五百万年ほど前に恐竜が絶滅したのは、ユカタン半島付近に巨大隕石《きょだいいんせき》が落下したためだとされる。隕石は地球全体を襲《おそ》ったわけではないが、気候を大きく変え、さまざまな影響を与《あた》えたと考えられている。その結果、あれだけ栄えた恐竜がまったくいなくなった。もっとも鳥として生き延びたと思えば、完全に絶滅したとはいえない。ともあれ巨大隕石の落下ほど大きな事件でなくても、地球上の自然というシステムに影響を与える事件は、いくらでもあったに違いない。恐竜の絶滅を火山活動の活発化によると考える説も、相変わらず残っている。

自然のこうした大災害を尺度にとれば、人間の活動など、なにほどのことがあろうか。そう思う人もあるだろう。しかし□ことは間違いない。人間の活動は、人間の登場以前に起こった多くの事件と同じように、システムを崩壊《ほうかい》させる恐《おそ》れをはらんでいる。実際、多数の生物種が人間の活動が原因で絶滅に追い込まれている。地質学的にこれだけ平穏《へいおん》な時代に、生物が絶滅するような事態はこれまでなかったはずである。

（養老孟司《ようろうたけし》『いちばん大事なこと』より）

問 □にあてはまることばとして適切なものを次から一つ選び、記号で答えなさい。

ア　人間の活動がほかの生物種を絶滅させることはない
イ　人間の活動が自然というシステムに影響を与えている
ウ　自然の大災害は人間の活動とは無関係である
エ　自然の大災害は人間の登場後に起きてはいない

□

POINT　空欄《くうらん》の直前に「しかし」があることに注目して，この先の文章の展開を考えよう。

Q&A 03 覚えるのが苦手。どうやったら覚えられる？

ヒナ：くめはら先生，自分に合う覚え方って，どうやったら見つけられるの？

くめはら先生：まずはいろんな覚え方を試《ため》してみて，どれが覚えやすいかで判断してみるといいよ。
たとえば，
○目で見て覚える（授業を動画で見る）
○耳で聞いて覚える（音源で授業を聞く）
○文章を読んで覚える（教科書などを読む）

ヒナ：どれがおすすめ？

くめはら先生：どれが合うかは，人によって違《ちが》うよ。ぼくは，授業の音声を流して覚えるという，耳で聞く方法が自分に合っていたみたいで，これをやっていた国語と英語の成績がどんどん伸《の》びたんだ。

だけど，耳で聞いて覚えるのが苦手で，まったく頭に入ってこないっていう人もいる。
ヒナさんはどのタイプかな？「自分に合う勉強法の見つけ方」（12～17ページ）を参考にしながら，たしかめてみよう。

ヒナ：そうなんだ！ まずは全部試してみようっと！

COMMENTS

いっせー先生：覚え方にはいろんなタイプがあって，そのうちどのタイプに自分があてはまるのかを考えるというのは，重要だね。「くめはらのアニキ」の言いたいことをちゃんと理解して，実践《じっせん》してみてね！

Q&A 04 先生が変わって苦手になった教科はどうしたらいい？

ユウマ：くめはら先生，1年生のころは得意だったのに，2年生になって先生が変わったら，急に苦手になった教科があって……。

くめはら先生：同じ教科でも，先生によって授業のやり方が変わると，苦手になることがあるよね。
中学生だととくに「その教科＝その先生の授業＋教科書」だから，先生の影響《えいきょう》はどうしても大きくなってしまう。

ユウマ：そうそう，まさにそれ！
どうしたらいいですか？

くめはら先生：その状況《じょうきょう》を「この教科は苦手だ」と思うのではなく，「この教科の，このやり方は苦手だ」と考えてみて。
そして，別の勉強法を探して，試《ため》してみよう。

1年のときは得意だったなら，そのやり方がユウマくんに合っていたってこと。だったら，そのやり方を続けてもいい。
無理して合わせることはないし，自信がついてきたら，どんなやり方でも大丈夫《だいじょうぶ》になるよ。

ユウマ：そうなんですね。
よかった！

COMMENTS

でんがん先生：先生が苦手でも，やり方を変えたりすれば，自分しだいでなんとかできると思うってことだね。勉強法は「試行錯誤《しこうさくご》」だとぼくは思うから，くめはら先生の言うとおり，いろんなやり方を試してみよう。

17

読み方　小説文を読むコツ

小説文はどうやって読めばいいの？

この小説、めっちゃ面白《おもしろ》かったー。

お、読書嫌《ぎら》いのヒナさんが小説を読んでるのか。いいね！　アオイさんも同じ小説を読んでたけど、どうだった？

私は主人公にイライラして、途中《とちゅう》で読むのやめました(笑)。

先生、同じ小説を読んだのに、それぞれ感想が違《ちが》いますよね。国語のテストの問題で主人公に共感できないときは、どうすればいいんですか？

いい質問だね。たしかに、小説を読んだ人の数だけ感想はある。でも、入試で求められているのは、個人の「感想」ではなくて、**客観的な「理解」**なんだ。

なるほど。これまでは自分の「感想」をもとに答えてたから、点数が安定しなかったのかー。

論説文では「筆者の主張」をつかむのが大事でしたけど、小説文では何をつかむことが大切なんですか？

小説文でとくに重要なのは**「登場人物の心情」**、つまり**「気持ち」**だ。人物の「気持ち」を想像するんじゃなくて、**書いてあることをもとに客観的に判断するのが大事**だよ。

客観的に判断かー。難しそう……。

大丈夫《だいじょうぶ》！　論説文でも筆者の主張を探す「目印」があったでしょ？　小説文にも、登場人物の気持ちを見つけるための「目印」がある。それをヒントに読んでいけばいいんだ。

はやくその「目印」を教えて！

まぁまぁ、そうあわてないで。次回から、小説文の読み方をじっくり解説していくよ。今回はまず、**「勝手に想像しない」**、**「書かれていることから判断する」**という二つのことを意識して、問題を解いてみよう！

まとめ

小説文では、登場人物の「気持ち」を、書かれていることをもとに判断する！

練習問題　次の文章を読んで、あとの問いに答えなさい。

解答解説▼別冊11ページ

【小学校に通えなくなった雪乃《ゆきの》は、曾《そう》祖父の「シゲ爺《じい》(茂三《しげぞう》)」と曾祖母の「ヨシ江《え》」の家でしばらく暮らすことになった。雪乃はシゲ爺の畑の手伝いをする約束をしたが、寝過《ねす》ごしてしまった。】

よその家の納屋《なや》に明かりが灯《とも》っている。どこかでトラクターのエンジン音が聞こえる。農家の朝はとっくに始まっているのだ。大きく深呼吸をしてから、雪乃は、やっぱり走りだした。長靴《ながぐつ》がぽがぽと鳴る。*まっくろけぇして*てっくりけぇることのないように気をつけながら、舗装《ほそう》された坂道を駆《か》け上がる。ふだん軽トラックですいすい登る坂が、思ったよりずっと急であることに驚《おどろ》く。

息を切らしながらブドウ園の手前を左へ曲がり、砂利道《じゃりみち》に入ってなおも走ると、畑が見えてきた。整然とのびる畝《うね》の間に、紺《こん》色の*ヤッケを着て腰《こし》をかがめる茂三の姿がある。急に立ち止まったせいで足がもつれ、危《あや》うく本当にてっくりけぇりそうになった。

「シ……」

張りあげかけた声を飲みこむ。

ヨシ江はあんなふうに言ってくれたけれど、ほんとうに茂三は怒《おこ》っていないだろうか。少なくとも、すごくあきれているんじゃないだろうか。謝ろうにも、この距離《きょり》ではどんなふうに切り出せばいいかわからない。

布巾《ふきん》でくるまれたおにぎりをそっと抱《かか》え、立ち尽《つ》くしたままためらっていると、茂三が立ちあがり、痛む腰を伸《の》ばした拍子《ひょうし》にこちらに気づいた。

「おーう、雪乃。やーっと来ただかい、寝ぼすけめ」

笑顔《えがお》とともに掛《か》けられた、からかうようなそのひと言で、胸のつかえがすうっと楽になってゆく。手招きされ、雪乃はそばへ行った。

「ごめんなさい、シゲ爺」

「なんで謝るだ」

ロゴの入った帽子《ぼうし》のひさしの下で、皺《しわ》ばんだ目が面白《おもしろ》そうに光る。

（村山由佳《むらやまゆか》『雪のなまえ』より）

＊まっくろけぇして＝慌《あわ》てて。
＊てっくりけぇる＝ひっくりかえる。
＊ヤッケ＝フードのついた防寒用の上着のこと。

問　——線部「胸のつかえがすうっと楽になってゆく」とあるが、このときの雪乃の気持ちとして適切なものを次から一つ選び、記号で答えなさい。

ア　寝過ごしたことをからかわれて腹を立てる気持ち。
イ　シゲ爺があきれているのではないかと不安な気持ち。
ウ　シゲ爺が怒っていないことに安心する気持ち。
エ　寝過ごしたことはしかたがないと開き直る気持ち。

POINT　気持ちを読み取る問題では，書かれていることをもとに判断するんだったね。

18

読み方

心情の把握《はあく》①

登場人物の気持ちなんてわからないよー！

先生聞いてよー、朝からお母さんの機嫌《きげん》が悪くてさー。

それは大変だったね(笑)。じゃあ今回は、お母さんを小説文の登場人物に見立てて、**気持ちの読み取り方**を学んでいこう。

先生、すぐ勉強につなげるー。

それが先生の特技だからね。それじゃヒナさん、なんでお母さんの機嫌が悪いってわかったの？

だっていつもより勢いよくドア閉めるし、ドタドタ歩くし、それにいつもは「ご飯よー」って感じなのに、今日は「はやくご飯食べちゃいなさい！　おくれるわよ！」って。

なるほど。つまりヒナさんは、お母さんの「行動」と「セリフ」から、気持ちを判断したわけだ。小説文を読むときもまったく同じで、**登場人物の「行動」と「セリフ」に注目して、気持ちを読み取れば**いいんだよ。

たしかに行動とセリフには、気持ちが表れますよね。

そうそう。小説文の場合はその二つに加えて、**「心情表現」**も、気持ちを読み取る目印になる。

心情表現？

まずは、**「うれしい」「悲しい」**などの、ストレートに気持ちを表現することばがそうだね。それ以外にも、**「〜な気持ち」「〜と思う・感じる」**なども「心情表現」だよ。

なんだ、簡単じゃん！

たしかに簡単な場合も多いけど、「やるせない」や「いたたまれない」みたいに、ちょっと難しい表現もあるし、「胸がすく」「気がとがめる」みたいな慣用表現もよく出てくるから、注意が必要だ。巻末付録の**「心情を表すことばをマスターしよう！」**にまとめておいたから、チェックしてみてね。

お母さんが機嫌悪いのって、すぐわかるんだよねー

まとめ

行動とセリフ、心情表現に注目して気持ちを読み取る！

練習問題　次の文章を読んで、あとの問いに答えなさい。

解答解説▼▼別冊11ページ

【受川星哉《うけがわせいや》には、陸上選手として優《すぐ》れた才能をもつ兄の空斗《たかと》がいる。その兄に星哉はどうすれば速く走れるのかを聞いた。】

「じゃあ歩幅《ほはば》大きくして、足いっぱい動かせばいいの？」

「いや、ピッチとストライドの関係は反比例だから、どっちかが上がると、どっちかが落ちちゃうんだ。大事なのはバランス。自分が一番速く走れるところを見つけるんだ」

「わかった」

そう言われると、早速翌日、ひたすら歩幅と脚《あし》の回転を確かめて走った。途中《とちゅう》で気づいた兄が様子を見てくれて、タイムを計ってくれた。

「よくなってるぞ」

「本当？　おれも兄ちゃんみたいになれる？」

兄はふっと笑って、俺《おれ》の頭をくしゃくしゃっと撫《な》でた。

「セイヤのいいところは、努力家なところだな。何かをよくできるって思ったら、すぐ実践《じっせん》して確かめる。それって陸上に限らず大事なことだ」

セイヤはきっとなんにでもなれるよ、と兄は笑って言ってくれた。あの頃《ころ》の俺は、そんな些細《ささい》な言葉でも、兄に認められたように錯覚《さっかく》していたのかもしれない。

高校三年生になった年、兄は*ヨンケイでインターハイを懸《か》けて走ることになり、本州の会場まで家族で応援《おうえん》に行った。

赤い400メートルトラック。

人と熱気にあふれた会場。

次々轟《とどろ》く号砲《ごうほう》と、トラックを駆《か》けていく背の高い選手たち。

真っ白な初夏の日差しの中、始まったリレー。兄は二走で、二位スタートだったが一気にトップに躍《おど》り出て、俺はもうわけがわかんないくらい声をあげて、ひたすら兄だけを見つめていた。

強烈《きょうれつ》な憧《あこが》れ。

強い日差しで、瞼《まぶた》の裏に焼きつけられたかのような、熱を帯びた記憶《きおく》。

いつかあの舞台《ぶたい》で、俺もあそこを走りたい。

（天沢夏月《あまさわなつき》『ヨンケイ!!』より）

*ヨンケイ＝四継《よんけい》。4×100メートルリレーのこと。

問　——線部「ひたすら兄だけを見つめていた」とあるが、このときの「俺」の気持ちとして適切なものを次から一つ選び、記号で答えなさい。

ア　兄が予想外に活躍して興奮のあまり混乱する思い。
イ　兄の陸上選手としての才能に対して嫉妬《しっと》する思い。
ウ　兄が最後まで走り切れるか気がかりな思い。
エ　兄に憧れて自分もそうなりたいという思い。

POINT　人物の行動に表れている気持ちを，心情表現を手がかりにしてとらえよう。

19

読み方 心情の把握《はあく》②

プラスの気持ち？ マイナスの気持ち？

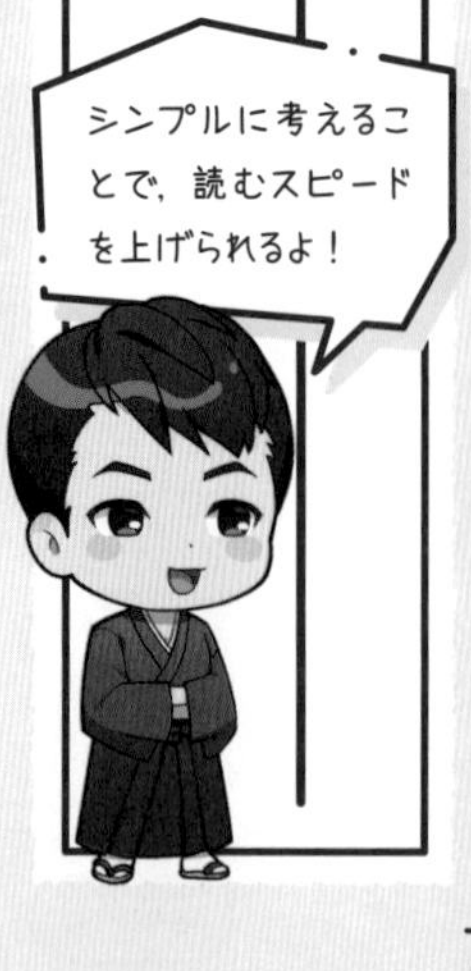
シンプルに考えることで，読むスピードを上げられるよ！

先生、登場人物の行動やセリフをチェックしたり、心情表現を探したりして気持ちをつかむっていうのはわかったんですが、時間がすごくかかってしまいます。

そうそう！　せっかく登場人物の気持ちがわかったのに、問題にあまり関係ないときもあるし！

そんなみんなに、いい方法を教えよう！　**登場人物の気持ちを「プラス」と「マイナス」で判断していく方法**だ。

プラスとマイナス？

「彼《かれ》の中に、せつなさと不安が入り混じっていた」という表現があったとして、彼の気持ちはプラス？　マイナス？

マイナスな感じがします。

そうだね！　じゃあ「彼の心は晴れやかだった」ならどう？

プラスですね。

そのとおり。**明るくて前向きな、ポジティブな気持ちならプラス**、逆に、**暗くて後ろ向きな、ネガティブな気持ちならマイナス**って分けていく。

プラスとマイナスに分けると、いいことがあるんですか？

プラスとマイナスでシンプルに考えることで、**読むスピードが上がる**んだ。それに、**選択《せんたく》問題を解くときにも役立つ**し、よく問われる**「気持ちの変化」の問題も考えやすくなる**よ。

プラスとマイナスに分けるのが難しい場合はどうするの？

そんなときは、無理に判断せずに保留にしておこう。勝手な思い込《こ》みで判断するのはまちがいのもとだからね。判断するのが難しい気持ちは、次回以降でくわしく見ていくよ！

まとめ

人物の気持ちを、おおまかに「プラス」と「マイナス」に分けて読んでいく！

練習問題　次の文章を読んで、あとの問いに答えなさい。

解答解説▼▼別冊12ページ

【中学一年生になる前の春休み、野球の投手として優《すぐ》れた才能をもつ原《はら》田《だ》巧《たくみ》は、引っ越《こ》した先で捕手《ほしゅ》を務める永倉豪《ながくらごう》と出会う。】

豪が、立ったままミットを振《ふ》った。左足を一歩前に出す。相手の胸めがけて、巧は、まっすぐに球を投げた。豪は身体《からだ》の正面で球を受けて、やはりまっすぐにかえしてくる。こきみのいいキャッチボールだった。本格的な投球に向かって、身体と気持ちのリズムが整っていく。

二十球ほど投げた後、豪が、もういいかと尋《たず》ねた。

「座《すわ》るぞ」

頷《うなず》く。豪は、ミットを軽くたたくとキャッチングの姿勢をとった。ゆったりと大きな構え。大きな身体が、もっと大きく見える。キャッチャーが大きく見えるということは、ストライクゾーンが広く感じられるということだ。巧の心臓が、ドクンと音をたてた。

ボールを握《にぎ》り直し、両腕《りょううで》をゆっくり後ろに振る。

そのまま頭の上に。左足を上げる。右腕を後ろに引く。そして、左足をふみ出す。

豪のミットだけを見ていた。そこに自分の投げたボールが飛びこんでいく。音がした。ミットがボールをとらえた音だった。久しぶりに聞く音だ。①身体の中を電気が走った。自分のボールを受けとめてくれる相手がいる。そのことがこんなにも心地《ここち》よい。

「もういっちょう」

返球。巧は、またミットに向かい合った。きっちり十球目。

豪が首をかしげた。

「原田、本気で投げとるか」

「最初からそんなにとばせるかよ」

「じゃろな。このくらいの球なら、誰《だれ》でも投げてるもんな」

一瞬《いっしゅん》、言葉が出てこなかった。②頭の芯《しん》が熱くなる。返球されたボールを強く握りしめた。

誰でも投げてるだと、ふざけんな。おれの球を、そこらへんの投手の球といっしょにするなよ。

（あさのあつこ『バッテリー』より）

問　――線部①「身体の中を電気が走った」、②「頭の芯が熱くなる」とあるが、このときの巧の気持ちとして適切なものを次から一つずつ選び、記号で答えなさい。

ア　自分の投球の実力を軽く見られたと思い腹を立てる気持ち。
イ　投手として本当に実力があるのか不安を覚える気持ち。
ウ　相手の才能が想像以上であったことに気が動転する気持ち。
エ　自分の実力を十分に発揮できる相手と出会えて喜ぶ気持ち。

①［　　］　②［　　］

POINT　人物の気持ちが「プラス」か「マイナス」なのかは，どんな状況《じょうきょう》で感じた気持ちかをふまえて判断しよう。

20

読み方　ストレートに表されない心情

この主人公、素直《すなお》じゃないなー！

あっ、またツンデレキャラが出てきたー。

ツンデレって何？

たとえば、このキャラ。「あんたなんか大嫌《だいきら》いっ！」って言ってるけど、どう見ても主人公のこと好きだよね？ こんなふうに、態度はツンツンしてるけど、心の中ではデレデレしてるキャラを「ツンデレ」って言うんだよ。

あー、わかる！ いるよね、そういう人。

国語のテストの小説文にも、よく出てくるよね。

いいことに気づいたね。今回はそんな**「言動と気持ちが一致《いっち》していない人物」**について考えてみよう。ヒナさん、人物の気持ちをつかむためには、何に注目すればいいんだっけ？

登場人物の**行動**と**セリフ**、それから**心情表現**だっけ？

そう！ でも、小説文には「ツンデレキャラ」みたいに、行動やセリフと心の中の心情が一致していない人も出てくる。

めんどくさっ！ そんな人の気持ちなんてわかんないよー。

たしかにちょっとわかりづらいけど、大丈夫《だいじょうぶ》！ **その人の本当の気持ちが表現されているところがあるはずだ。**それを文章中から探してみよう。

本当の気持ちがきちんと書かれてるってことですか？

そのとおり。**解答の根拠《こんきょ》は必ず文章中にある。**そして、その人物の行動やセリフの近くに書いてあることがほとんどだ。

最初は難しそうって思ったけどいける気がしてきました！

ちなみに「ツンデレ」ということばは、もとは「最初はツンツンしてるけど、だんだんデレデレしてくる」っていう、時間経過による気持ちの変化を表すことばだったらしいよ。

素直じゃないなーっていう登場人物いるよね！

まとめ

登場人物の本当の気持ちは必ず文章中に書かれている！
文章の中から根拠を探そう！

練習問題　次の文章を読んで、あとの問いに答えなさい。

解答解説▼▼別冊13ページ

【高校を中退した篤《あつし》は、相撲《すもう》部屋で呼び出し（大相撲で力士の名前を呼びあげるなどの仕事をする者）として働くことになった。物置で呼び出しの練習を始めたが、本番で失敗をしてしまう。】

「嫌《いや》になんねえの。せっかくやる気出した途端《とたん》、失敗してめちゃくちゃ怒《おこ》られて」

さきほどよりも声を落として、坂口《さかぐち》さんが尋《たず》ねる。

「……なんか失敗したからこそ、やらなきゃいけない気がして」

光太郎《こうたろう》と呼ばれた兄弟子《でし》の嫌味《いやみ》な口調を思い出すと、胃がきゅっと絞《しぼ》られるように痛む。

それでも、進《すすむ》さんが助けてくれた。師匠《ししょう》も、わざわざ篤に話をしてくれた。

明日こそは失敗してはいけない。そう自分に言い聞かせ、篤は物置に籠《こも》った。

「まあそうだよな」

坂口さんは頭を掻《か》くと、もしも、と言葉を続けた。

「お前が昨日の一回きりで練習やめてたら、俺《おれ》も今日普通《ふつう》にゲームしてたかもしれない」

え？　と聞き返すと坂口さんは遠くをちらりと見て、重々しく口を開いた。

「俺、一緒《いっしょ》にトレーニングしたいって武藤《むとう》に言おうと思う」

坂口さんの視線の先には、電気のついた一室があった。武藤さんが毎晩籠っているトレーニングルームだ。あの部屋で、武藤さんは今もダンベルを持ち上げているのだろう。

「そうなんすか」

坂口さんは真剣《しんけん》な目をしていたのに、ありきたりな相づちしか打てなかった。兄弟子としてのプライドをいったん捨て、弟弟子と一緒にトレーニングをしようと決意するまでに、当然葛《かっ》藤《とう》があったはずだ。その葛藤は、きっと坂口さんにしかわからない。

「あ、俺のこと見直しただろ？　差し入れも買ってきてやったし、ちゃんと俺を敬えよ」

わざとらしく口を尖《とが》らせ、坂口さんが篤の肩《かた》をつつく。坂口さんの葛藤はわからなくても、冗談《じょうだん》を言って強がろうとしていることはわかった。

（鈴村《すずむら》ふみ『櫓太鼓《やぐらだいこ》がきこえる』より）

問　――線部「ちゃんと俺を敬えよ」と言ったときの坂口さんの気持ちとして適切なものを次から一つ選び、記号で答えなさい。

ア　引け目を隠す気持ち。
イ　尊敬されずにすねる気持ち。
ウ　相手に嫉妬《しっと》する気持ち。
エ　見直されてうれしい気持ち。

POINT　人物の気持ちとセリフが一致していないときもあるよ。本当の気持ちが描《えが》かれている部分を手がかりに，気持ちを読み取ろう。

21

読み方 複雑な心情の把握《はあく》

気持ちは一つとは限らない？

先生、ぼく、学校で陸上部に所属してるんですけど、今回やっとレギュラーに選ばれたんです！

おお！　それはおめでとう！　やったね！

ありがとうございます。ずっとレギュラーを目指して頑張《がんば》ってきたから、すごくうれしいです。でも、レギュラーは練習も厳しくなるから、ついていけるか不安です……。

なんかわかるかも。ちょっと複雑だよね。

じゃあ、今日は**「複雑な気持ち」**について学んでみようか。じつは、小説文の問題では、「複雑な気持ち」の読み取りがよく出てくるんだ。
たとえば、今、ユウマくんの心の中には「うれしい気持ち」と「不安な気持ち」の両方があるよね。

そうです。

これは**「相反《あいはん》する気持ち」**とも呼ばれるよ。それぞれの気持ちが生まれた原因を確認《かくにん》してみよう。

・レギュラーに選ばれた→うれしい気持ち
・練習についていけないかもしれない→不安な気持ち

小説文でも、こんなふうに、**それぞれの気持ちの原因や理由をつかむ**ようにすると、複雑な気持ちも正しく理解できるよ。

じゃあ先生、今の私の気持ちを当ててみてよ。

え？　いきなりだね……。「読み方のコツがわかってうれしい気持ち」かな？

わかった！「読み方のコツがわかったのはうれしいけど、いつも勉強につなげる先生にあきれる気持ち」でしょ？

アオイ、大正解（笑）！

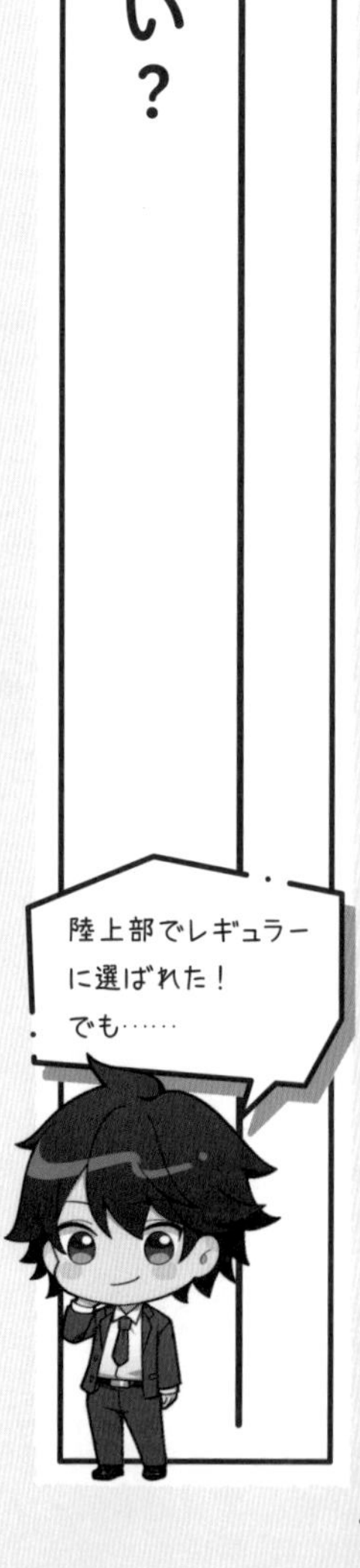

まとめ
気持ちは一つではないこともある。それぞれの気持ちの原因を見つけよう！

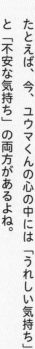

練習問題

次の文章を読んで、あとの問いに答えなさい。

解答解説▼▼別冊13ページ

【小学生のヒロシは、くもり空を描《か》いた絵を〈きれいな空の絵〉というテーマの校内コンテストに出そうとして先生に注意されたが、そのままくもり空の絵を応募《おうぼ》することにした。】

二十点を超《こ》えた応募作品がキャスター付きの掲示板《けいじばん》に貼《は》られて、昼休みの渡《わた》り廊下《ろうか》に並んだ。

作品を応募した子を除く全校児童が、一人一枚ずつ桜の花のシールを持って絵を見て回り、「これがいい」と思う絵の回りに貼っていく仕組みだった。

昼休みが終わりかけた頃《ころ》、「コンテストの結果が出ました」という校内放送があった。「応募した皆《みな》さんは渡り廊下に集合してください」

ヒロシは胸をドキドキさせて渡り廊下に向かった。

掲示板に近づくと、何十枚ものシールに囲まれた作品が目に入った。第一位になって、ポスターに使われることになった作品だ。空の色は――予想どおり、青。

第二位の作品も空の色は青だった。第三位も、第四位も……それより下の順位の絵も、すべて青空を描いていた。

くもり空の絵は、ヒロシの作品だけだった。

最下位。

でも、絵の横に、シールが一枚貼ってあった。

いた。くもり空をきれいだと思う人が、ヒロシ以外にももう一人――たった一人でも、いた。

ヒロシは、しょんぼりと落ち込《こ》んでいるような、にんまりと笑っているような、フクザツな表情になった。最下位に終わった悔《くや》しさと、シールがゼロではなかったうれしさが胸の中で入り交じる。

でも、たとえゼロだったとしても――。

絵を描き直さなくてよかった。

うん。やっぱり、絶対に、よかった。

そうだよな、と心の中でつぶやいて、自分がいちばんきれいだと信じている絵を、あらためて見つめた。

細かく描き分けた灰色の空の隣《となり》で、ピンク色の桜の花がちょっとだけ遠慮《えんりょ》がちに、春の訪《おとず》れを告げていた。

（重松清《しげまつきよし》「いちばんきれいな空」『答えは風のなか』より）

問 ――線部のときのヒロシの気持ちとして適切なものを次から一つ選び、記号で答えなさい。

ア 他人の感性が自分とは違《ちが》うことに反発を覚える気持ち。
イ 悔しいけれどもわかってくれる人がいてうれしい気持ち。
ウ 自分の理解者が一人しかいないことに驚《おどろ》く気持ち。
エ 意外な結果になったことを不可解に感じる気持ち。

□

POINT 原因となるできごとをとらえて，複雑な気持ちや相反する気持ちを読み取るといいよ。

22

読み方　心情の変化

人の気持ちは変わりやすい？

は一……。

ヒナさんどうしたの。ため息なんてついて。

もうすぐ夏休みだーって超《ちょう》楽しみにしてたのに、宿題がどっさり出たからテンションめっちゃ下がった……。

ははは。たしかに夏休みの宿題はいやだよね(笑)。今回は、ヒナさんの気持ちが「超楽しみ」から「テンションめっちゃ下がった」に変わったように、人物の「気持ちの変化」について考えてみよう。

また勉強につなげてるー。

気持ちが変化している箇所《かしょ》は、試験でも問われやすいんだよ。ここでも「原因」が大事なんだ。

国語って、原因・理由がすごく大切ですよね。

そのとおり。気持ちが変化しているときに読み取らなければならないのは、「変化の原因」だよ。気持ちが変わるってことは、きっかけとなるようなことがあったわけだよね。

ヒナさんの場合は「宿題がどっさり出た」が変化の原因ですね。

そう。問題で問われるときは、「変化の原因」がしっかり文章中に書かれているから、それを探そう。

前に勉強した「プラスの気持ち・マイナスの気持ち」も関係ありますか?

いいことに気づいたね！　人物の気持ちは、プラスからマイナスに変わったり、マイナスからプラスに変わったりする。しかも、一度だけではなく、何度も変わることもあるよ。

人物の気持ちがプラスかマイナスかをつかむのは、気持ちの変化を読み取るときにも役に立つんですね。

まとめ

人の気持ちは変わるもの。変化の原因をしっかり確認《かくにん》！

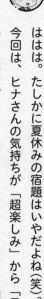

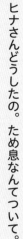

練習問題　次の文章を読んで、あとの問いに答えなさい。

解答解説▼▼別冊14ページ

【高校生の「僕《ぼく》」は、刺繍《ししゅう》をすることが好きだが、周囲には理解されないことが多かった。】

ポケットの中でスマートフォンが鳴って、宮多《みやた》からのメッセージが表示された。

「昼、なんか怒《おこ》ってた？　もしや俺《おれ》あかんこと言うた？」

違《ちが》う。声に出して言いそうになる。宮多はなにも悪いことをしていない。ただ僕があの時、気づいてしまっただけだ。自分が楽しいふりをしていることに。

いつも、ひとりだった。

教科書を忘れた時に気軽に借りる相手がいないのは、心もとない。ひとりでぽつんと弁当を食べるのは、わびしい。でもさびしさをごまかすために、自分の好きなことを好きではないふりをするのは、好きではないことを好きなふりをするのは、もっともっとさびしい。

好きなものを追い求めることは、楽しいと同時にとても苦しい。その苦しさに耐《た》える覚悟《かくご》が、僕にはあるのか。

文字を入力する指がひどく震《ふる》える。

「ちゃうねん。ほんまに本読みたかっただけ。刺繍の本」

ポケットからハンカチを取り出した。祖母に褒《ほ》められた猫《ねこ》の刺繍を撮影《さつえい》して送った。すぐに既読《きどく》の通知がつく。

「こうやって刺繍するのが趣味《しゅみ》で、ゲームとかほんまはぜんぜん興味なくて、自分の席に戻《もど》りたかった。ごめん」

ポケットにスマートフォンをつっこんだ。数歩歩いたところで、またスマートフォンが鳴った。

「え、めっちゃうまいやん。松岡《まつおか》くんすごいな」

そのメッセージを、何度も繰《く》り返し読んだ。

わかってもらえるわけがない。どうして勝手にそう思いこんでいたのだろう。

今まで出会ってきた人間が、みんなそうだったから。だとしても、宮多は彼《かれ》らではないのに。

いつのまにか、また靴紐《くつひも》がほどけていた。しゃがんだ瞬間《しゅんかん》、川で魚がぱしゃんと跳《は》ねた。波紋《はもん》が幾重《いくえ》にも広がる。太陽の光を受けた川の水面が風で波打つ。まぶしさに目の奥《おく》が痛くなって、じんわりと涙《なみだ》が滲《にじ》む。

（寺地《てらち》はるな『水を縫《ぬ》う』より）

問　――線部「わかってもらえるわけがない」という思いこみが変化したのは、何がきっかけか。適切なものを次から一つ選び、記号で答えなさい。

ア　褒められたことで刺繍のすばらしさに気づけたこと。
イ　今まで出会った人間と宮多も同じだとわかったこと。
ウ　宮多が自分の好きなものに理解を示してくれたこと。
エ　好きなことを追い求めて苦しむ覚悟ができたこと。

［　　］

POINT　人物の気持ちが変化するときには，そのきっかけになったできごとがあるよ。

23 たとえは難しい？

読み方 比喩《ひゆ》表現

あれ、ユウマくん。すごい汗《あせ》かいてるね。大丈夫《だいじょうぶ》？

先生、聞いて！　ぼくの部屋のエアコンが故障しちゃったから、めちゃくちゃ蒸し暑くて！　もう「サウナ」でした。

それは大変だ。それで「滝《たき》のような」汗が出てるんだね。

先生、今回は「比喩」について学ぶんですね（笑）。

あ、アオイさんに先を読まれちゃったね。比喩っていうのはたとえのことなんだけど、覚えておきたい比喩は二つ。一つは「〜ようだ」「〜ごとし」などのことばを使ってたとえる「直喩（明喩）」。もう一つは、それらのことばを使わずにたとえる「隠喩《いんゆ》（暗喩）」。

比喩

直喩（明喩）　例　滝のような汗が出る。
▼「〜ようだ」「〜ごとし」などを使ってたとえるもの

隠喩（暗喩）　例　部屋がサウナだった。
▼「〜ようだ」「〜ごとし」などを使わずにたとえるもの

比喩って、「どのようなことか、説明しなさい」みたいな問題が多いよね。難しいから嫌《きら》いなんだけど……。

比喩はポイントをつかめばすごく簡単だよ！　まずは、「何を」「何に」たとえているかを考えよう。

さっきぼくは、エアコンが故障した「部屋」を「サウナ」にたとえました。

そうだね。次に、二つのものの共通点を探そう。エアコンが故障した部屋とサウナの共通点は「蒸し暑い」ことだよね。共通点がわかれば、比喩は簡単だよ！

そういえば、先生のほっぺたって「お餅《もち》」みたいだよね。

わかる！　「白くて柔《やわ》らかそう」って共通点があるよね。

まとめ
比喩の読み取りでは、「何を」「何に」たとえているかを考えて、共通点を見つけよう！

練習問題

次の文章を読んで、あとの問いに答えなさい。

解答解説▼▼別冊14ページ

週明け、月曜日の朝、全校集会が行われた。春の高校総体地区予選の結果報告のためだ。

連休中や五月前半の週末に、そういう大会があったことを初めて知った。ほんの一年前の同じ時期、自分も毎週のように何かしらの陸上大会に出場していたというのに。

表彰《ひょうしょう》式はない。地区予選では、体育会系のほとんどの部が三位までに入賞しているからだ。名前を呼ばれて、その場に立つだけ。サッカー部、野球部などの団体種目はキャプテンのみ。テニス部、団体戦、個人戦……。次々と立っていくのは二、三年生、スポーツ推薦《すいせん》クラスである一組の生徒ばかりだ。そんな中、一年一組にも一人、名前を呼ばれて立ち上がったヤツがいた。

＊山岸良太《やまぎしりょうた》。陸上、男子三〇〇〇メートル走、三位入賞。

一年生の部、とは付いていない。続けて発表された同種目の二位と一位は、三年一組の列から返事が聞こえてきた。タイムまでは発表されない。しかし、地区予選とはいえ、上級生に交ざっての入賞なのだから、いい記録が出たに違《ちが》いない。九分切れたのだろうか。

よかったな。

体育座《すわ》りがまだ長時間できない僕《ぼく》は、身長に関係なく、クラスの最後尾《び》に並ばせてもらっている。だから、良太の背中しか見ることができない。きっと、いつもの澄《す》ました顔でいるはずだ。心の中ではものすごく喜んでいるはずなのに、……あれ？

自覚できるほどに、鼓動《こどう》が速まっている。良太の活躍《かつやく》が嬉《うれ》しいから、ではない。嬉しいという気持ちを別の感情が覆《おお》い隠《かく》そうとしている。黒い雨雲のような……。

落ち着け、落ち着け。

僕だって放送部でがんばっている。やりがいも感じている。ラジオドラマの主役だ。全国大会だって目指している。もしかすると手が届くのではないかと、日々、期待が高まっている。

交通事故に遭《あ》わず、陸上部に入っていたとしても、僕は良太にかなわない。このシチュエーションはかわらない。なのに、陸上部に入っていたら、この黒い雲は湧《わ》き上がってこなかったのではないかと思う。

（湊《みなと》かなえ『ブロードキャスト』より）

＊山岸良太＝「僕」と中学で同じ陸上部に属していた。

問 ——線部「黒い雨雲」がたとえているものとして適切なものを次から一つ選び、記号で答えなさい。

ア 良太の活躍を喜ぶ「僕」の気持ち。
イ けがを負った「僕」の体。
ウ 良太に嫉妬《しっと》する「僕」の本心。
エ 希望のない「僕」の未来。

［　　］

POINT 「黒い雨雲」の特徴《とくちょう》を考えてみることで，たとえられているものとの共通点がわかってくるよ。

24

読み方　情景描写《びょうしゃ》

うれしいと景色が輝《かがや》いて見えるよね！

アオイさん、すごく機嫌《きげん》がいいね。何かいいことあった？

先生、よくわかったね！　推《お》しのライブのチケットが当たってテンション爆《ばく》上がりなの！

おめでとう！　ずっと行きたがってたもんね。

そうなの！　うれしすぎて、チケットが当たってから景色がキラキラ輝いて見えちゃってますよ（笑）。

わかるわかる。うれしいことがあると景色がいつもと違《ちが》って見えるよね。

いいことに気がついたね。せっかくだから、景色で人の気持ちを表現する方法について勉強してみよう。

また勉強ですか。でも、今日はいいですよ！

アオイさんの機嫌がいいうちに進めよう（笑）。景色の描写を「情景描写」と言うんだけど、この情景描写によって人物の気持ちを表現することがあるんだ。

たしかに、小説文には情景が多く書かれてる気がします。景色の描写によって人物の気持ちを表現していることがあるんですね。

え、ってことは、単なる景色の描写だと思って読み飛ばしちゃったらまずいんじゃ……。

難しく考えなくても大丈夫《だいじょうぶ》だよ。さっきのアオイさんの話を思い出してみよう。プラスの気持ちにはプラスの情景がぴったりくるよね。人物の気持ちと情景はリンクしているから、セットにして考えていけばいいんだよ。

なるほど！　比喩《ひゆ》と同じように共通点を探すんですね。

それならわかりやすいね！

まとめ

情景描写は、登場人物の心情とリンクしていることが多い！

練習問題

次の文章を読んで、あとの問いに答えなさい。

解答解説▼▼別冊15ページ

当時、私はぴかぴかの一回生、すっかり花の散りきった桜の葉が青々として、すがすがしかったことを思い出す。

新入生が大学構内を歩いていればとにかくビラを押《お》しつけられるもので、私は個人の情報処理能力を遙《はる》かに凌駕《りょうが》するビラを抱《かか》えて途方《とほう》に暮れていた。その内容は様々であったが、私が興味を惹《ひ》かれたのは次の四つであった。映画サークル「みそぎ」、「弟子《でし》求ム」という奇想天外《きそうてんがい》なビラ、ソフトボールサークル「ほんわか」、そして秘密機関〈福猫飯店《ふくねこはんてん》〉である。おのおの胡散《うさん》臭《くさ》さには濃淡《のうたん》があるものの、どれもが未知の大学生活への扉《とびら》であり、私はなけなしの好奇心でいっぱいになった。どれを選んでもとりあえず面白《おもしろ》い未来が開かれると考えていたのは、もはや手の施《ほどこ》しようのない阿呆《あほう》としか言いようがない。

講義が終わってから、私は大学の時計台へ足を向けた。色々なサークルが新歓《しんかん》説明会の待ち合わせ場所にしているからである。

時計台の周辺は湧《わ》き上がる希望に頰《ほお》を染めた新入生たちと、それを餌食《えじき》にしようと手ぐすねひいているサークルの勧誘員《かんゆういん》たちで賑《にぎ》わっていた。幻《まぼろし》の至宝《しほう》と言われる「薔薇《ばら》色のキャンパスライフ」への入り口が、今ここに無数に開かれているように思われ、私は半ば朦朧《もうろう》としながら歩いていた。

そこで私が見つけたのが、映画サークル「みそぎ」の看板を持って待っている学生数人であった。新入生歓迎の上映会が行われるので、そこまで案内するという。今にして思えば、後をついていくべきではなかった。そして「みんなで楽しく映画作ってるよ」という甘言《かんげん》に私らしくもなく惑《まど》わされ、友達百人作るべく、その日のうちに入会を決めてしまったのは、来《きた》るべき薔薇色の未来への期待に我を忘れていたとしか言いようがない。そこから私は獣道《けものみち》へ迷《まよ》い込《こ》み、友達どころか敵ばかり作った。

映画サークル「みそぎ」に入ってはみたものの、腹立たしいほど和気藹々《わきあいあい》とした雰囲気《ふんいき》になかなか馴染《なじ》むことができない。「これは乗《の》り越《こ》えるべき試練なのだ、この異様な明るさの中へ堂々と立ち交じってこそ、薔薇色のキャンパスライフが黒髪《くろかみ》の乙女《おとめ》がそして全世界が俺《おれ》に約束される」と自分に言い聞かせながらも、私は挫《くじ》けかけていた。

（森見登美彦《もりみとみひこ》『四畳半《よじょうはん》神話体系』より）

問 ――線部の情景は、「私」のどのような気持ちを表しているか。適切なものを次から一つ選び、記号で答えなさい。

ア これまでの高校生活への未練を断ち切ろうという気持ち。
イ これから始まる新生活に期待して希望にあふれる気持ち。
ウ これから大学で真剣《しんけん》に学んでいこうと奮起する気持ち。
エ ここでうまく友達ができるか不安で挫けそうな気持ち。

POINT 描《えが》かれた情景は，登場人物のどんな気持ちとリンクしているのかを読み取っていこう。

25

読み方　場面の変化

いきなり昔の話になってる？

先生、昨日のドラマ見ましたか？

見た見た！　めっちゃ面白《おもしろ》かったね。

いきなり場面が変わって十年前の話になったから驚《おどろ》いたけど、ついに主人公の過去が明らかになって、もう胸アツです。

じゃあ、今回は**「場面の変化」**について勉強していこう。高校入試の小説文でも場面の変化が描《えが》かれていることがあるね。

いつのまにか次の日になってたり、昔の話になってたりして、びっくりするんだよね。

「場面の変化」を見抜《みぬ》く最大のポイントは**「時間」**だ。時間が変わっていることを示す描写《びょうしゃ》があれば一発でわかるよね。

たしかに、「翌日」とか書いてあれば簡単にわかりますね。

そして、もしも「時間」の描写がなければ、その場合には**「場所」**と**「人物」**に注目するんだ。場所や登場人物がガラッと変わっていたら、場面が変化している可能性が高いよ。

さらに、そのどちらの描写もなければ**「心情」**に注目しよう。心情の変化で場面が変わったことがわかることがあるよ。何もないのにいきなり気持ちが変わったりしないからね。

何のきっかけもないのに変わったら逆に怖《こわ》いよ(笑)！

でしょ。ということで、場面の変化を見抜くには、**「時間」「場所」「人物」「心情」の順にチェックする**って覚えておこうね。

ところで先生、さっきチャイムが鳴ってたけど、次の授業に行かなくていいんですか？

しまった、急がないと！

先生も「時間」に注意だね。

まとめ

場面の変化は、「時間」「場所」「人物」「心情」の順にチェックする！

練習問題　次の文章を読んで、あとの問いに答えなさい。

解答解説▼▼別冊15ページ

【中学一年生の「私」は、母の仕事の都合で伯母《おば》の家で暮らし始めた。「私」が伯母の娘《むすめ》のミーナに頼《たの》まれて図書館で本を借りてくることになったところ、*とっくりセーターを着た司書の「とっくりさん」は『眠《ねむ》れる美女』を薦《すす》めてくれた。】

「さあ、これが君の貸出カードだ。大事に使うんよ」

とっくりさんは出来上がったばかりのカードを私に手渡《てわた》した。お手本を見せるように、大事に手渡した。触《ふ》れた指先がひんやりとしていた。

「はい、もちろんです」

と、私は答えた。

あの日、とっくりセーターの青年と約束したとおり、三十年以上たった今でも、私は芦屋《あしや》市立図書館の貸出カードを大事に持っている。それはすっかり茶色に変色し、角は磨《す》り減っているが、芦屋での一年間に私が借りた、つまりミーナが読んだ本の題名は、まだ消えずに記されている。一番上の『眠れる美女』から順番に一つ一つ題名をたどってゆくだけで、その時一《いっ》緒《しょ》に過ごしたミーナとの場面が浮《う》かんでくる。秘《ひそ》かにとっくりさんとあだ名をつけた司書の青年と、カウンター越《ご》しに交わした会話も、よみがえってくる。『アーサー王と円卓《えんたく》の騎士《きし》』『アクロイド殺人事件』『園遊会』『フラニーとゾーイー』『はつ恋《こい》』『変身』『阿《あ》Q正伝』『彗星《すいせい》の秘密』……。それらは単なる題名に過ぎないのに、私たちの思い出が不変なものであることを証明するための、刻印のように見える。ミーナに会いたくなるといつでも私は、この貸出カードを取り出す。

ミーナは待ちきれずに玄関《げんかん》ホールのベンチに座《すわ》っていた。

「大丈夫《だいじょうぶ》だった？　道に迷わへんかった？　本の借り方、すぐに分かった？」

ミーナは駆《か》け寄ってきてあれこれ質問した。

「うん。うまくいった。はい、これ」

私は『眠れる美女』を差し出した。ミーナはすぐさま本を胸に抱《だ》き寄せ、私が払《はら》ったささやかな労力の、何倍もの感謝を示してくれた。予測どおり、胸に抱かれた『眠れる美女』は、彼《かの》女《じょ》にとてもよく似合っていた。

とりあえず、とっくりさんのことは、黙《だま》っておいた。

（小川洋子《おがわようこ》『ミーナの行進』より）

*とっくりセーター＝首に密着する高いえりのついたセーター。タートルネックセーター。

問　この文章を三つの場面に分けた場合、二つ目の場面はどこからどこまでか。二つ目の場面の初めと終わりの三字を、本文中からそれぞれ抜《ぬ》き出しなさい。

［　　　］～［　　　］

POINT　場面の変化は，「時間」「場所」「人物」「心情」の順にチェックするといいんだったね。

26

読み方　人物像の把握《はあく》

「どのような人物か」って聞かれても……

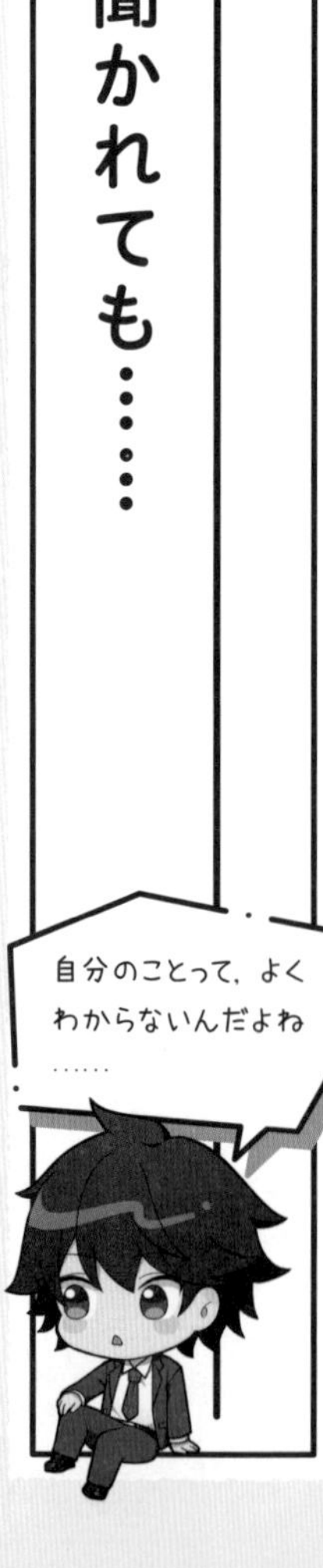

先生、相談があるんです。今、ぼくの所属する陸上部でPR動画をつくっていて、そこで一人ひとり自己紹介《じこしょうかい》をしないといけないんだけど、自分のことってよくわからなくて。

なるほど。せっかくだから、今回はみんなでユウマくんの**「人物像」**を考えてみよう。

人物像って言われると難しい感じがするけど、要するに**どんな人か**ってことですよね？

そのとおり！　**性格**や**人柄**《ひとがら》と言ってもいいね。

じゃあ、簡単だ。ユウマは「おとなしい」！

えー、そうかな？　「好奇心旺盛《こうきしんおうせい》」だと、私は思うんだけど……。

二人ともよく見ているね！　たしかに、ユウマくんは目立つことがあまり好きじゃない「おとなしい」タイプだけど、新しいことに積極的にチャレンジする「好奇心旺盛」なところもあるよね。

そんなにいろいろあっていいの？

むしろ、一つのことばでは語りきれないくらい**人間にはいろいろな面がある**んだよ。それに、ヒナさんとアオイさんの意見が違《ちが》ったように、**人によってとらえ方も変わってくる**よね。国語の読解でも同じで、「人物像」を考えるときには、その人物を**さまざまな側面からとらえていく**必要があるんだ。

一つに決めつけないことが大事ってことなんですね。

そう！　だから、ユウマくんもいろいろな人に聞いてみたら、自分の新しい一面が見えてくるはずだよ。

はい！　ちょっとわくわくしてきました。

まとめ

人物像は、さまざまな側面からとらえることができる！

練習問題

次の文章を読んで、あとの問いに答えなさい。

解答解説▼▼別冊16ページ

【「私」は、音楽の授業で皆《みな》とリコーダーを吹《ふ》くことになった。】

「中原《なかはら》くん」

先生は声の調子を変えて呼びかけた。

「君の小学校、アルト・リコーダーを使ってたの？」

「え？　違《ちが》います」

中原は一瞬《いっしゅん》とまどったように答えた。

「こういうのじゃなくて、もっとちっちゃい……」

「ソプラノだね。一番下の音がドの」

「はい」

「アルトやるのは初めて？」

「はい」

「うまいね」

先生も感心したようにうなずいたのを見て、私は胸がチクッとした。悔《くや》しい？　リコーダーのことで他の人が誉《ほ》められるのがちょっと悔しい。

小学校高学年の時の担任の先生がリコーダー好きで趣味《しゅみ》で楽器を買ったり吹いたりしていて、休み時間にクラスのみんなに教え、上手な子たち八人でアンサンブルを組んで色々な舞台《ぶたい》で演奏した。六年の時には市の吹奏楽《すいそうがく》コンクールで4位になったし、卒業式でも演奏した。たくさん練習した。おもちゃみたいなプラスチックのジャーマン式リコーダーをピーピー鳴らしてただけの人たちとは違うんだ。

クラスの他の子たちは、リコーダーが八種類あるのを絶対知らない。一番小さいクライネソプラニーノは16㎝くらい、一番大きなコントラバスは１９０㎝ほどもある。演奏でよく使われるのは、音の高い、形の小さい順にソプラノ、アルト、テナー、バスだ。演奏用のリコーダーはたいてい木製のバロック式。まるで音が違う。私は小学校のアンサンブルでは、テナーを担当して吹いていた。

そんな私なのに、『きらきら星』の練習用の二つのフレーズのメロディーを吹くのに、アルト・リコーダーの穴がうまく押《お》さえられない。

（佐藤多佳子《さとうたかこ》「ＦＯＵＲ」『第二音楽室』より）

問 「私」の人物像として適切なものを次から一つ選び、記号で答えなさい。

ア　自分にはとりえがないと思っている、自己評価の低い人物。
イ　自分の特技に誇《ほこ》りをもつ、負けず嫌《ぎら》いなところのある人物。
ウ　競争心が強く、自分に対して絶対的な自信をもつ人物。
エ　他人が褒《ほ》められていることが許せない、嫉妬《しっと》深い人物。

POINT　人物像はさまざまな側面からとらえることができるんだったね。登場人物の言動に注目して、人物像を読み取ろう。

Q&A 05 平日の帰宅後にスムーズに勉強を始めるには？

ユウマ：くめはら先生，平日の帰宅後って，すぐに勉強に取りかかれないんです。

くめはら先生：ユウマくんは，帰宅するとすぐに着《き》替《が》えてる？

ユウマ：はい。たいていスウェットとかに着替えます。

くめはら先生：手洗いうがいを済ませたら，まずは制服のままで，30 分でいいから勉強を始めてみて。
無理だったら，5 分でもいいよ。

ユウマ：えっ，なんで制服のまま？

くめはら先生：着替えて緊張感《きんちょうかん》が薄《うす》れると，どうしてもだらだらして，勉強に取りかかりづらくなってしまう。だから，制服のままで少しだけ始めてみることが大事なんだ。
実は，この 1 歩がすごく大きいんだよ。
「今日はだらだらしないですぐに勉強を始められたぞ。もっとがんばろう！」となる人が多いんだ。
ぜひ，試《ため》してみて！

COMMENTS

こーさく先生：えっ，これすごくおもしろいね！ 自分の服装を利用して集中力をコントロールするんだね。さすが，くめはら先生だ。ちなみにぼくは，家に帰るとだらけちゃうから，学校帰りには家の近くの公民館にそのまま行って，勉強してたこともあったよ！

Q&A 06

休日に家で勉強しづらいときは？

アオイ：くめはら先生，うちは妹や弟がうるさくて，休日に家で勉強できないんです。

くめはら先生：アオイさんみたいな人は，勉強できる場所をいくつか確保しておくといいよ。
図書館や塾《じゅく》の自習室でもいいし，カフェやファミレスでもいい。

アオイ：でも，勉強するために出かけるのがおっくうで，つい，だらだらしちゃうんですよね。

くめはら先生：まずは，とにかくその場所へ行くことを習慣にしよう。前の日の夜に，必要な勉強道具を用意しておく。朝，起きてご飯を食べたら，すぐにその場所へ向かう。たとえば，図書館だったら，そこまで行って，壁《かべ》にタッチしてくるだけでもいい。

アオイ：えっ，タッチするだけ？

くめはら先生：そう思うと気が楽でしょ。実際に行ってみると，意外と勉強しようと思えるから，試《ため》してみて！

COMMENTS

すばる先生：ぼくもその気持ちはすごくわかるな。環境《かんきょう》を変える以外にも，「人」にたよるのもおすすめだよ！ もし家からどうしても出られないときは，イヤホンをつけて，好きな YouTuber といっしょに勉強する勉強耐久《たいきゅう》 LIVE を活用してみてはどうかな？

27

読み方

随筆《ずいひつ》文を読むコツ

随筆文ってどんな文章のこと？

今日の先生の授業、半分くらい先生の思い出話だったね。

後半は寝《ね》てたからあんまり記憶《きおく》にない（笑）。

ちょっと！　一応授業に関係のある雑談だったんだから、ちゃんと聞いて（笑）！

そういえば、国語の問題にも思い出話ばっかりの文章が出題されることがありますよね。

アオイさんが言っているのは**「随筆文」**のことだね。随筆文は筆者の日常生活のエピソードや思い出話が中心の文章だ。

そんな文章に読み方なんてあるの？

もちろんあるよ。といっても、特別な読み方は必要ないんだ。随筆文だって、論説文や小説文と基本は同じで、**本文中に必ず答えがある**。だから、**本文から読み取れることを答えるという点は変わらない**よ。

自分で勝手に想像しちゃだめってことですね。

そのとおり。これまで論説文と小説文の読み方を学んできたけど、それがそのまま使えるんだよ。

言われてみれば、随筆文には論説文っぽいのもあるし、小説文っぽいのもありますね。

論説文っぽいものなら、**筆者の「主張」**をつかんで、小説文っぽいものなら、**筆者の「気持ち」**を読み取っていこう。エピソードや思い出話がたくさん書かれていても、筆者の「主張」や「気持ち」に注目すればいいんだよ。

これまで勉強したことがいかせるなら、簡単かも！

でも、あまり長い思い出話はやめてほしいなぁ。

あれ、ヒナさん、それぼくに言ってる？

なんだか思い出話ばっかり書かれてる気がするけど……

まとめ

随筆文は怖《こわ》くない！　論説文と小説文の読み方のテクニックを使おう！

練習問題

次の文章を読んで、あとの問いに答えなさい。

解答解説▼▼別冊16ページ

【筆者は、小学校三年生のとき初期の小児結核《しょうにけっかく》になった。】

広尾《ひろお》の日赤《にっせき》病院に通院していた頃《ころ》、母はよく私を連れて鰻屋《うなぎや》へ行った。病院のそばの小さな店で、どういうわけか客はいつも私達だけだった。

隅《すみ》のテーブルに向《むか》い合って坐《すわ》ると、母は鰻丼《うなぎどん》を一人前注文する。肝焼《きもやき》がつくこともあった。鰻は母も大好物だが、

「お母さんはおなかの具合がよくないから」

「油ものは欲しくないから」

口実はその日によっていろいろだったが、つまりは、それだけのゆとりがなかったのだろう。

保険会社の安サラリーマンのくせに外面《そとづら》のいい父。親戚《しんせき》には気前のいいしゅうとめ。そして四人の育ち盛《ざか》りの子供たちである。この鰻丼だって、縫物《ぬいもの》のよそ仕事をして貯《た》めた母のへそくりに決《きま》っている。私は病院を出て母の足が鰻屋に向うと、気が重くなった。

鰻は私も大好物である。だが、小学校三年で、多少ませたところもあったから、小説などで肺病というものがどんな病気かおぼろげに見当はついていた。

今は治っても、年頃《としごろ》になったら発病して、やせ細り血を吐《は》いて死ぬのだ、という思いがあった。

少し美人になったような気もした。鰻はおいしいが肺病は甘《あま》くもの悲しい。

おばあちゃんや弟妹達に内緒《ないしょ》で一人だけ食べるというのも、嬉《うれ》しいのだがうしろめたい。

どんなに好きなものでも、気持《きもち》が晴れなければおいしくないことを教えられたのは、この鰻屋だったような気もするし、反対に、多少気持はふさいでも、おいしいものはやっぱりおいしいと思ったような気もする。どちらにしても、食べものの味と人生の味とふたつの味わいがあるということを初めて知ったということだろうか。

今でも、昔風のそば屋などに入って鏡があると、ふっとあの日のことを考えることがある。

（向田邦子《むこうだくにこ》「ごはん」『少女たちの戦争』より）

問 ——線部とあるが、筆者はどんな気持ちだったのか。適切なものを次から一つ選び、記号で答えなさい。

ア 味もわからずに高級品を食べることが申し訳ない気持ち。
イ 家計が苦しく十分に食べられないことが腹立たしい気持ち。
ウ 自分の死期が迫《せま》ってきていて胸が張りさけそうな気持ち。
エ 自分に尽《つ》くしてくれる母に対してうしろめたく思う気持ち。

［　　］

POINT 本文は小説文っぽい随筆文だから，筆者の気持ちを読み取っていくようにするといいよ。

28

読み方　筆者のオリジナル表現

こんなことば、初めて見たよ！

先生、聞いて！　昨日、アオイの家に遊びに行ったらさ、アオイがヨレヨレのクマのぬいぐるみを「じじふわ」って呼んでたの。しかも超《ちょう》大事にかわいがってて、意外だったよー。

ちょっと、ヒナ！　ばらさないでよ、恥《は》ずかしいじゃん！

まあまあ（笑）。前に、人間には意外な一面があるものだって言ったけど、まさにそのとおりだね。ちなみに、アオイさんはなんでそのぬいぐるみを「じじふわ」って呼んでるの？

もうばれちゃったからしょうがないですね……。「じじふわ」は、私が二歳《さい》のときに、祖父から誕生日のプレゼントでもらったぬいぐるみなんです。今はヨレヨレですが、もらったときはふわふわで、私、毎日だっこして寝《ね》てたんですって。

おじいちゃんからもらったふわふわのぬいぐるみだから、「じじふわ」なんだね。

今はもうヨレヨレなんですが、ふわふわだったときの印象が強いから、今も「じじふわ」って呼んでます。

アオイさん、素敵《すてき》なエピソードを教えてくれてありがとう！　なんでも勉強に結びつけちゃうのもどうかと思うんだけど、随筆《ずいひつ》文では、こんなふうに、**その人にしかわからない特別なことばが使われることがある**んだよ。

その人にしかわからないことばだったら、読んでる人には理解できないんじゃないですか？

大丈夫《だいじょうぶ》！　筆者がそういう**オリジナル表現**を使う場合には、**そのことばの意味やエピソード**も一緒《いっしょ》に説明してくれるよ。

それなら、ことばの意味がわかるから安心ですね。

筆者がオリジナル表現を使っているときには、**そこに強い思いが込《こ》められている**ことが多いんだ。筆者の気持ちをしっかりチェックしながら読んでいこうね。

まとめ

オリジナル表現に込められた筆者の思いをつかもう！

練習問題

次の文章を読んで、あとの問いに答えなさい。

解答解説▼▼別冊17ページ

最近ひとから云《い》われていちばん傷ついた言葉は「ほむらさんって、忘れ物とかしなさそう」である。勿論《もちろん》、相手には何の悪気もなく、ごく自然に口から出た言葉だった。だが、私は「ああ、うん」と曖昧《あいまい》に応えつつ、内心かなり動揺《どうよう》し、ショックを受けていた。確かに私は滅多《めった》に忘れ物をしない。何故《なぜ》か、それは忘れ物のダメージを人一倍怖《おそ》れているからだ。

例えばレストランの席を立ってから、私は必ず一度振《ふ》り向いて自分の座《すわ》っていた空間をみつめる。座席の上に何も残っていないことを確かめ、次にテーブルの上をみる。水の入ったコップ、メニュー、灰皿、塩、胡椒《こしょう》、爪楊枝《つまようじ》立てと順番にサーチライトのように視線を当てて、それらが全て「俺《おれ》のモノ」ではないことを確認《かくにん》する。だが、その様子をひとにみられるのは、なんとなく恥《は》ずかしい。慎重《しんちょう》と云えば聞こえがいいが、臆病《おくびょう》とか、せこいとか思われるような気がするのだ。

自分が女性だったら、こんなせこいひと嫌《いや》だわ、と思うだろうし、編集者だったら、こんなけちな人間にいいものが書けるわけがない、と思うだろう。だから、相手になるべく気づかれないように、さり気なくくるっと振り向くのだ。

考えすぎだと思われるだろうか。だが、忘れ物を決してしないというのは、本人にとっては確かにいいことだが、他人にとっては必ずしもそうではない。むしろ突拍子《とっぴょうし》もない忘れ物をするようなキャラクターこそが愛される。我々はみんな＊長嶋茂《ながしましげ》雄《お》さんのことが大好きではないか。試合用の靴下《くつした》が失《な》くなって探していたら、片方の足にふたつ履《は》いていたという話など、天使のエピソードのようだ。

そんなわけで「忘れ物とかしなさそう」と云われたのが、心にこたえたのである。いくら隠《かく》そうとしても、やっぱり人間は人間のことが「全てわかる」んだなあ、とがっかりした。私は一生、忘れ物エンジェルにはなれないのだ。

（穂村弘《ほむらひろし》『世界音痴《おんち》』より）

＊長嶋茂雄＝一九五〇〜七〇年代にかけて活躍《かつやく》した元プロ野球選手。

問 ――線部「忘れ物エンジェル」とは、どのような人物のことか。適切なものを次から一つ選び、記号で答えなさい。

ア いつでも笑顔《えがお》で周りの人を幸せにする天使のような人物。
イ 突拍子のないことをして相手を驚《おどろ》かす意外性のある人物。
ウ 失敗することを常に恐《おそ》れているような臆病な性格の人物。
エ 抜《ぬ》けたところはあるものの天真爛漫《てんしんらんまん》で愛すべき性格の人物。

POINT オリジナル表現に込められた，筆者の思いや考えをとらえるようにしてね。

詩は苦手なんです！

短いから読みやすいけど，意味がよくわからないんだよね

詩って、つかみどころがなくて苦手なんだよね……。

たしかに、詩の読解は難しい！ だけど、ちゃんとつかみどころはあるよ。まずは**詩の形式・文体・内容**をもとに、**詩の種類**をとらえよう。

★詩の種類

形式	文語詩	昔のことばで書かれているもの
	口語詩	今のことばで書かれているもの
文体	定型詩	音数に一定の決まりがあるもの
	自由詩	音数に一定の決まりがないもの
内容	叙景《じょけい》詩	おもに風景を描《えが》いたもの
	叙情詩	おもに作者の感情をうたったもの

何がどのように書かれているかをとらえるといいんですね。

そうそう。さらに、詩の読解で大事なポイントは、**表現技法**！ **詩には、さまざまな表現技法が使われている**ことが多いんだ。わざわざ表現技法(テクニック)を使っているということは、それだけ**読んでいる人に伝えたいことがある**ということなんだよ。

★詩に使われる表現技法

比喩《ひゆ》…あるものをほかのものにたとえる
擬人《ぎじん》法…人間でないものを人間にたとえる
倒置《とうち》…ことばの順序を入れかえて強調する
反復…同じことばを繰《く》り返して印象を強める
対句《ついく》…同じ形で対になることばを並べてリズムを出す
省略…ことばを省いて余韻《よいん》を残す
体言止め…名詞で終わって余韻を残す

なるほどなるほどなるほど！

今ユウマくんが使ったのは、反復だね。詩では、こうした**種類や表現技法をおさえたうえで、詩に描かれた情景や詩に込《こ》められた作者の思いをつかむ**ことが大事だよ。

まとめ

詩は、種類と表現技法をおさえて読む！

練習問題

次の詩を読んで、あとの問いに答えなさい。

解答解説▼▼別冊18ページ

空をかついで

石垣《いしがき》りん

肩《かた》は
首の付け根から
なだらかにのびて。
肩は
①地平線のように
つながって。

人はみんなで
空をかついで
②きのうからきょうへと。

子どもよ
おまえのその肩に
おとなたちは
きょうからあしたを移しかえる。
この重たさを
この輝《かがや》きと暗やみを
あまりにちいさいその肩に。
③少しずつ
少しずつ。

（石垣りん『空をかついで』より）

問1 この詩の種類として適切なものを次から一つ選び、記号で答えなさい。

ア　口語自由詩　　イ　口語定型詩
ウ　文語自由詩　　エ　文語定型詩

問2 ――線①～③の部分で使われている表現技法として適切なものを次から一つずつ選び、記号で答えなさい。

ア　比喩　　イ　体言止め
ウ　反復　　エ　省略

①　②　③

問3 この詩で作者が伝えたかったこととして適切なものを次から一つ選び、記号で答えなさい。

ア　大勢の人がつながりあって生きていることの息苦しさ。
イ　大人から子どもへ世界を引き継《つ》いでいくことの重大さ。
ウ　どこまでもつながっている空を見たときの感動。
エ　子どもが大人へと成長していくことへの不安。

POINT　詩の読解の問題では，表現技法が使われている部分に注目して，そこに込められた作者の思いをとらえるようにしよう。

30

読み方　短歌・俳句のポイント

短歌や俳句はもっと無理！

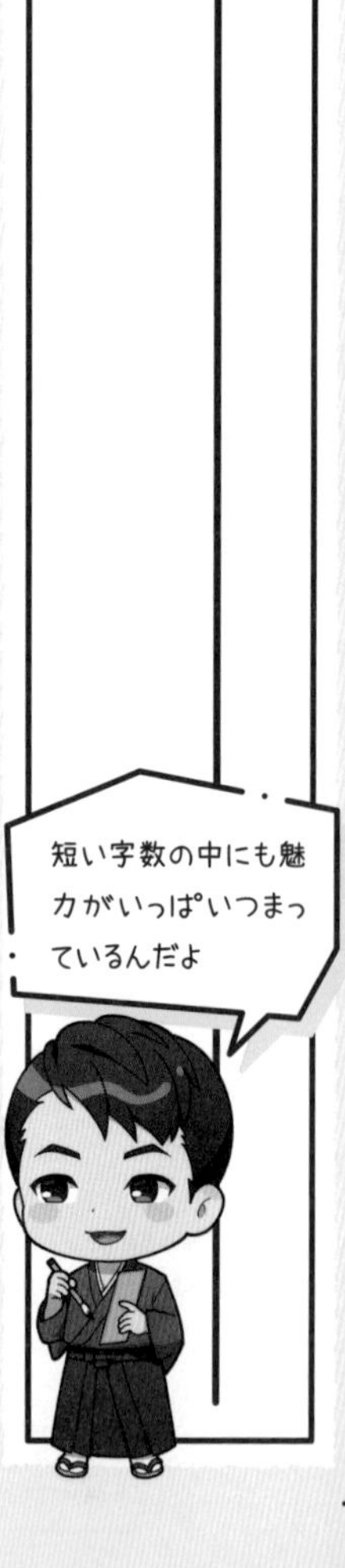

短い字数の中にも魅力がいっぱいつまっているんだよ

短歌とか俳句とか、詩よりももっと何が言いたいのかわかんないんだけど……。

短歌や俳句も、詩と同じように、**使われている表現技法を手がかりにする**といいよ。

ということは、短歌や俳句にも、詩のように表現技法が使われているということですか？

そういうこと！　短歌や俳句にも、**比喩《ひゆ》・倒置《とうち》・反復・体言止め**などが使われていることがあるよ。

詩と共通していますね。短歌特有の表現などはあるんですか？

いい質問だね！　短歌では、**句切れ**に注目するといいよ。**句切れとは、意味や調子のうえで大きく分かれるところ**のことで、句切れによって短歌の印象も変わってくるんだ。

へえー。じゃあ、俳句の場合はどういうところに気をつけて読めばいいんですか？

それはズバリ**季語**と**切れ字**！　**季語は季節を表すことばで、俳句の中に季語を一つ詠《よ》み込《こ》む決まりになっている**んだ。

切れ字って何？

切れ字は、**作者が強調したいところを示すために使われる「や・ぞ・か・かな・けり・なり」**などの語のことだよ。**切れ字の部分に作者の感動の中心がある**んだ。

切れ字を目印にすれば、作者の思いがわかるってことですね。

そのとおり。短歌は五・七・五・七・七の三十一音、俳句は五・七・五の十七音しかないけど、短歌や俳句には、その短い中にも魅力《みりょく》がつまっているんだ。

短歌や俳句に、ちょっと興味が出てきたかも。

まとめ

短歌は句切れ、俳句は季語と切れ字に注目する！

練習問題

次の短歌・俳句を読んで、あとの問いに答えなさい。

解答解説▶▶別冊18ページ

【短歌】

A　金色《こんじき》の　ちひさき鳥の　かたちして
　銀杏《いてふ》ちるなり　夕日の岡《をか》に　　与謝野晶子《よさのあきこ》

B　白鳥《しらとり》は　哀《かな》しからずや　空の青
　海のあをにも　染まずただよふ　　若山牧水《わかやまぼくすい》

C　みちのくの　母のいのちを　一目見ん
　一目見んとぞ　ただにいそげる　　斎藤茂吉《さいとうもきち》

【俳句】

D　雪残る　頂一つ　国境　　正岡子規《まさおかしき》

E　名月を　取つてくれろと　泣く子かな　　小林一茶《こばやしいっさ》

F　菜の花や　月は東に　日は西に　　与謝蕪村《よさぶそん》

G　赤い椿《つばき》　白い椿と　落ちにけり　　河東碧梧桐《かわひがしへきごとう》

問1　A～Cの短歌の句切れとして適切なものを次から一つずつ選び、記号で答えなさい。

ア　初句切れ　　イ　二句切れ
ウ　三句切れ　　エ　四句切れ
オ　句切れなし

A　　B　　C

問2　D～Gの俳句の中から、秋の季語が用いられているものを一つ選び、記号で答えなさい。

問3　D～Gの俳句の中から、切れ字の使われているものをすべて選び、記号で答えなさい。

問4　次の鑑賞文《かんしょうぶん》は、A～Gのどの短歌・俳句のものか。適切なものを一つ選び、記号で答えなさい。

・色の対比によって、目の前に落ちているものの対照的な色彩《しきさい》の鮮《あざ》やかさを印象的に詠んでいる。

POINT　短歌・俳句の問題では，句切れや季語・切れ字などをおさえたうえで，描《えが》かれた情景や込められた思いをとらえよう。

Q&A 07

将来の夢がまだないのって悪いこと？

ヒナ

くめはら先生，私，将来の夢がまだ決まってないんだけど，はやく決めたほうがいい？

くめはら先生

小学生のころから「将来の夢は何？」って，よく聞かれるよね。
ぼくの場合，小学校時代はプロ野球選手，中学校時代は弁護士と答えていたけど……。

正直に言うと，「将来これになるぞ！」っていうものは，真の意味ではまだ見つかってないんだ。
小・中学生時代に知っている職業って限られているし，判断できる材料が少ないから，将来のことはまだ決められなくて当然だと思う。
もちろん，そのころから夢があって，それを目指している人はそれでいいと思うし，尊敬しているけどね。

よかった！ まだ見つかってなくてもいいんだ。

ヒナさん，今，興味があることに全力でチャレンジして，まずはとことん楽しんでみて！ そこから，やりたいことがだんだん見えてくると思うよ。

COMMENTS

いっせー先生

全力で何かをやってみるのはとてもいいことだ。ぜひ実践《じっせん》してみてね！ ぼくも実際，将来の夢なんてなんにもなくて，だから東大を目指したっていうのもある。もし夢がなかったら，東大を目指してみたらいいよ。

2章 解き方

2章では，国語の「解き方」を勉強していくよ。1章で学んだ「読み方」をいかして，点数を取るためのコツをいっぱい教えていくから，楽しみにしててね。これから学ぶ「解き方」は，高校生になってからも使える方法だから，ここで身につけておこう！

KUMEHARA

「読み方」を勉強したら，正解できる問題がすごく増えたよ。「解き方」も勉強したら，満点も夢じゃないかも！
「読み方」の次は「解き方」か。これで鬼《おに》に金棒って感じだね。ぼくは，抜《ぬ》き出し問題が苦手だから，克服《こくふく》したいな。
本文を読めたと思っても答えをまちがえてしまうことがあるから，「解き方」を知って，確実に正解できるようにしたいな。

31

解き方

高得点をとるためのコツ

自信があったのにまちがえた！ なんで？

今回から、高得点を取るための「解き方」をくわしく教えていくよ。

いよいよって感じですね。

そうだね。でも、あまり難しく考えなくていいよ。なぜなら、これまでに勉強した読み方を使って正確に文章を読んでいけば、自然と正しい答えが出せるからね。

でもぼく、正しく読めている自信があったのに、なぜか正解にならないことが多くて……。

そんなときは、本文は読めていても**設問が読めていない**ことが多いんだ。正解を導くためには、本文だけではなく、設問をしっかり確認《かくにん》することが必要なんだよ。

これまで設問はさらっと読んで、すぐに問題を解いてました。でも先生、設問のどこを確認すればいいんですか？

いい質問だね。まずは、**設問の方向性を正しくつかむ**ことが大切だよ。たとえば、「人物の人柄《ひとがら》」を聞かれている問題で「人物の気持ち」を答えてしまったら点数にならないよね。

あ、それよくやるミスだ！

でしょ。**正解するための第一歩は設問を確認すること**なんだ。代表的な設問の例を示しておくから参考にしてね。問題を解く前に設問の方向性をチェックする習慣をつけて、うっかりミスを防ごう。

★ 代表的な設問の例

- 「～なぜか」→理由を答える問題
- 「～どういうことか」→傍線《ぼうせん》部の内容を説明する問題
- 「～どのような気持ちか」→人物の気持ちを答える問題
- 「どのような人物か」→人物の人柄を答える問題

まとめ

何が問われているかをまちがえると正しい答えが出せないので、正解するために設問をしっかり読む！

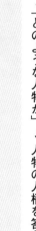

練習問題　次の文章を読んで、あとの問いに答えなさい。

解答解説▼▼別冊19ページ

【高校三年生の森宮優子《もりみやゆうこ》は、クラスメイトの浜坂《はまさか》が自分に好意を寄せていることを知りながら友達の萌絵《もえ》との仲をとりもつことになった。しかし、萌絵の気持ちを伝えることができなかった。】

「じゃあ、普通《ふつう》、友達を優先しない？」

萌絵の低い声には苛立《いらだ》ちがにじみ出ている。

「別に何も優先してないけど……」

「よく言うわ。自分優先してんじゃん。友達って一番大事じゃないの？　これぐらいのことやってくれてもいいじゃん」

優先順位をつけたわけでも、浜坂君の気持ちを自分に向けておきたいわけでもない。ただ切り出せなかっただけだ。どう話せばわかってもらえるだろうと迷っている間に、

「あーあ、マジがっかりだわ。優子がそんなやつだったとはね」

と萌絵は私をにらみつけると、大きな音を立てて目の前の机にぶつかりながら、教室を出て行った。

「なんとか話してあげればよかったんじゃない？」

黙《だま》って聞いていた史奈《ふみな》もそう言うと、萌絵を追いかけるように出て行った。

どうしてこんなことになったのだろう。そんなに怒《おこ》ることだろうか。それだけ萌絵は浜坂君を思っていたのだろうか。テスト前日に友達とごたごたするなんて、安請《やすう》け合いするんじゃなかった。早く萌絵の機嫌《きげん》が直るといいけど。一人残された教室で、その時私は、その程度に思っていた。

「おはよ」

翌朝、廊下《ろうか》で会って声をかけると、萌絵は私をちらりとも見ずに、さっさと教室に入って行った。まだ怒ってるんだ。困ったな。史奈に相談してみようかと、すでに教室で問題集を広げていた史奈の席に近づいた。すると、私が声を発する前に、史奈は立ち上がって萌絵のほうへと向かった。

これは思ったより深刻になっている。私は心臓がどきどきし始めるのを感じた。二人ともに避《さ》けられているのだ。

（瀬尾《せお》まいこ『そして、バトンは渡《わた》された』より）

問　——線部とあるが、このとき「私」はどのような気持ちになっているか。適切なものを次から一つ選び、記号で答えなさい。

ア　どうしていいのかわからず教室の中で立ちすくんでいる。
イ　友達二人に避けられているとわかって不安になっている。
ウ　友達が自分の思うように動いてくれず腹を立てている。
エ　仲たがいが起きて教室が気まずい空気に包まれている。

POINT　設問で何が問われているかをしっかり確認して，設問の方向性を正しくつかんでね。

32

解き方　積極法を使おう

選《せん》択《たく》肢《し》のまちがいを探すのはよくないの？

じつは、「消去法」
では解けない問題も
あるんだよ

今回から「選択問題」の解き方を具体的に学んでいこう。

選択問題って、すごい悩《なや》むんだよね！　どれも正解に見えるし、どれもまちがいにも思えるし……。

私は、選択肢の中にまちがっているところがないか、一つひとつ探すようにしています。でも、それだとすごく時間がかかるのに、正解が選べないことがあります。

なるほど。今アオイさんが言っていた、選択肢のまちがいを一つひとつ探していくやり方を「消去法」と呼ぶんだ。じつは、選択問題を解くときには、**いきなり消去法を使うのはよくないんだよ。**

えっ？　じゃあ、どうやって解くんですか？

「消去法」の反対で「積極法」を使うんだ。「積極法」は、**選択肢を見る前にあらかじめ自分で答えを考えておいて、自分が考えた答えにもっとも近い選択肢を選ぶ**というやり方だよ。

えーっ！　自分で答えを考えるなんて無理でしょ！

選択肢とまったく同じ答えを考えるのは無理でも、ざっくりと考えることはできるんじゃないかな。

それなら考えられるかもしれないけど……。でも、なんで自分で答えを考えないといけないんですか？

自分で答えを考えていない状態で選択肢を見てしまうと、どれも正解に思えて困ってしまうよね。あと、これはまた今度説明するけど、**消去法では見抜《みぬ》けないまちがいもある**んだ。

そうなんですか！

積極法で答えが選べなかったときには消去法を使うこともあるけど、**まずは自分で答えを考えてみるようにしよう。**

まとめ

選択問題では、まずは自分で答えを考える「積極法」を使う！

練習問題

次の文章を読んで、あとの問いに答えなさい。

解答解説▼▼別冊20ページ

日本人が合いの手や相づちを求める理由は、おそらく言語の成り立ちにも関係していると思われます。

大学時代、言語学の授業で習ったところによると、日本語の肯定《こうてい》か否定かは、欧米《おうべい》の言語などと異なり、文章の最後に決定されるんですね。すなわち、英語の場合なら、「この料理はおいしくないねえ」と言う場合、「This dish is not so good」という具合に、主語の直後に肯定か否定かを決定しなければならないのに比べ、日本語だと、「この料理はおいし……」まで、肯定否定を表明しなくてもいい。「おいしくないなあ」と心のなかで思っていても、「おいし」まで言ってみて、目の前にいる上司の顔色をみたら、「ずいぶんおいしそうな顔をしている」ので急遽《きゅうきょ》、「いですよねえ」と自分の主張を引っ込《こ》めることができる。つまり、相手の反応を窺《うかが》いながら、自分の言うことを決められるという、まことに便利な言語のつくりになっているというわけです。

こうした言語のつくりのせいか、日本人はとかく、自分の主張より、とりあえず相手やまわりの状況《じょうきょう》を見てから自分の意見を決める傾向《けいこう》があるように思われます。政府もしょっちゅう、発表するではないですか。

「諸外国の反応を鑑《かんが》みつつ、判断をさせていただきたいと思います」

相づちも同様。日本人は相手の反応をいちいち細かく確認《かくにん》しながら、話をしたいのです。

たとえば誰《だれ》かを相手に自分が喋《しゃべ》っているとき、途中《とちゅう》でまったく相づちを打ってもらえないと、「あれ？ 私の言っていることが間違《まちが》っているのかしら」とか、あるいは「ちゃんと聞いてくれているのかしら」と不安になってくることはありませんか。逆にときどき、「うん」とか「そうそう」とか「ふんふん」とか声を挟《はさ》んでもらうと、こちらもリズムがついて、話し続ける元気が湧《わ》いてくる。「それでそれで」なんて促《うなが》されたら、「そんなに期待されているのか」とますます自信がついて、話す側はご機嫌《きげん》になるでしょう。

（阿川佐和子《あがわさわこ》『聞く力』より）

問 ——線部「日本人が合いの手や相づちを求める理由」とあるが、それはなぜだと筆者は考えているか。適切なものを次から一つ選び、記号で答えなさい。

ア 相手が肯定するか否定するかについて気にしないから。
イ 相手の主張よりも自分の主張を大切にしようとするから。
ウ 相手の反応を見て意見を変えられない言語構造だから。
エ 相手の状況や反応を確認しながら話そうとするから。

POINT 選択問題の選択肢を見る前に，まずは自分で答えを考えてみるようにしてね。

33

解き方

選択《せんたく》問題の攻略《こうりゃく》

選択問題の正解率がビミョーなんです……

どの選択肢も正解に思えないときはどうすればいいの？

先生に教わった「積極法」を使って選択問題を解いてみたら、たしかに自信をもって答えを選べるようになってきたんですが、どの選択肢も自分の考えた答えとは違《ちが》う場合があるんです……。

「積極法」をしっかり使ってくれてるんだね。さすが！ で、今回の質問は、**自分が考えた答えに近い選択肢《せんたくし》がないときはどうすればいいのか**っていうことだね。

はい。言いたいことは近いんですが、本当にこれでいいのかなって、迷っちゃうんです。

なるほど。じつは、正解の選択肢には二つの種類があるんだ。一つは、**本文と同じことばが使われているもの**。もう一つは、**本文と同じ意味の別のことばが使われているもの**。アオイさんはこっちを正解として選べなくて困ってるんじゃない？

「同じ意味の別のことば」ってなんですか？

正解の選択肢に本文と同じことばが使われていれば、すぐに正解だとわかるよね。でも、そういう問題ばっかりだと差がつかないから、**本文のことばを言い換《か》えて選択肢をつくることがあるんだ**。たとえば、本文には「度肝《どぎも》を抜《ぬ》かれた」って書かれているけど、選択肢では「驚《おどろ》いた」になっているとか。

えっ！ それってひどくない？

そう思う気持ちはわかるよ。でも、言い換えられた選択肢でも正解が見抜《みぬ》けてこそ本文を正しく読めたことになるよね。

そりゃそうだけど……。

言い換えを見抜くためには、たくさんことばを知っていることが必要だから、**ふだんから辞書を引いて、知っていることばを増やしていくようにしよう**ね。

まとめ

正解選択肢は、本文のことばを言い換えてつくられていることがある！

練習問題　次の文章を読んで、あとの問いに答えなさい。

解答解説▼▼別冊20ページ

私のネット歴は二五年ほどですが、検索《けんさく》ばかりしてきたおかげで、どんなキーワードを入れると早く対象に到達《とうたつ》できるか、だんだん分かるようになっています。しかしこれは裏返していえば、検索エンジンの仕組みに慣らされ、自分の言葉がシステムに従属させられているということでもあります。

最近のスマホユーザーは「検索」もやらなくなっているという話をききました。パソコンではなくスマホ全盛《ぜんせい》の時代になってからは、他者とのメッセージのやりとりばかりになって、物事を「知りたい」という意欲さえなくしているというのです。

なぜ人々は、*SNSの罠《わな》から抜けだせないのでしょうか。それは社会そのものが、SNS化しつつあるからではないかと私は思います。

これを理解するには皆《みな》(集団)と私(個人)という二分法を使って考えていくと簡単です。SNSは「皆」の側に属していて、人とのつながりを基本としています。それに対して考える、あるいは本を読む、書くという行為《こうい》は「私」に属しています。もしもネット上のつながりばかりに興味がいき、自分で考えることや、読み書きがおろそかになっているとすると、それは思考の軸足《じくあし》が「私」ではなく「皆」にあるということ、これすなわちSNS的人間になっているということです。

紙に記された書き言葉は「私」に属していますが、ネット上を行き交う言葉は「皆」に属しているのです。

読むという行為は文を通して考え、自分と向き合うということですし、書くということはまぎれもなく自己との対話にほかなりません。

一方、ネットでメッセージを発信するのは何よりも誰《だれ》かとつながるということを目的とします。「つながり」「絆《きずな》」を強調する最近の社会的風潮は、SNS的な価値観のあらわれでもあります。

（藤原智美《ふじわらともみ》『スマホ断食《だんじき》』より）

*SNS＝social networking service　インターネットを利用したサービスのこと。

問　――線部「SNS的人間」とあるが、どういう人間のことか。適切なものを次から一つ選び、記号で答えなさい。

ア　SNSが社会に与《あた》える影響《えいきょう》力について深く考察している人間。

イ　「私」の側に属するSNSの支配下で社会と同化している人間。

ウ　「集団」よりも「私」のほうに思考の軸足を置き、自分と向き合おうとしている人間。

エ　ネット上のつながりに関心をもち、集団に重点を置いて自力で思考しようとしない人間。

POINT　選択肢の中で本文のことばを言い換えている部分があるよ。

34

解き方

消去法の使い方

消去法はどんなときに使えばいいの？

正しいとも言えないけど、まちがいでもないような……

前回までの授業では、自分で答えを考える「積極法」を使ってほしいっていう話をしてきたね。でも、**どの選択肢《せんたくし》も完璧《かんぺき》な正解とは言えないとき**には、**「消去法」**で選択肢のまちがいを見つける必要があるんだ。

えー？「完璧な正解とは言えない」ってどういうこと？

たとえば、本当は「AがBによってCになった」って答えるのが正しいんだけど、選択肢に「AがCになった」としか書いてないなんていうことがあるんだ。そんなときは、完璧ではないけれど、「AがCになった」を選ばざるを得ないよね。

×に比べたら、△のほうがまだ正解に近いってことですね。

そう。△の選択肢を残すためには確実に×の選択肢を消していかないといけないから、ここで消去法が役に立つんだ。

×の選択肢を消していくときのコツってありますか？

消去法を使って×の選択肢を消していくときには、選択肢全体で判断するんじゃなくて、**パーツごとに判断する**といいよ。

たとえば、「アメリカでは個人の意見が重視されるが、日本では全体の意見を合わせることが重視されがちである。」っていう選択肢があったとしたら……

例 ○アメリカでは／○個人の意見が重視されるが、／○日本では／×全体の意見を合わせることが重視されがちである。

こんなふうに選択肢を区切ってみて、本文に書かれていたら○を、本文に書かれていなければ×を、それぞれ横にメモしておこう。×がついた選択肢はすぐに消去できるからね。

本文を見ながら細かくチェックしていくんですね。

そのとおり。今ユウマくんが言ってくれたように、**本文と丁《てい》寧《ねい》に照らし合わせる**ことがとても大事なんだよ。

まとめ

どの選択肢も完璧な正解とは言えないときは、選択肢を区切って、本文に書かれていないことに×をつける！

練習問題

次の文章を読んで、あとの問いに答えなさい。

解答解説▶▶別冊21ページ

私も、自然人として、他人の性格を嫌《いや》だと思ったり、こいつは良いやつだと感じたり、いろいろなことを考える。そんな中で、ついつい、こんなに不愉快《ふゆかい》なのは、こいつの責任だ、心がけが悪いから、こんな性格になってしまうのだと思うこともある。

一方で、その度《たび》に、いや待て、と言い聞かせている自分もいる。この人がこんな性格になってしまったのは、気持ちの持ち方のせいではないのだ。この人の脳が、そのようになっているのだ。脳の中の、前頭前野を中心とする「性格」を作り出す回路が、そんな風なパターンになってしまっている。だから、本人の意志とは関係なく、こんな人になってしまっている。そんな風にも考える。

不思議なことに、「こいつの脳のせいだ」と思うと、腹が立たない。仕方がないんだ、と思う。同時に、どこか寂《さび》しい気持ちがしてくるのも事実である。その寂しさは、人間の「自由意志」が否定されたように感じる点にあるのだろう。

厳密なことを言えば、そもそも、人間には「自由意志」があるのかどうかはわからない。今日における主流的な考え方は、人間がやろうと思ったことはすべて事前に「決定」されている、すなわち「決定論」に基《もと》づくものである。世の中は決定論なのだが、それにもかかわらず人間は自由意志（という幻想《げんそう》）を持つ。つまり、人間が自由意志を持つということは決定論と両立するという、「両立説」が主流となっている。

両立説の下《もと》では、ある人の性格が悪いのは、その人の脳回路の特性による「決定論」の結果でもあるし、（その人が、意識を持ち、自分の心の状態を認識《にんしき》して、自由に意志決定できるという幻想を持つという意味においては）その人の心の持ち方のせいでもある。だから、誰《だれ》かの性格が悪いのは、その人の心がけのせいだと思ってもいいし、その人の脳によって決定されたことであると考えても良い。

（茂木健一郎《もぎけんいちろう》『挑戦《ちょうせん》する脳』より）

問 ――線部「両立説」とあるが、この説では、人の性格についてどのような考え方をするか。適切なものを次から一つ選び、記号で答えなさい。

ア 人の性格は脳のせいであるという考えと決定論は両立する。
イ 人の脳回路の特性はその人の性格の良《よ》し悪《あ》しに影響《えいきょう》しない。
ウ 人の性格は脳回路ではなく心の持ち方によって決定される。
エ 人の性格の悪さはその人の心がけと脳回路のどちらにもよる。

POINT 積極法で答えが見つからないときには，それぞれの選択肢を区切って本文と照らし合わせるようにしよう。

35

解き方

誤り選《せん》択《たく》肢《し》のパターン

選択問題、最後の二つでまちがえた！

国語のテストの選択問題ってさ、最後の二つまで選べたのに、そのあとにまちがえるとめちゃくちゃくやしいよね！

わかる！「いいところまでいったのに」って思うよね。

じゃあ、今回は**まちがい選《せん》択《たく》肢《し》の「あるあるパターン」**について学習しよう。最後の二つで迷ったときにも使えるよ。

まちがい選択肢の「あるあるパターン」

①本文にないことが書かれている
②本文の内容を言いすぎたり強めすぎたりしている
③因果関係がまちがっている
④問題の答えとは違《ちが》うことが書かれている

①はわかりますが、②「本文の内容を言いすぎたり強めすぎたりしている」って、たとえばどういうものですか？

「いつも」「常に」「必ず」「絶対に」などのことばで、**本文より極端《きょくたん》な内容になっている**のがこれにあたるよ。

たしかに、必要以上に強調していたら、あやしいですね。

③は、本文には「AだからB」と書かれているのに、選択肢では「BだからA」というように、**原因と結果が逆になっている**っていうようなパターン。そして、④は、一見いいことを言っているように見えるけど、**問題で問われていることと関係のないことが書かれている**っていうパターンだよ。

そんなにいろんな手でまちがうように計算してるなんて、国語の問題って意地悪すぎない？

だからこそ、**パターンを知ることで冷静に対処できるようになる**んだ。まずは自分でしっかり答えを考えて、それでも迷ってしまうときは、まちがい選択肢のパターンに照らし合わせて確《かく》認《にん》しよう。

それなら、最後の二つで迷わずに正解を選べそうです。

選択肢のまちがいには「パターン」があるんだよ

まとめ

まちがい選択肢のパターンがわかれば、最後の二つで迷わない！

練習問題

次の文章を読んで、あとの問いに答えなさい。

解答解説▼▼別冊22ページ

聴《き》くことがもっとむずかしいのは、聴いても言葉を返しようがないとあらかじめわかっているときである。重篤《じゅうとく》な病気になった友人、家族を失った被災者《ひさいしゃ》、子どもを失った両親、ホスピスの患者《かんじゃ》さん、くり返し病に冒《おか》される知人……。このひとたちの前に立ったとき、とっさにどう声をかけていいのかわからず、怯《ひる》んでしまう。まさに聴くことしかできないのである。けれども、ひたすら聴くということ、そのことには大きな意味がこもっている。

　このような場合にじっと聴くのがむずかしいのには、いくつか理由がある。一つは、苦しみや鬱《ふさ》ぎの理由を問うても答えがないことは、話す本人がわかっているから。なぜこのわたしばかりが病に冒されるのか、こんな状態でも生きつづけることは死ぬことより大事なのか……と問いただしても、だれも答えを返せないに決まっている。

　第二に、ひとはほんとうに苦しいときには話さないものである。「言ったってわかってもらえるはずがない」。それでもようやっと口を開いても、一言一言が相手にたしかに届いているか確認《かくにん》しながらしか話せないので、どうしてもとつとつとした断《だん》片《べん》的な語りになってしまう。

　第三に、迎《むか》え入れられるという確信のないところでは、ひとは他人に言葉をあずけないものだ。ほんとうはそのことは考えたくない、忘れていたいのに、他人に語ることで苦しみをわざわざ二重にすることはない。

　そして最後に、とくに家族の場合、自分が漏《も》らす一言一言を身内は聞き流すことができず、それらに過剰《かじょう》に反応してしまう。「そんなこと思っていたのか。こっちの身にもなってくれ」と返され、そして「言わなきゃよかった」と二度と口を開かなくなる。

　聴くというのは、それほどにむずかしいことである。

（鷲田清一《わしだきよかず》『わかりやすいはわかりにくい？』より）

問 ――線部とあるが、なぜ聴くことがむずかしいのか。適切なものを次から一つ選び、記号で答えなさい。

ア　答えがないとわかっていて本当に苦しいときは話さないもので、語ってもらえなかったり過剰に反応してしまったりするから。

イ　答えることができない問いに対しては断片的な情報しか届けることができず、必ず相手に内容が伝わらないことになるから。

ウ　答えを返せないような問いであるにもかかわらず聴こうとするとき、本人が口を開かないために家族が過剰に反応するから。

エ　答えの中に本人も気づかないうちに嘘《うそ》が紛《まぎ》れ込《こ》んで真偽《しんぎ》の判断がしづらくなるが、ひたすら聴くことに意味があるから。

POINT　まちがい選択肢のパターンにあたるものがないか確かめよう。

36

解き方　内容一致《いっち》問題の攻略《こうりゃく》

本文の内容と一致するものを選ぶときは？

くめはら先生のおかげで、選択《せんたく》問題が得意になってきたんだけど、この前の国語のテストで、本文の内容と一致するものを選ぶ問題にすごく苦戦しちゃって……。

この**「本文の内容と一致するものを選びなさい」**って問題、私も苦手です！

なるほど。こういう問題を**「内容一致問題」**って呼んだりするんだけど、これはたしかに手間がかかるよね。

いきなり爆弾《ばくだん》発言をするんだけど、この「内容一致問題」は、消去法のほうがうまくいくんだよ。

えーっ！　積極法を使うのが大事だって言ってたじゃん！

落ち着いてよく聞いて(笑)。「本文の内容と一致するものを選びなさい」っていう問題でも、もちろん積極法を使うことはできるんだけど、そうすると、「本文の内容」つまり全文を要約するってことになってしまうよね。

全文要約って、それはキツイし無理な気がする……。

そうだよね。もちろん、自分で答えをまったく考えずに選択肢を見るのはよくないけど、テスト中に全文を要約するのも現実的じゃない。こういう問題では、自分で答えを考えるのはおおざっぱにやってかまわないんだ。

おおざっぱでもいいの？

その代わり、**選択肢《せんたくし》に書かれていることが本文中にも書いてあるかどうかを確認《かくにん》する作業を丁寧《ていねい》にやる**ようにしよう。

自分で答えを考えることよりも、選択肢と本文を照らし合わせることのほうに比重を置くんですね。

そのとおり！　こういう**本文全体の内容をつかむ必要がある問題では、積極法だけで押《お》し切らないほうがうまくいくことが多い**んだよ。問題のタイプによっては、消去法を上手に使いながら対応してみよう。

まとめ

内容一致問題では、選択肢と本文を照合して確認する作業を丁寧にやっていく！

練習問題

次の文章を読んで、あとの問いに答えなさい。

解答解説▼▼別冊22ページ

「学び」という営みは、それを学ぶことの意味や実用性についてまだ知らない状態で、それにもかかわらず、これを学ぶことがいずれ生き延びる上で死活的に重要な役割を果たすことがあるだろうと、*先駆《せんく》的に確信することから始まります。「学び」はそこからしか始まりません。私たちはこれから学ぶことの意味や有用性を、学び始める時点では言い表すことができない。それを言い表す語彙《ごい》や価値観をまだ知らない。その「まだ知らない」ということがそれを学ばなければならない当の理由なのです。(中略)

「学ぶ力」とは「先駆的に知る力」のことです。自分にとってそれが死活的に重要であることをいかなる論拠《ろんきょ》によっても証明できないにもかかわらず確信できる力のことです。ですから、もし「いいこと」の一覧表を示されなければ学ぶ気が起こらない、報酬《ほうしゅう》の確証が与《あた》えられなければ学ぶ気が起こらないという子どもがいたら、その子どもにおいてはこの「先駆的に知る力」は*衰微《すいび》しているということになります。私たちの時代に至って、日本人の「学ぶ力」(それが「学力」ということの本義ですが)が劣化《れっか》し続けているのは、「先駆的に知る力」を開発することの重要性を私たちが久しく*閑却《かんきゃく》したからです。

今の子どもたちは「値札の貼《は》られているものだけを注視し、値札が貼られていないものは無視する」ように教えられています。その上で、自分の手持ちの「貨幣《かへい》」で買えるもっとも「値の高いもの」を探しだすように命じられている。幼児期からそのような「賢《かしこ》い買い物」のための訓練を施《ほどこ》された子どもたちの中では、「先駆的に知る力」はおそらく萌芽《ほうが》状態のうちに摘《つ》まれてしまうでしょう。「値札がついていないものは商品ではない」と教えられてきた子どもたちが「今はその意味や有用性が表示されていないものの意味や有用性を先駆的に知る力」を発達させられるはずがない。

けれども、この力は資源の乏《とぼ》しい環境《かんきょう》の中で(ということは、人類が経験してきた全歴史のほとんどにおいて)生き延びるために不可欠の能力だったのです。

(内田樹《うちだたつる》『日本辺境論』より)

*先駆的=ほかに先駆《さきが》けて。　*衰微=衰《おとろ》えて弱くなること。
*閑却=適当にして放っておくこと。

問 本文の内容と一致するものとして適切なものを次から一つ選び、記号で答えなさい。

ア 訓練を受けず子どもたちは先駆的に知る力を発達させてきた。
イ 先駆的に知る力は人間が生き延びるために必要なものである。
ウ 学ぶ前から物事の意味や有用性は知られている。
エ 確実な報酬があるときのみ人は意欲的に学ぼうとする。

POINT 「消去法」を使って，選択肢と本文の内容を丁寧に照らし合わせていくようにしよう。

Q&A 08

自分に合う問題集を見つけるには？

アオイ

くめはら先生，自分に合う問題集って，どうやったら見つけられるんですか？ いろいろ買ってみたら，よくわからなくなってきちゃいました。

くめはら先生

アオイさん，気をつけて！ たくさんの問題集に手を出してちょっとずつやるのは，いちばん伸《の》びない方法なんだ。
ぼくもそれで失敗したことがあるよ。

えっ，まさにそれをやってました……。

ぼくは中高生のころ，勉強法の本を読みすぎたせいで頭でっかちになってしまって，いろいろな問題集に手を出しすぎたんだ。試《ため》してみるのはいいけど，あんまり数が多すぎるのはよくないよ。

タイプの違《ちが》う問題集を3，4冊くらいやるのが，ちょうどいいかな。それぞれを1週間ぐらい継続《けいぞく》してやってみて，そのあとは5冊目へ行くのではなくて，3，4冊のうちいちばん使いやすかったものをベースにして，少しずつカスタマイズしながらやっていくのがいいと思うよ。

なるほど。もう少し数をしぼってみます。

COMMENTS

でんがん先生

ぼくも問題集をいっぱい買って失敗したことがあったね。家の本棚《ほんだな》に，本屋さんみたいに本がいっぱいあるけど，実際に使ってるのは少ししかないみたいな(笑)。やっぱりこの方法だと，身についてないんだよね。「コレ！」と決めた問題集を最後までやってみよう。

Q&A 09 受験勉強がはかどるおすすめのアイテムは？

ユウマ

くめはら先生，勉強がはかどるアイテムがあったら教えて！

くめはら先生

いろいろあるよ！　ぼくが実際に使ってみて，よかったものをおすすめするね。

○ブックスタンド
教科書や問題集，参考書を立てて見やすくすることができて，ストレスフリー！

○壁《かべ》に貼《は》れるホワイトボード
数学の計算をここへ書きなぐる！

○ノイズキャンセリング機能つきのイヤホン
図書館や自習室，カフェで勉強するときに集中できる！

あとはアイテムじゃないけど，家の中で立ったり歩いたりしながら勉強するのもおすすめ！　それから，ぼくの場合はガムをかむと集中できるよ。

へえ！　ぼくも部屋の中を歩きながら英単語を覚えてみます。

COMMENTS

こーさく先生

立ったり歩いたりしながらの勉強，ぼくもやってた！　少しでも体を動かすと，脳も活性化されるから，勉強に集中しやすくなるよね。アイテムで言うと，ぼくはタイマーかな。時間を測って勉強するだけで，常に意識を高めることができるよ！

37

解き方 抜《ぬ》き出し問題の攻略《こうりゃく》

抜き出しはすごく時間がかかるんだよね……

一生懸命探してるのに、全然答えが見つからないのはなんで？

今日は**「抜き出し問題」**の解き方を勉強していこう。

抜き出し問題かー。本文中に答えがあるから頑張《がんば》って探してるのに、全然見つからないんだよね。

たしかに、本文中に答えがあると思うと、時間をかけすぎちゃうよね。

なるほど。抜き出し問題でなかなか答えが見つけられない人には、ある共通点があるんだ。それは、**答えを「探す」ことばかりに一生懸命《いっしょうけんめい》になってしまっている**こと。

え？　答えを探す問題なんだから、一生懸命探したほうがいいんじゃないの？

もちろん、答えを探すことも大事だけど、それ以上に大事なのは、**設問を読んで「何を探すのか」を理解すること**なんだ。たとえば、アオイさんがキーホルダーをなくしちゃって、それをヒナさんとユウマくんが探してあげるとしよう。初めに何をするかな？

アオイに、キーホルダーの特徴《とくちょう》を聞く！

そうだよね。どんなキーホルダーなのかもわからないのに、いきなり探しに行っても見つけるのは難しい。だから、まずはその特徴をあれこれと聞くはずだよね。抜き出し問題も同じだよ。

そうか！　探すものがよくわからないまま探し始めちゃってたから、答えが全然見つからなかったんですね。

そのとおり。抜き出し問題は、答えを探すための下準備をどれだけしっかりやるかで正解できるかどうかが決まるんだ。

前に先生が**「正解するための第一歩は設問を確認《かくにん》すること」**って言ってたけど、それって、こういうことだったんですね。

まとめ

抜き出し問題は、答えを探すことよりも、設問を読んで「何を探すのか」をつかむことのほうが大事！

練習問題　次の文章を読んで、あとの問いに答えなさい。

解答解説▶▶別冊23ページ

【三郷心《みさとしん》の亡《な》くなった祖父は、かつて工場を営んでいた。工業高校の機械科に進学し、*旋盤《せんばん》の技術を競うコンクールへの出場を目指すことになった。心は、悩《なや》みを祖母に打ち明けた。】

確かに工業高校で男子と同じように実習をやっていくのは、ハンディがある。体力がいるし、危険物を扱《あつか》ううえで度胸もいる。力も度胸もあるほうの心でも、男子ほどには備わってないと感じることが多い。でも。

「つらいっていうよりも……」

言わないでおこうと思っていたが、やっぱり口に出てしまったのは、仏壇《ぶつだん》の前だからだろうか。

「特別扱いされることのほうが、嫌《いや》なんよ」

男子との明確なちがいを気にする一方で、機械科に通う女子はたったひとりだという現実がある。希少価値の分だけ、自分へのあたりは柔《やわ》らかいと感じることもある。

持っていないというハンディと、もらうというハンディがあるけれど、もしかしたら、もらうハンディのほうが大きいんじゃないか。

本意とするところではなかったが、それに気づいた時には、もう心は抜き差しならないところにきていた。旋盤に夢中になっていたのだ。硬《かた》い鋼《はがね》の形を自在に変える工作機械の魅力《みりょく》に取りつかれていた。あのあらがえないような鉄のパワーを受け止め、形に返す旋盤の魅力に。

ありがたいことに、そんな心のがんばりが自然と周りに浸透《しんとう》していったのか、部活の中では特別な扱いを受けると感じることもない。

けれど、外部の人にはやはりまだ女子は特別だという思いがあるようだ。

「コンテストには校内選考で勝たんと出られんのやけど、ほかの学科の先生から女子が出たほうが学校のPRになるから、私が選ばれるやろうって、言われた」

あたりまえだと言わんばかりの軽々しい口調だったので、余計にこたえた。自分のがんばりをせせら笑われたような気分だった。

思い出して、心はまた暗い顔になる。

（まはら三桃《みと》『鉄のしぶきがはねる』より）

*旋盤＝金属を加工するための工作機械。

問　――線部「思い出して、心はまた暗い顔になる」とあるが、なぜそうなったのか。次の文の空欄《くうらん》にあてはまることばを、本文中から四字で抜き出しなさい。

・コンテストの校内選考で□されそうなことが嫌だから。

POINT　設問を読んで「何を探すのか」をつかんでから，空欄にあてはまることばを本文中から探そう。

解き方　脱文挿入《だつぶんそうにゅう》問題の攻略《こうりゃく》

38

抜《ぬ》けている文を戻《もど》す問題が苦手！

先生！　私、この「抜けている文を本文に戻しなさい」っていう問題がすごく苦手なの！　なんとなくここかなって思うところに戻してるけど、いつもまちがえるし……。

わかった。今日は、「なんとなくここかな」ではなく、「絶対にここだ」って言えるようになる解き方を教えるよ。抜けている文を本文に戻す問題では、戻す場所を探す前に必ずやらなければならないことがあるんだ。それは、**抜けている文の中からヒントをつかむこと**だよ。

え？　抜けている文の中にヒントがあるの？

この問題は、前後の文脈を正しくつかむ力を試すためのものだから、**文と文のつながりがわかることば**が大きなヒントになるんだよ。文と文のつながりがわかることばといえば……？

接続語ですね！

すばらしい！　たとえば、抜けている文の初めに「しかし」があったら、抜けている文とその直前の文は反対の内容になるはずだよね。じゃあ、抜けている文の初めに「だから」があったら、その直前には……？

原因や理由が書かれているはずです。

正解！　接続語をヒントにすれば、直前の文の内容を類推することができるよね。そしてもう一つ、**指示語**も大きなヒントになるんだよ。抜けている文の初めに指示語があったら、その指示語が指し示すことばが本文中にあるはずだから、それを探していけばいいんだ。

ヒントがあるってわかったら、そんなに難しくない気がしてきたよ！

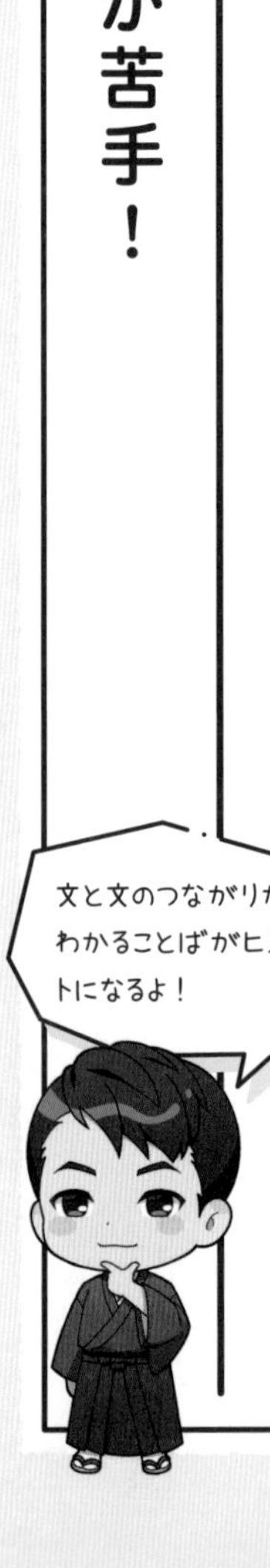

まとめ

抜けている文を本文に戻す問題では、接続語や指示語をヒントにして、戻す場所を考えよう！

練習問題

次の文章を読んで、あとの問いに答えなさい。

解答解説▼▼別冊24ページ

戦後の「奇跡《きせき》の五〇年間」は、比較《ひかく》的大地震《だいじしん》が少なかった時代でした。しかし大地震は周期的に起こるものですから、現在その可能性は年々上がっているのです。

二〇一一年の東日本大震災は、東北沖の北米プレートと太平洋プレートの境界面で起きていたひずみが解消するときに放出したエネルギーが原因です。プレートはつねに少しずつ(年間約一〇センチ)動いているので、ひずみもまた繰《く》り返し発生し、そのためこの場所を震源とする大地震は大昔から繰り返し起こっています。

日本列島はそのほか、ユーラシアプレートとフィリピン海プレート、都合四枚のプレートの上に乗っているので、つねに大きな地震が発生する可能性のある地理的条件を備えているのです。

そのなかでいまいちばん懸念《けねん》されているのは、太平洋沖のユーラシアプレートとフィリピン海プレートの境界のひずみによって起こる地震です。近い将来起こるとされている東海・東南海・南海地震がそれです。境界域にあたる太平洋沖の南海トラフには、すでにかなりのエネルギーがたまっているとされているので、これらの地震はいずれ必ず起こるでしょう。最悪のシナリオで考えると、三つが同時発生して連動型の巨大《きょだい》地震が発生することもあり得ます。

そして実際にこの地域で起こった、江戸期の一七〇七年の宝永地震や一八五四年の安政東海地震・安政南海地震などは、連動型の大地震だと言われています(実際に三つが連動して発生したという証拠《しょうこ》はまだ見つかっていないという研究結果もあります)。また宝永地震の四九日後には富士山で大噴火《だいふんか》が起こり、火山灰が関東一円に降り注いだと伝えられています。

プレートの境界を震源とする巨大《きょだい》地震の発生は、残念ながら地理的に避《さ》けられないことです。しかしどのようなことが起こるかを想定してあらかじめ対策を打っておけば、被害《ひがい》をより小さく抑《おさ》えることができます。その意味では、こうした巨大地震が起こることをちゃんと想定に入れて、そのときにどうするかをあらかじめ検討しておくことが決定的に大事なのです。

(畑村洋太郎《はたむらようたろう》『技術大国幻想《げんそう》の終わり』より)

問 次の一文は、本文中から抜き出したものである。本文中に戻すとき、その直前の十字を抜き出しなさい。(ただし、句読点などの記号も一字とする。)

・つまりあの地震は不幸にしてたまたま起こったものなどではなく、起こるべくして起こったものです。

POINT 抜けている文には「つまり」「あの」という接続語と指示語があるね。これを手がかりにどこに戻せばいいのか考えるといいよ。

39

解き方 空欄《くうらん》補充《ほじゅう》問題の攻略《こうりゃく》

空欄に入ることばなんてわからないよ！

答えは，問題をつくった人にしかわからないんじゃない？

今回は「空欄補充」の問題の解き方を学習しよう。空欄補充っていうのは、こんなふうに、本文中の空欄にふさわしいことばを入れる問題だね。

例 私は、マラソンや短距離走《たんきょりそう》よりも、バレーボールや野球やサッカーなどの□のほうが得意です。

ア ボール　イ スポーツ　ウ 球技

この問題って、ずるくない？　だって、空欄に入ることばなんて、先生にしかわからないじゃん。

そんなことないよ。**空欄補充の問題には、空欄の前か後ろに必ずヒントがある**から、よく探してみて。

うーん。空欄の前に「バレーボールや野球やサッカーなどの」ってあるから、空欄にはそれをまとめたことばが入りそうだっていうことがわかったよ。アの「ボール」は共通点であってもまとめにならないから空欄には入らないよね。イの「スポーツ」とウの「球技」は、どっちが正解なんだろう……。

「マラソンや短距離走よりも」って書いてあるから、マラソンや短距離走をふくむイの「スポーツ」は入らないんじゃないかな。

それなら答えは、ウの「球技」だね！

正解！　今回の問題では、「バレーボールや野球やサッカーなどの」という具体例と、「マラソンや短距離走よりも」という比較《ひかく》の表現がヒントになっていたね。こんなふうに、**空欄補充の問題は本文でしっかりとヒントを見つけられれば正解できるようにつくられているんだ。**

空欄を埋《う》める問題だから、今まで空欄ばかり気にしてたけど、じつは、空欄の前や後ろを見るべきなんですね！

そうなんだ！　大事なヒントは意外と近くにあったりするから、見逃《みのが》さないようにね。

まとめ

空欄補充問題は、空欄の前や後ろにヒントあり！

練習問題　次の文章を読んで、あとの問いに答えなさい。

解答解説▼▼別冊24ページ

趣味《しゅみ》の分野でも競争がないわけではない。同じ趣味仲間での良い意味での競争はあるし、また悪い意味での意地の張り合いもあるだろう。特に、高齢《こうれい》になってからの趣味は、コンテストで入賞するとか、発表会を開くとか、他者へ訴《うった》える要素が強くなるように観察される。

このように考えてくると、自分の夢の中に他者が介入《かいにゅう》している場合が多いことが理解できるだろう。勝負、競争、といった直接的な場合はもちろんだが、他者に認められて初めて実現する夢を思い描《えが》く人が実に多い。

ここが非常に重要な点である。つまり、自分の夢なのに実は他者との関係が入り込《こ》み、むしろそちらが主になっているのだ。自分が楽しめば良い、と述べた趣味的な夢でさえも、思い描いているビジョンには、他者から受ける評価を期待している、褒《ほ》められて喜ぶ自分がいる。

たとえば、「世界を歩いて一周したい」という夢は、孤独《こどく》を楽しむ個人的な夢のように見えるが、これをしたいと思う人は、達成したらみんなは驚《おどろ》くだろう、周囲から羨望《せんぼう》の目で見られるのではないか、といったように(あるときは無意識に)期待している。まるで、自分のためではなく、周囲の他者のために夢を実現しようとしている。

夢ではなく、もっと身近な例を挙げよう。高級な時計が欲しい、と思ったとしよう。どうしてもそれを手に入れたい。そんなとき、その時計を自分一人で眺《なが》めているだけで満足できるだろうか。もしそうならば、それは個人的な願望である。だが、多くの人はそうではない。あの人に見せたい、きっとあの人は驚くだろう、というような期待がある。特定の他者であるときもあれば、ぼんやりと周辺の人々を意識しているときもある。その時計をつけて職場へ行ったら気持ちが良いだろう、と考える。ブランド品に高価な値がついている理由がそこにある。高いからこそ羨《うらや》ましがられる。羨ましがられたいから買いたくなる。

「夢」というのは、自分の自由の追求である。しかし、それははたして、自分が「[A]」なのか、それとも人に「[B]」なのか、一度じっくりと考えてみることをおすすめする。

(森博嗣《もりひろし》『夢の叶《かな》え方を知っていますか?』より)

問 [A]・[B]にあてはまることばとして適切なものを次から一つずつ選び、記号で答えなさい。

ア　見せたい夢　　イ　見られなかった夢
ウ　見たい夢　　エ　見たことのある夢

A [　　]　B [　　]

POINT　空欄の前や後ろをまずは確認《かくにん》してね。ここでは,「それとも」とあることに注目して,本文中で対比されている考え方をとらえよう。

40

解き方

接続語の空欄《くうらん》補充《ほじゅう》問題の攻略《こうりゃく》

「だから」も「そして」も両方入る？

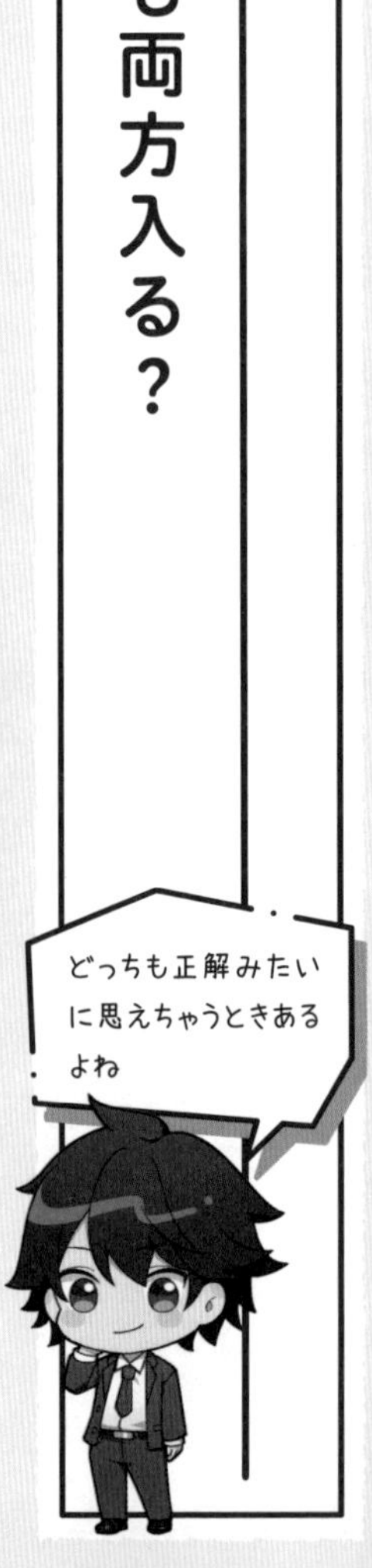
どっちも正解みたいに思えちゃうときあるよね

今回は、**空欄に接続語を入れる問題**の解き方を勉強していこう。

こういう問題って、いつもなんとなく解いてまちがえちゃうことが多いんです……。「だから」も「そして」も両方入りそうだったりするじゃないですか。

なるほど。1章で学んだように、**接続語は、文と文をつないで、その関係を示すはたらきをする**んだったね。このことを意識しつつ、次のステップで解いていこう。

★空欄に接続語を入れる問題のステップ

①空欄の前後の文の関係をつかむ

↓

②適切な役割の接続語を入れる

あ、わかりました！　接続語は文と文の関係を示すはたらきがあるから、空欄に接続語を入れる問題でも、**空欄の前後の文の関係をつかむ必要がある**んですね！

空欄の前後の文の関係がわかれば、あとは、**ふさわしいはたらきをする接続語を入れればいい**だけですね。

空欄に接続語を入れる問題でも、**空欄の前後がヒントになる**んだね！

すばらしい！　三人とも完璧《かんぺき》な答えだよ。教えることがなくなっちゃいそうだから、最後に、さっきの「だから」も「そして」も両方入りそうっていう質問に答えておくね。**「だから」は、前に原因、あとに結果がくる接続語**で、**「そして」は、前の文にあとの文を付け加えるはたらきをする接続語**なんだ。この違《ちが》いがわかれば、あとは、空欄の前後の文の関係をつかんで答えを出すことができるね。

はい！　空欄の前後を見れば、バッチリです。

まとめ

空欄に接続語を入れる問題では、空欄の前後の文の関係をつかんだあとに、適切な役割の接続語を入れる！

練習問題　次の文章を読んで、あとの問いに答えなさい。

解答解説▼別冊25ページ

わたしたちは、世界の事象をしきることで、それを把握《はあく》(理解)しようとしているのである。わたしたちが、何かについて考えるということは、何かをめぐるさまざまなものを分類する(しきる)ことと深くかかわっている。

さらに、わたしたちは、空間の複雑な「しきり」を構成することで、自分を位置づけ、集団(社会)との関係をコントロールしている。住宅でもオフィスでも、空間をどのようにしきるかがわたしたちの活動や人間関係に多大な影響《えいきょう》を与《あた》えている。

空間のしきりだけではなく、わたしたちはまた時間にかんする複雑なしきりを設けることで、やはり自分を位置づけ集団との関係をコントロールし、また意識の切り替《か》えを行っている。[A]、深夜、何時まで起きているかは個人的には自由であるが、集団になるとベッドに入る時間的しきりが設けられることになるし、深夜に電話をしてはならないという時間のしきりも社会的な時間のしきりである。

このように考えてみると、わたしたちは、しきりなしには生きていけないし、思考することもできない。実に多様なしきりがわたしたちの生活を構成していることがわかる。[B]、そのしきりの変化は、人々の生活の変化とかかわっている。

住まいを例にとってみても、わたしたちは個室や家族で使う居間など、さまざまなしきり方を行っている。このしきり方で、家族の人間関係や生活の仕方が異なってくる。住まいのしきりは、厳密にはそれぞれの家族によって異なっているだろうが、時代や社会のあり方によって変化し、大きくは同じ文化圏《けん》で少なからず共通性を持っている。

すでに見てきたように、障子や襖《ふすま》あるいは衝立《ついたて》など日本の「しきり」は、相互《そうご》に気配を感じさせることに特徴《とくちょう》があった。こうしたしきりがなぜ特徴的に出現したかという理由は、にわかに断定するわけにいかないが、日本の住宅が大きく外気を取り込《こ》むために、柱と柱の間を開口部にするという構成がとられたことの結果として可動的かつ軽やかなしきりとなった。

(柏木博《かしわぎひろし》『「しきり」の文化論』より)

問 [A]・[B]にあてはまる接続語の組み合わせとして適切なものを次から一つ選び、記号で答えなさい。

ア　A　つまり　　B　そして
イ　A　つまり　　B　だから
ウ　A　たとえば　B　そして
エ　A　たとえば　B　だから

POINT　空欄の前後の文がどんな関係になっているかをとらえて，適切な接続語を選ぶようにしよう。

41

解き方 呼応の副詞

決まった組み合わせがわかればラッキー！

先生、明日はとうとう模擬《もぎ》試験なんです。

アオイさんなら大丈夫《だいじょうぶ》。日ごろの成果を存分に発揮して！

緊張《きんちょう》するけど頑張《がんば》ります。直前ですが、この問題の解き方を質問してもいいですか？

例 お人好《ひとよ》しの彼《かれ》のことだ。［　］断ることはあるまい。

ア まるで　イ まさか　ウ なぜ

空欄《くうらん》補充《ほじゅう》問題だね。この問題を解くには、**「呼応の副詞」**と呼ばれる、次の組み合わせを覚えておこう。

★ おもな呼応の副詞

否定	・決して〜ない ・少しも〜ない	仮定	・もし〜なら(ば) ・たとえ〜ても
推量	・おそらく〜だろう ・きっと〜だろう	比喩《ひゆ》	・まるで〜ようだ ・ちょうど〜ようだ
疑問・反語	・なぜ〜か ・どうして〜か	打ち消し推量	・まさか〜まい ・よもや〜ないだろう

呼応の副詞に関する空欄補充問題は、**決まった組み合わせで使われる副詞**を知っていれば必ず正解できるから、出題されたらラッキーだよ！

さっきの問題の答えがわかりました！「まい」があるから、イの「まさか」が入るんですね。

正解！「まさか〜まい」の組み合わせを覚えていればわかるよね。この調子なら、明日の模試もきっと大丈夫だろう。

アオイさんなら、少しも心配する必要はないよね。

もし不安になったら、一緒《いっしょ》に勉強したことを思い出してね。

みんな、呼応の副詞を使って応援《おうえん》してくれてどうもありがとう！

まとめ

「呼応の副詞」の問題は、組み合わせを覚えて正解を即《そく》ゲット！

練習問題

次の文章を読んで、あとの問いに答えなさい。

解答解説▶▶別冊26ページ

【梶鮎太《かじあゆた》は祖母と暮らしていたが、療養《りょうよう》のために中学を転校して寺に預けられることになった。寺の娘の雪枝《ゆきえ》は、鮎太のことを何かと気にかけてくれた。】

「久しぶりで駅の方へ来たんで、ちょっと学校へ寄ってみるわ。直《す》ぐ帰るから一緒《いっしょ》にいらっしゃいよ」

雪枝の言う学校と言うのは、彼女が出た女学校のことだった。鮎太にとっては、この申し出も余り香《かんば》しくはなかったが、学校の門の外で待っていると言うことで妥協《だきょう》して、鮎太は雪枝の後へついて行った。

女学校は駅から四丁程隔《へだ》たった町の外れにあった。鮎太は校門の方へ行かずに、運動場の*墻《かき》一つで隣《とな》り合っている道路のところで彼女《かのじょ》の帰って来るのを待っていた。

放課後の運動場へ雪枝が入って行くのが見えた。何十という紺《こん》の制服がいっぱいにばら撒《ま》かれている中で、雪枝の和服だけが異様に目立っていた。

忽《たちま》ちにして、運動場の真中で、雪枝は紺の制服たちに取り巻かれた。何の話をしているか、その塊《かたま》りから、時々、明るい花やかな笑声《わらいごえ》が爆発《ばくはつ》して、それが鮎太のところまで聞《きこ》えていた。と、雪枝を取り巻いている制服の塊りが幾《いく》つかに割れた。鮎太は雪枝が身を低く屈《かが》めて、軽ろやかな*モーションで、地面の上に半周を描《えが》くのを見た。着物の裾《すそ》が割れて廻《まわ》った。円盤《えんばん》だった。円盤はまるで［ A ］、きらりきらりと午後の陽《ひ》に光りながら、空の高処へと吸われて行った。鮎太には、その小さい物体が描く放物線は何処《どこ》までも限りなく遠くに伸《の》びて行くように見えた。

〝お寺の雪ちゃん〟はN市では有名であった。が、それもその筈《はず》であった。彼女が愛知、静岡の女子の幾つかの競技の記録保持者であることを鮎太が知ったのは、その女学校からの帰り途《みち》だった。

「わたし、肋骨《ろっこつ》さえ折らなかったら何かで日本で一番になったわよ、きっと！」

と雪枝は言った。しかし、それはたいして［ B ］。生《うま》れつきの明るい顔付きが、彼女の心を匿《かく》していたのかも知れなかった。

（井上靖《いのうえやすし》『あすなろ物語』より）

＊墻＝垣根《かきね》。囲い。　＊モーション＝動き。身ぶり。

問 ［ A ］・［ B ］にあてはまることばとして適切なものを次から一つずつ選び、記号で答えなさい。

ア 生きものの様に
イ 完全に違《ちが》いなく
ウ 悲劇的な人生と言わざるを得ない
エ 口惜《くちお》しそうな口調ではなかった

A ［　　］　B ［　　］

POINT それぞれ直前に「まるで」「たいして」という呼応の副詞が用いられていることに注目しよう。

42

解き方　記述問題の攻略《こうりゃく》

記述は苦手だからいつも白紙……

今日は、**記述問題の解き方**を説明するね。

記述って、つい後回しにしちゃって、結局時間切れになって白紙で終わるっていうパターンが多いよね……。

頑張《がんば》って書いたのに全然点数が取れなかったり……。

記号選択《せんたく》はけっこう得意になってきたんだけど、記述はイヤだな……。

大丈夫《だいじょうぶ》！　**これまでに学んだことをいかせば、記述もすぐにできるようになるよ**。さっそくだけど、選択肢《せんたくし》の問題を解くときに大切なことってなんだっけ？

それは覚えてる！　設問をしっかり読んで、方向性を正しくつかむことでしょ。

いきなり消去法を使うんじゃなくて、まずは自分で答えを考えるんですよね。

完璧《かんぺき》！　気づいていないかもしれないけど、今言ってくれた**「設問をしっかり読んで自分で答えを考える」**って、じつは、記述問題を解くときにもいちばん大事なことなんだよ。

言われてみれば、たしかに！

でも、記述は自分で答えを書かないといけないから、そこが難しくて……。

それも大丈夫。**国語の問題の答えは必ず本文にある**んだったよね。ということは、記述問題を解くときには……？

そうか！　**記述で使えることばを本文で探す**んですね。

そのとおり！　こんなふうに、正解するためにやるべきことっていうのは、どんな問題にも共通しているんだよ。

まとめ

記述でも、「設問をしっかり読んで本文中から答えを考える」という手順は変わらない！

練習問題

次の文章を読んで、あとの問いに答えなさい。

解答解説▼別冊26ページ

会って話をしていると、ことばに力がこもる。丁寧《ていねい》に、的確に話をしようと心を傾《かたむ》ける。また相手の話を真正面からきちんと受けとめようと緊張《きんちょう》する。理解し、理解され、信頼《しんらい》し、信頼されることがなににもまして大切なことだと分かっているからだ。ことばがもっとも生き生きと行き交う関係、と、それはいえるかもしれない。

ことばは人と人との関係のなかで実に多種多様な使われかたをする。人をだましたり、人を傷つけたり、人を突《つ》っぱねたりするのにもことばは使われる。また、ことばに乗った発言者の思いが聞き手にうまく伝わらず、まったく別の意味に取られたりもする。が、ことばの基本にあるのは、自分の思いをなんとかうまく表現し、それがきちんと相手に伝わってほしいという願いだ。聞き手に即《そく》していえば、ことばにこめられた相手の思いをきちんと受けとめたいという願いだ。そういう願いをもってたがいに向き合い、ときに話し手になり、ときに聞き手になって、それぞれに真率にことばを発し、ことばを受けとる。それが、ことばをめぐる人と人との関係の原型であり、ことばの共同性はそのようにしてなりたつ。ことばを通して思いがこちらからあちらへ、また、あちらからこちらへと通じること、通い合うこと、そのこと自体が喜びであるような、そういう共同性がそこにはなりたっている。

この共同性はちがいを前提としてなりたつ。ことばをあいだにはさんで向き合う話し手と聞き手の思いが、もともと同じではありえないし、一致《いっち》させようとしてもそう簡単には重なり合わない。そういう前提の上に築きあげられる共同性だ。思いがこちらに通じるというとき、こちらとはちがうあちらの思いが通じるのであって、思いが通じ合うとは、自他の思いのちがいを意識した上での通い合いなのだ。相手とはちがう思いを発信し、それが相手に受けとめられること、逆にいえば、自分とはちがう思いが向こうからやってくるのを自分の思いのどこかに組み込《こ》むこと。ちがいが前提になっているからこそ、ことばの行き交いのなかで心がゆさぶられるし、ゆさぶられつつ思いを共有する共同の場をなりたたせることが喜びなのだ。

（長谷川宏《はせがわひろし》『高校生のための哲学《てつがく》入門』より）

問 ——線部「発言者の思い」とあるが、発言者はどのようなことを願っているのか。本文中のことばを用いて説明しなさい。

POINT 設問をしっかり読んで，本文の中に手がかかりを探して答えを作成するようにしよう。

43

解き方　図表問題の攻略《こうりゃく》

グラフや表、これって国語なの？

ねえ、先生！　今日のテスト、国語の問題なのに、なぜか円グラフが出たのー！

ぼくも、この前受けた模試で文章の中に表が出てきました。国語の問題っぽくなくて、びっくりしちゃいました……。

なるほど。それは、**新傾向《しんけいこう》問題**のことだね。大学入試改革の影響《えいきょう》で、最近では高校入試でもよく出題されるようになってきているんだ。**「グラフ」**や**「表」**以外にも、**「写真」**や**「新聞記事」**なんかが出ることもあるよ。

こういう問題って、ふつうの国語の文章と違《ちが》うから、どこからどう読めばいいのか迷ってしまいます……。

そう、グラフや表にはたくさんの数字が出てくるから、全部をくわしく見ていたらテストでは時間切れになってしまう。だから、**見るべきポイントをしぼる**必要があるんだ。

大事なところだけをしっかり見るってことですか？

そのとおり。そして、**どこを重点的に見るべきか、それは設問をしっかり読むことでわかってくる**んだよ。

設問をしっかり読む？　それなら、ふつうの国語の問題と同じだよね？

いいことに気づいたね！　今ヒナさんが言ったように、ふつうの問題であっても新傾向問題であっても、**設問をしっかり確認《かくにん》するのが重要であることは何も変わらない**んだ。

なるほど！　設問で問われていることの答えを、文章の中から探すのか、グラフや表の中から探すのかっていう違いがあるだけなんですね。

すばらしい！　新傾向問題が出ても、あせらないでいつもどおりに対応すれば大丈夫《だいじょうぶ》だってことを覚えておいてね。

最近では高校入試でもよく出題されているんだよ

まとめ
新傾向問題は、設問をしっかり読んで、見るべきポイントをしぼる！

練習問題

次の資料を見て、あとの問いに答えなさい。

解答解説▼別冊27ページ

【資料1】

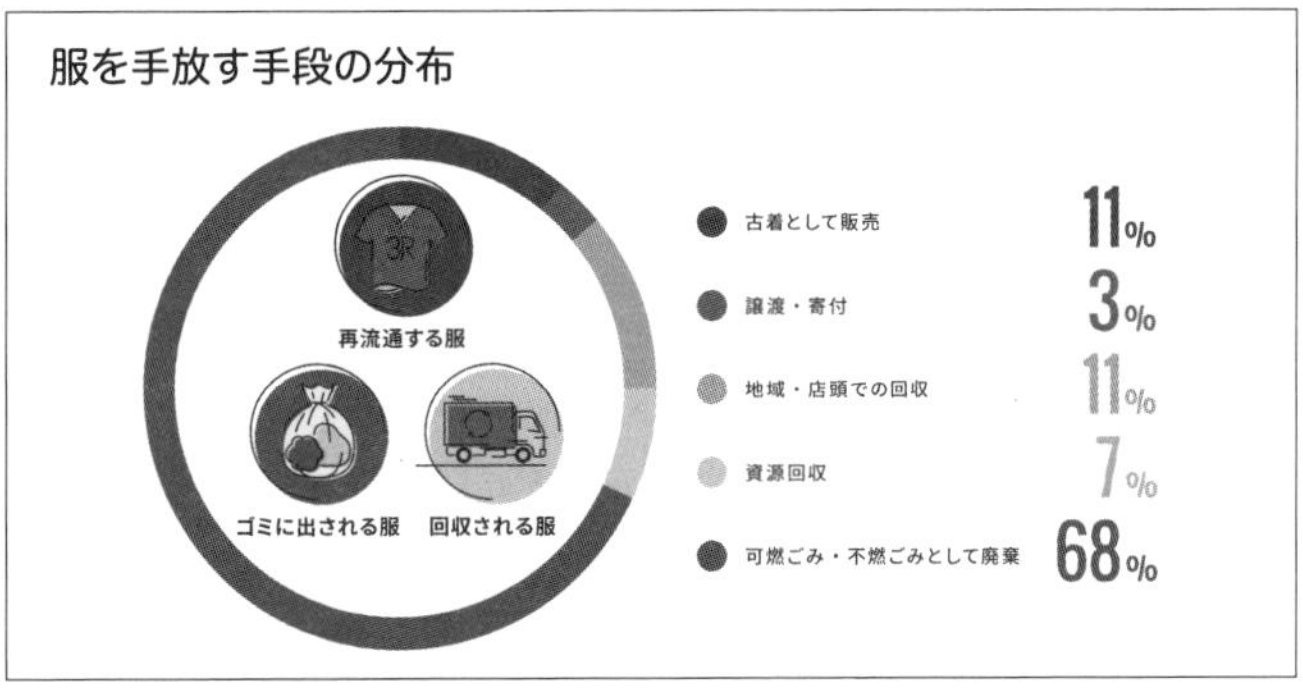
服を手放す手段の分布
再流通する服
ゴミに出される服
回収される服
古着として販売 11%
譲渡・寄付 3%
地域・店頭での回収 11%
資源回収 7%
可燃ごみ・不燃ごみとして廃棄 68%

【資料2】

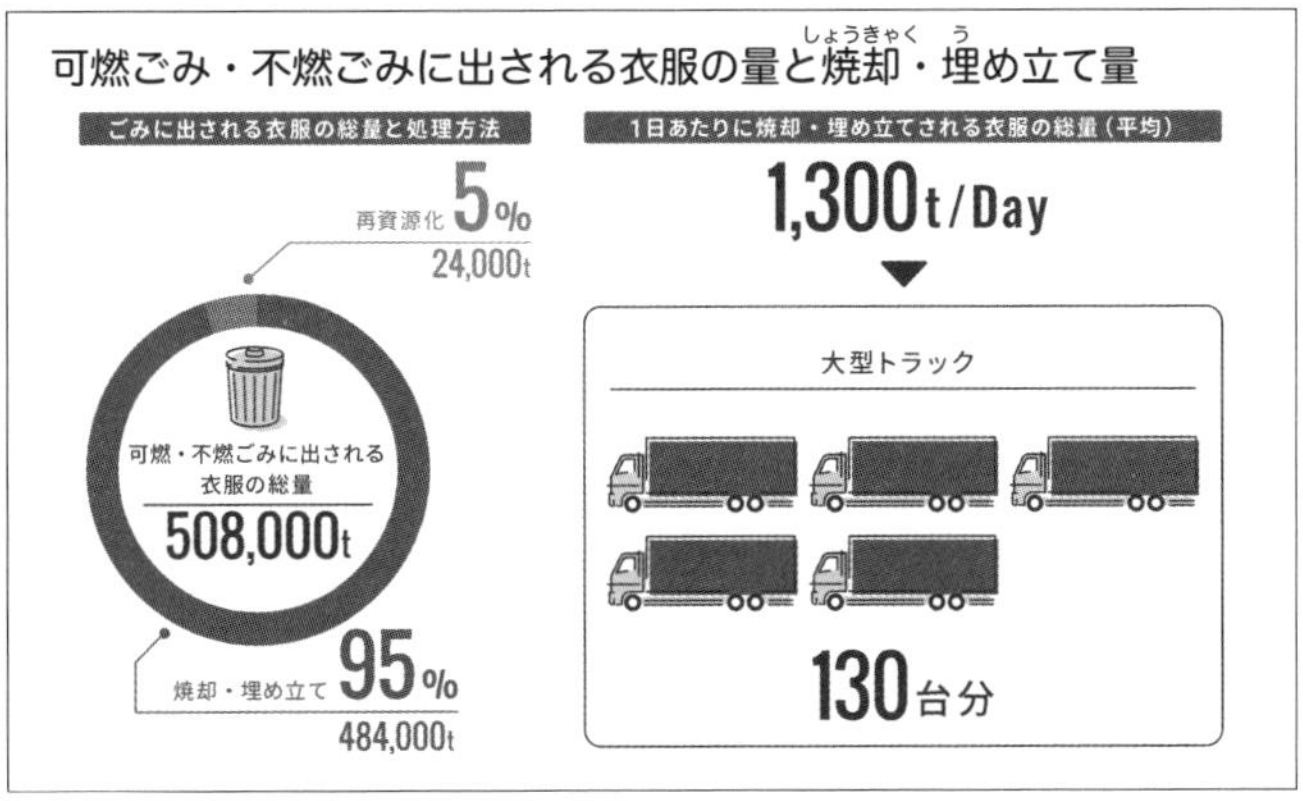
可燃ごみ・不燃ごみに出される衣服の量と焼却《しょうきゃく》・埋《う》め立て量
ごみに出される衣服の総量と処理方法
再資源化 5% 24,000t
可燃・不燃ごみに出される衣服の総量
508,000t
焼却・埋め立て 95% 484,000t
1日あたりに焼却・埋め立てされる衣服の総量（平均）
1,300t/Day
大型トラック
130台分

〔環境省《かんきょうしょう》「サステナブルファッション」より〕

【資料をもとにした話し合いの一部】

Aさん　【資料1】からは、可燃ごみ・不燃ごみとして服を手放すという割合は、［Ⅰ］％になることがわかります。

Bさん　資源回収される割合は、7％しかないのですね。

Cさん　【資料2】からは、可燃ごみ・不燃ごみに出される衣服の総量は、約［Ⅱ］トンになることがわかります。

Aさん　そうしてごみに出された衣服は、ほとんどが焼却・埋め立てされるのですね。

Bさん　一日あたりに換算《かんさん》すると、約1300トンの服が焼却・埋め立てされることになります。

Cさん　これでは、環境への大きな負担になってしまいます。そうならないように、［Ⅲ］ことが大切ですね。

問1　［Ⅰ］・［Ⅱ］にあてはまる数字を、それぞれ算用数字で答えなさい。

Ⅰ［　　］

Ⅱ［　　］

問2　［Ⅲ］にあてはまることばとして適切なものを次から一つ選び、記号で答えなさい。

ア　資源回収される服の量を減らして再資源化の量を少なくする

イ　むやみに服を買ったり簡単に服を捨てたりしないようにする

ウ　流行の服を消費者が安く買えるように企業《きぎょう》が努力する

エ　ごみとして出される服の総量の増減を正確に記録する

［　　］

POINT　見るべきポイントをしぼって，資料を確認するといいね。

Q&A 10 志望校はどうやって決めたらいい？

ユウマ：くめはら先生，志望校の決め方がよくわからないんです。

くめはら先生：ユウマくんは，どんな高校生活を送りたい？

ユウマ：いずれは大学に行きたいから勉強も大事だけど，一度きりの高校生活だから，とことん楽しみたいです。
部活にも入りたいし，文化祭とか行事が盛り上がるところがいいなあ。

くめはら先生：楽しみたいっていうのは大賛成！ 楽しい高校生活を送れるほうが，勉強にも身が入るよ。
どんな高校へ入っても，その後，自分しだいで幸せになる道はあると思う。だけど，１つ言えるのは，高校受験をがんばってきて，大学受験もがんばりたいという人が多い学校だと，自然と自分もがんばれると思うんだ。

それから，部活や行事，校則については，学校のホームページで調べられるよ。いくつかの学校で迷っているなら，通学時間が短いほうがおすすめ。
入ったあとの自分を想像してワクワクできたら，受験勉強のモチベーションもアップするよ！

ユウマ：さっそく，調べてみます！

COMMENTS

すばる先生

志望校はどれだけワクワクするイメージをもてるか，つまり「想像力」が大事だと思う。だれかから情報を聞いて終わるよりも，積極的に自分で調べたり，余《よ》裕《ゆう》があれば文化祭や行事などを体験したりして，自分の理想にいちばん近いところを探してみよう！

3章 古典

古典は難しくて嫌《きら》いって人が多いんだけど，実は論説文や小説文より点数が取りやすい分野なんだ。覚えなきゃいけないことも，実はそんなに多くはないんだよ。確実に点数が取れるところだから，一緒《いっしょ》にがんばろう。みんなが古典の面白さに気づいてくれたらうれしいな。

KUMEHARA

古典は暗記が多いと思ってたけど，そんなに多くないのか。それならちょっとがんばってみようかな。
古典は何を言ってるのか全然わからなくて苦手……。でも，論説文も小説文もできるようになってきたから，古典も得意にしたいな。
古典って面白い話が多いから，私はけっこう好き。もっとすらすら読めるようになって，昔の人の思いとか考えを知りたいな。

44

古典　古文を読むコツ

古文って宇宙語なんですけど……

古文って、「ゐ」とか「ゑ」とかの変な文字があるし、何言ってるかわかんないし、もう宇宙語って感じ……。

たしかに古文はわかりづらいけど、内容を理解するコツがあるから安心して！　まずは、**昔の日本語の仮名遣《かなづか》いである歴史的仮名遣いと、現代仮名遣いの違《ちが》いをおさえること**。古文の仮名遣いを現代の仮名遣いに直すときには、次のような決まりに注意しよう。

★歴史的仮名遣いを現代仮名遣いに直すときの原則

歴史的仮名遣い → 現代仮名遣い
ゐ・ゑ → い・え
を・ぢ・づの一部 → お・じ・ず
は・ひ・ふ・へ・ほ → わ・い・う・え・お ※語頭と助詞は除く

歴史的仮名遣い → 現代仮名遣い
ア段＋う（ふ）→ オ段＋う
イ段＋う（ふ）→ イ段＋ゅう
エ段＋う（ふ）→ イ段＋ょう
くわ・ぐわ・む → か・が・ん

ヒナさんの言っていた「ゐ」とか「ゑ」は、「い」「え」と読むんですね。

読み方がわかれば、だいぶ読みやすくなりますね。

そのとおり。そして、もう一つのコツは、**古文によく登場する重要古語を覚えること**。今は使われない「いと」などの古語や、今と昔では意味が異なる「あはれ」「をかし」などの古語の意味を覚えると、内容を理解しやすくなるよ。

★覚えておきたい重要古語

「いと」（①とても・非常に　②〔下に打ち消しの語を伴《ともな》って〕それほど～ない）
「あはれ」（しみじみと心に感じる）
「をかし」（おもしろい・趣《おもむき》がある）

なるほどー。宇宙語みたいに思えていた古文も、ポイントをおさえれば、少しずつわかってくるんだね！

ちょっと、ヒナ，「宇宙語」って……。でも気持ちはわかるよ

まとめ
古文は、歴史的仮名遣いと重要古語をおさえる！

練習問題

次の古文と現代語訳を読んで、あとの問いに答えなさい。

解答解説▼▼別冊28ページ

【古文】

鳥は、こと所のものなれど、鸚鵡《あうむ》いと①あはれなり。人の②言ふらむことをまねぶらむよ。郭公《ほととぎす》。水鶏《くひな》。鴫《しぎ》。都鳥《みやこどり》。鶸《ひは》。ひたき。

山鳥、友を恋《こ》ひて、鏡を見すれば、なぐさむらむ、③心わかう、いとあはれなり。谷へだてたるほどなど、心苦し。鶴《つる》は、いとこちたきさまなれど、鳴く声雲居《くもゐ》まで聞《きこ》ゆる、いとめでたし。頭《かしら》赤き雀《すずめ》。斑鳩《いかるが》の雄鳥《をとり》。たくみ鳥。

鷺《さぎ》は、いと見目も見苦し。④まなこゐなども、うたて⑤よろづになつかしからねど、「*ゆるぎの森にひとりは寝《ね》じ」とあらそふらむ、⑥をかし。

（清少納言《せいしょうなごん》『枕草子《まくらのそうし》』より）

*ゆるぎの森＝滋賀県高取郡にあった森。

【現代語訳】

鳥は、異国のものであるけれど、鸚鵡はとても［①］。人の言うようなことをまねするそうである。郭公。水鶏。鴫。都鳥。鶸。ひたき。

山鳥は、友を恋《こい》しがって（いるときに）、鏡を見せると、（その姿を友だと思って）安心するというのは、心が純真で、とても［①］。谷を隔《へだ》てている間などは、気の毒である。鶴は、とてもおおげさな様子であるけれど、鳴く声が天まで聞こえるのが、たいへん結構である。頭の赤い雀。斑鳩の雄鳥。たくみ鳥。

鷺は、とても見た目も見苦しい。目つきなども、いとわしくすべてにつけて親しみにくいけれど、「ゆるぎの森にひとりでは寝ない」と（妻をめぐって）争うというのが［⑥］。

問1 ——線部①「あはれなり」、②「言ふらむ」、③「心わかう」、④「まなこゐ」、⑤「よろづ」、⑥「をかし」を、現代仮名遣いに直し、すべてひらがなで書きなさい。

①［　　］ ②［　　］
③［　　］ ④［　　］
⑤［　　］ ⑥［　　］

問2 ——線部①「あはれなり」、⑥「をかし」の意味として適切なものを次から一つずつ選び、記号で答えなさい。

① ア しみじみとした感じがする　イ 気の毒なことだ
　ウ かわいそうな感じがする　エ 悲しいことだ

⑥ ア ばかばかしい　イ 疑わしい
　ウ あやしい　エ おもしろい

①［　　］ ⑥［　　］

POINT 古語の中には，ことばの意味が，今使われていることばの意味とは異なるものがあるから注意してね。

45

古典　係り結び

係り結びって何？

古文を読むコツはなんとなくわかってきたけど、やっぱり今とはことば遣《づか》いが違《ちが》って、読み進めるのが難しいな……。

「ありけり」とか「いひける」とか、語尾《ごび》も違うよね。

それは、**活用の部分**だね。現代のことばにも活用があるけど、古語でも「けり」「ける」「けれ」というように、活用することで形が変わるんだ。

「けり」「ける」「けれ」とか、なんだか呪文《じゅもん》みたい。

たしかに(笑)。でも、この活用について、古文の文法には大切なルールがあるんだ。

えっ！　まだルールがあるのー？

まあまあ、そう言わずに。それは、**「係り結び」**というもので、**係り助詞というものが上にくると、述語の活用形が変わるという決まり**があるんだ。

係り結びの法則

係り助詞	結び(述語)の変化	意味
ぞ・なむ	連体形になる	強意
や・か	連体形になる	疑問・反語
こそ	已然《いぜん》形になる	強意

係り結びは、「ぞ・なむ・や・か・こそ」という係り助詞を目印にすればいいんですね。

そのとおり！　係り結びによって、**強意(上の語の意味を強める)・疑問(～か。～だろうか。)・反語(～か、いや、～でない)などの意味を加えているんだ**。この古文特有の決まりである**係り結びの法則**を覚えておいてね。

まとめ

古文の文法には、係り結びという決まりがある！

練習問題

次の古文と現代語訳を読んで、あとの問いに答えなさい。

解答解説▼▼別冊28ページ

【古文】

いづくにもあれ、しばし旅だちたる［A］、目さむる心地《ここち》すれ。そのわたり、ここかしこに見ありき、ゐなかびたる所、山里などは、いと見慣れぬ事のみぞ多かる。都へたよりもとめて文《ふみ》やる、「その事かの事、便宜《びんぎ》に、忘るな」など言ひやるこそ［B］。さやうの所にてこそ、万《よろづ》に心づかひせらるれ。持てる調度《てうど》まで、よきはよく、能ある人、かたちよき人も、常《つね》よりはをかしとこそ見ゆれ。

寺・社《やしろ》などに忍《しの》びてこもりたるも［C］。

（兼好法師《けんこうほうし》『徒然草《つれづれぐさ》』より）

【現代語訳】

どこであろうと、しばらく旅に出ているときは、目が覚めるような気持ちがするものである。そのあたりを、あちらこちらと見て歩いていると、田舎《いなか》めいた場所や、山里などは、たいそう見慣れないことばかり多くあるものである。都へつてを求めて手紙を送り、「そのことやあのことは、都合よくやっておいてくれ、忘れないように」などと言いやるのも、おもしろいものである。そのような場所でこそ、すべてに気を配るようになるものである。持っている小道具まで、立派なものは立派に（見え）、才能のある人や、容貌《ようぼう》の美しい人も、常日頃《つねひごろ》よりはすばらしく見えるものであることだ。

寺や神社などにひそかに籠《こも》っているのもおもしろい。

問1 ［A］にあてはまる係り助詞を次から一つ選び、記号で答えなさい。

ア の　イ こそ
ウ が　エ ばかり

問2 ――線部「いと見慣れぬ事のみぞ多かる」から、係り助詞を一つ抜《ぬ》き出しなさい。

問3 ［B］・［C］にあてはまることばの組み合わせとして適切なものを次から一つ選び、記号で答えなさい。

ア B をかし　C をかし
イ B をかし　C をかしけれ
ウ B をかしけれ　C をかしけれ
エ B をかしけれ　C をかし

POINT 係り結びは，まず５つの係り助詞を覚えよう。そして，連体形・已然形のどちらの活用形で結ぶのかを考えるといいね。

46

古典 省略を補う／助詞・助動詞

古文はどうやって読めばいいの？

今回は、実際に古文を読むときのコツを説明するね。まずは、**省略を補って読む方法**について。

省略を補うって、どういうことですか？

じつは、**古文では、主語・述語や「が・は・を」の助詞などが省略されることが多い**んだ。

ええっ？　なんでそんな意地悪するの？

現代のことばでも「私、ネコ、大好き」なんて言ったりするでしょ。助詞がなくても「私(は)ネコ(が)大好き」という意味だってわかるし、相手が話している場面なら、主語が省略されて「ネコ、大好き」でも理解できるよね。

たしかにわかる！

これは、自然と省略されたことばを補って理解しているからだね。古文でも同じように、**省略されたことばを補いながら読んでいく**と、文章の意味がわかってくるんだよ。

さらに、**助詞・助動詞**に注意すると、文章を正しく理解できるようになるよ。次のポイントを確認《かくにん》しておいてね。

古文は省略が多いんだけど、それって現代語も同じだよね！

助詞「の」意味

①**主語を表す（「〜が」と訳す）**

例 人々の語るを聞く（人々が語るのを聞く）

②**体言をくわしく説明する（「〜の」と訳す）**

例 清水の橋のもとに（清水の橋のたもとに）

おもな助動詞の意味

けり	過去（「〜た」と訳す）・詠嘆《えいたん》（「〜だなあ」と訳す）
たり・り	完了（「〜た」と訳す）・存続（「〜ている」と訳す）
ぬ	完了（「〜た」と訳す）・打ち消し（「〜ない」と訳す）
ず	打ち消し（「〜ない」と訳す）

※これら以外の意味で訳すこともあります。

まとめ

古文を読むコツは、省略を補い、おもな助詞・助動詞の意味をおさえること！

練習問題　次の古文と現代語訳を読んで、あとの問いに答えなさい。

解答解説▼▼別冊29ページ

【古文】

これも今は昔、田舎《ゐなか》の*児《ちご》の比叡《ひえ》の山へ登りたりけるが、①桜のめでたく咲《さ》きたりけるに、風のはげしく吹《ふ》きけるを見て、②この児さめざめと③泣きけるを見て、僧《そう》のやはら寄りて、「などかうは泣かせ給《たま》ふぞ。この花の散るを、惜《を》しう覚えさせ給ふか。桜ははかなきものにて、かく程なくうつろひ候《さうら》ふなり。されども、さのみぞ候ふ」と慰《なぐさ》めければ、「桜の散らんは、あながちにいかがせん、④苦しからず。わが父の作りたる麦の花散りて、実の入らざらんと思ふがわびしき」と言ひて、さくりあげて、よよと泣きければ、うたてしやな。

（『宇治拾遺物語《うじしゅういものがたり》』より）

*児＝寺で修行をしたり雑用をしたりしている少年。

【現代語訳】

これも今は昔のことだが、田舎の寺の少年が比叡山《ひえいざん》へ登って修行をしていたのが、［①］、風が激しく吹いたのを見て、この少年［②］さめざめと［③］姿を見て、僧が静かに近寄って、「なぜこのようにお泣きになるのですか。この桜の花が散るのを、惜しくお思いになるのですか。桜ははかないもので、このように間もなく散ってしまうのです。しかし、それだけのことですよ」と慰めたところ、「桜が散るだろうことは、しいてどうすることができるだろうか、［④］。私の父の作っている麦の花が散って、実がならないだろうと思うことがつらいのです」と言って、しゃくりあげて、おいおいと泣いたのが、情けないことであるよ。

問1　――線部①「桜のめでたく咲きたりけるに」の現代語訳として適切なものを次から一つ選び、記号で答えなさい。

ア　桜のめでたさが咲いたらわかるのに
イ　桜のめでたさが咲いてわかったのに
ウ　桜がみごとに咲いていたところに
エ　桜がみごとに咲こうとしているところに

［　］

問2　――線部②「この児」のあとに省略されている助詞を、ひらがな一字で答えなさい。

［　］

問3　――線部③「泣きける」、④「苦しからず」の意味として適切なものを次から一つずつ選び、記号で答えなさい。

③　ア　泣いた　イ　泣かない　ウ　泣いている　エ　泣くだろう
④　ア　つらかった　イ　つらくはない　ウ　つらくなっている　エ　つらいだろう

③［　］　④［　］

POINT　どんなことばが省略されているのか，補いながら読むといいね。おもな助詞・助動詞の意味もしっかり覚えておこう。

47

古典　古文常識

昔の人はどんな暮らしをしていたの？

電気もガスもない時代だし，今とはいろいろ違うよね

ヒナ、サングラスとマスクで顔を隠《かく》してどうしたの？

昨日、顔を三か所も蚊《か》にさされちゃって、すんごく腫《は》れてるの。こんな姿、人に見せられない(泣)。

それは大変だ。はやく治るといいね。でも、こんなふうに顔を隠すのは、平安時代の貴族みたいだなー。

貴族？　どういうこと？

古文の世界では、**身分の高い女性は夫以外の男性には顔を見せないことが常識とされてきたんだ**。室内の描写《びょうしゃ》に「御簾《みす》」や「几帳《きちょう》」という家具が登場するんだけど知ってるかな？

簾《すだれ》ならわかるよ。幕みたいに垂らすものでしょ。

そうそう。御簾や几帳は、姿を見られないために目隠しや仕切りとして用いられるんだ。

ふーん。昔と今では、常識も変わってくるんだね。

ほかにも、時代にもよるけれど、**髪型《かみがた》や服装なんかにも違《ちが》いがあるんだ**。女の人は髪を長く伸《の》ばしていたり、男の人は袴《はかま》をはいていたりとか。

平安時代が舞台《ぶたい》になっているドラマで見たことがあります！

あとは、**考え方や暮らし方にも違いがあるよ**。外出するときの方角を気にしたり、年中行事を重んじたり、和歌のやりとりで気持ちを伝えたり。占《うらな》いや呪《のろ》いを信じたり、夢が現実とつながっていると考えたりすることもあるんだ。

ええっ、夢は夢でしょ？

今とはけっこう違うところがあるよね。当時の常識や生活習慣がわかると、古文がぐっと理解しやすくなるよ。

まとめ

今とは違う古文の世界の人々の暮らしを理解しよう！

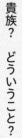

練習問題

次の古文を読んで、あとの問いに答えなさい。

解答解説▶▶別冊29ページ

大臣《おとど》は、姫君《ひめぎみ》の*御方《おかた》におはしますほどに、中将の君参りたまひて、東の*渡殿《わたどの》の小障子《こさうじ》の上より、*妻戸《つまど》の開きたる隙《ひま》を*何心もなく見入れたまへるに、女房《にやうばう》のあまた見ゆれば、立ちどまりて音もせで見る。御屏風《びやうぶ》も、風のいたく吹《ふ》きければ、押《お》したたみ寄せたるに、見通しあらはなる廂《ひさし》の*御座《おまし》にゐたまへる人、*ものに紛《まぎ》るべくもあらず、気高くきよらに、*さとにほふ心地《ここち》して、春の曙《あけぼの》の霞《かすみ》の間より、おもしろき蒲桜《かばざくら》の咲き乱れたるを見る心地す。あぢきなく、見たてまつるわが顔にも移り来るやうに、愛敬《あいぎやう》にほひ散りて、またなくめづらしく人の御さまなり。御簾《みす》の吹き上げらるるを、人々押《おさ》へて、いかにしたるにかあらむ、うち笑ひたまへる、いといみじく見ゆ。花どもを心苦しがりて、*え見棄《みす》てて入りたまはず。御前《おまへ》なる人々も、*さまざまにものきよげなる姿どもは見わたさるれど、目移るべくもあらず。*大臣のいとけ遠くはるかにもてなしたまへるは、かく、見る人ただには*え思ふまじき御ありさまを、至り深き御心にて、もしかかることもやと思すなりけりと思ふに、けはひ恐《おそ》ろしうて、立ち去るにぞ、西の御方より、内の御障子ひき開けて渡りたまふ。

「いとうたて、あわたたしき風なめり。御格子《みかうし》おろしてよ。男どももあるらむを、あらはにもこそあれ」と聞こえたまふを、また寄りて見れば、もの聞こえて、大臣もほほ笑《ゑ》みて、見たてまつりたまふ。親ともおぼえず、若くきよげになまめきて、いみじき御容貌《かたち》の盛りなり。

（紫式部《むらさきしきぶ》『源氏物語《げんじものがたり》』より）


*御方におはしますほどに＝お部屋にお越《こ》しになるときに。

*渡殿の小障子＝渡り廊下の小さい衝立《ついたて》。

*妻戸＝両開きの板戸。

*何心もなく見入れたまへるに＝何気なくおのぞきになると。

*御座＝お敷物。

*ものに紛るべくもあらず＝誰《だれ》とも見まちがえようもなく。

*さとにほふ心地して＝ぱっと美しさがあふれる感じがして。

*え見棄てて入りたまはず＝見棄ててお入りになれない。

*さまざまにものきよげなる姿ども＝とりどりにこぎれいな姿など。

*大臣のいとけ遠くはるかにもてなしたまへるは＝大臣が(中将を)たいそう遠ざけて近づけようとなさらないのは。

*え思ふまじき＝心を奪《うば》われずにはいられそうもない。

問 ――線部「御格子おろしてよ」とあるが、大臣がこう言ったのはなぜか。適切なものを次から一つ選び、記号で答えなさい。

ア　姫君の姿を見られないようにするため。
イ　姫君に姿を見られないようにするため。
ウ　部屋に風雨が吹き込まないようにするため。
エ　部屋に光が差し込まないようにするため。

POINT　古文の世界の人々は，今の時代とは違う常識の中で生きていたということをふまえて考えてみよう。

古典　和歌の表現技法

48

和歌ってなんのために詠《よ》んだの？

昨日、YouTubeで、先生の競技かるたの対戦動画を見たよ！　先生って、かるたのときだけちょっとかっこいいね！

ん？　これってほめられたのかな？　でも、見てくれてありがとう。競技かるたでは、「小倉《おぐら》百人一首」が使われているんだけど、みんな「小倉百人一首」って、知ってるかな？

藤原定家《ふじわらのさだいえ》が選んだ和歌集で、百人の歌人の歌が、一人一首ずつ選ばれているんですよね。

さすがアオイさん！　古文の世界では、「美しいものに感動したとき」や「恋心《こいごころ》を伝えるとき」に和歌を詠んだんだ。

こ、恋？

百人一首でもっとも多いのは「恋」の歌で、四十三首ある。

恋って言われると、和歌にもちょっと興味がもてそう。

いいね！　和歌についての知識があるとより楽しめるから、次の内容を確認《かくにん》しておいてね。

和歌の表現技法

枕詞《まくらことば》…下に続くことばが決まっていて、そのことばと一緒《いっしょ》に用いられるもの。

例　あしひきの→山　しろたへの→衣・袖《そで》
たらちねの→母　ひさかたの→光・天　など

序詞《じょことば》…あることばを導くために、和歌の作者が自由につくり出すもの。

例　あしひきの　山鳥の尾《を》の　しだり尾の
長々し　夜を　ひとりかも寝《ね》む

・「あしひきの～しだり尾の」→「長々し」を導く序詞

掛詞《かけことば》…一つのことばで二つの意味を連想させる技法。

例　花の色は　移りにけりな　いたづらに
わが身世に　ふる　ながめ　せしまに

・ふる→「経る」と「降る」の意味
・ながめ→「眺め」と「長雨」の意味

まとめ　和歌の三つの表現技法を覚えておけばバッチリ！

練習問題

次の和歌を読んで、あとの問いに答えなさい。

解答解説▼▼別冊30ページ

A 白妙《しろたへ》の 袖《そで》の別れに 露《つゆ》落ちて 身にしむ色の 秋風ぞ吹《ふ》く　藤原《ふじはらの》定家《さだいへ》

B ひさかたの 光のどけき 春の日に しづ心なく 花の散るらむ　紀友則《きのとものり》

C 立ち別れ いなばの山の 峰《みね》に生《お》ふる まつとし聞かば 今帰り来む　在原《ありはらの》行平《ゆきひら》

D みかの原 わきて流るる いづみ川 いつみきとてか 恋《こひ》しかるらむ　藤原《ふじはらの》兼輔《かねすけ》

E 花さそふ 嵐《あらし》の庭の 雪ならで ふりゆくものは わが身なりけり　藤原《ふじはらの》公経《きんつね》

F 大江《おほえ》山《やま》 いく野の道の 遠ければ まだふみも見ず 天《あま》の橋立《はしだて》　小式部内侍《こしきぶのないし》

G 山里は 冬ぞさびしさ まさりける 人目も草も かれぬと思へば　源《みなもとの》宗于《むねゆき》朝臣《あそん》

問1 A・Bの和歌には、枕詞が用いられている。和歌の中から枕詞をそれぞれ抜《ぬ》き出しなさい。

A
B

問2 C・Dの和歌には、序詞が用いられている。和歌の中から序詞をそれぞれ抜き出しなさい。

C
D

問3 E・F・Gの和歌には、掛詞が用いられている。掛けられた二つの意味を次からそれぞれ二つずつ選び、記号で答えなさい。

ア 降《ふ》る　イ 振《ふ》る　ウ 文《ふみ》　エ 離《か》れる
オ 履《ふ》む　カ 古《ふ》る　キ 踏《ふ》む　ク 枯《か》れる

E
F
G

POINT 和歌の３つの表現技法「枕詞」「序詞」「掛詞」について，しっかり理解しておこうね。

49

古典　漢文を読むコツ

漢文って勉強する必要あるの？

漢文ってちんぷんかんぷんなんですけど……。どうして「国語」といいながら昔の中国の文章を勉強するんですか？

日本語には、中国から入ってきたことばが多いよね。日本は、かつて中国に文化をならっていたから、昔の中国の文章を読むことは、日本語のルーツを知ることにもなるんだよ。

でも、漢字ばっかりでどう読めばいいのかわかんないよー。

じつは昔の人もそうだったんだ。たとえば、「温故而知新」と書いてあっても、このままじゃわからないから、**中国のことばを日本語として読めるようにくふうしたんだ。**

漢文の種類

白文《はくぶん》…漢字だけで書いてある中国の原文

例 温故而知新

訓読文《くんどくぶん》…訓点《くんてん》をつけて日本人が読めるようにしたもの

例 温《ネテ》レ 故《キヲ》 而 知《ル》レ 新《シキヲ》

書き下し文…訓読文をもとに漢字と仮名《かな》で書き改めたもの

例 故きを温《たず》ねて新しきを知る

書き下し文にすれば、日本語として読めるね。

そういうこと！　訓読文につける「訓点」の中でも、とくに、**返り点**が重要なんだ。読み方の順序を示す返り点をマスターすれば、漢文もスラスラ読めるようになるよ！

漢字ばっかりだから、
うわー難しい！　って
思っちゃうんだよね

返り点のルール

レ点…一字だけ上に返って読む。

②□レ　①□

一・二点…二字以上離《はな》れた語に返って読む。

③□二　①□　②□一

上・下点…一・二点をはさんで返って読む。

⑤□下　③□二　①□　②□一　④□上

※置き字（於・乎・于・而・矣など）は読まないので注意。

まとめ

漢文は、返り点をマスターすれば読める！

練習問題　次の漢文を読んで、あとの問いに答えなさい。

解答解説▼▼別冊31ページ

【訓読文】

君子曰《いはク》、
①学《ハ》不《ず》レ可《ベカラ》二以《もつテ》已《やム》一、
青《ハ》取《リテ》二之《これヲ》於藍《あいヨリ》一、
而青於藍、
②氷《ハ》水為《なシテ》レ之《ヲ》、
而寒《つめたシ》二於水《ヨリモ》一。

（『荀子《じゅんし》』より）

【書き下し文】

君子曰く、
[①]。
青は之を藍より取りて、
③藍よりも青く、
[②]、
水よりも寒し、と。

【現代語訳】

君子が言うには、
学問を途中《とちゅう》でやめてはならない。
青色は藍の草から取るものだが、
藍の色よりもいっそう青く、
氷は水からできるものであるが、
水よりも冷たい、と。

問1 ――線部①「学《ハ》不可《カラ》以《テ》已《ム》」を書き下し文に改めたものとして適切なものを次から一つ選び、記号で答えなさい。

ア　学は可からず以て已む
イ　学は已む以て可からず
ウ　学はず可から以て已む
エ　学は以て已む可からず

[　]

問2 ――線部②「氷《ハ》水為《シテ》之《ヲ》」を書き下し文にしなさい。

[　]

問3 ――線部③「藍よりも青く」という書き下し文になる訓読文として適切なものを次から一つ選び、記号で答えなさい。

ア　而レ青クレ於藍ヨリモ
イ　而青ク於藍ヨリモ
ウ　而レ青ク於レ藍ヨリモ
エ　而青ク二於藍ヨリモ一

[　]

POINT　返り点に注意して，字を読む順番をしっかりおさえよう。漢文には置き字という読まない字もあるよ。

50

古典 漢詩の知識

漢詩がわからないー！

漢文のことはちょっとわかってきましたが、今度は漢詩がちんぷんかんぷんです……。

漢詩って、日本の詩と違《ちが》って、なんかそろっているというか、形がしっかりしてるよね……。

そう、**漢詩には形式の決まりがあるんだ**。漢詩は、句数（行数）と字数によって、次のように分類されるよ。さらに、漢詩の表現技法として、**押韻**《おういん》と**対句**《ついく》を覚えておこう。

漢詩の分類

絶句（四句）	一句が五字でできている→五言絶句
	一句が七字でできている→七言絶句
律詩（八句）	一句が五字でできている→五言律詩
	一句が七字でできている→七言律詩

漢詩の表現技法

押韻…句の最後の字を同じ音の漢字でそろえること

対句…となりあう二句の意味や形式を対にすること

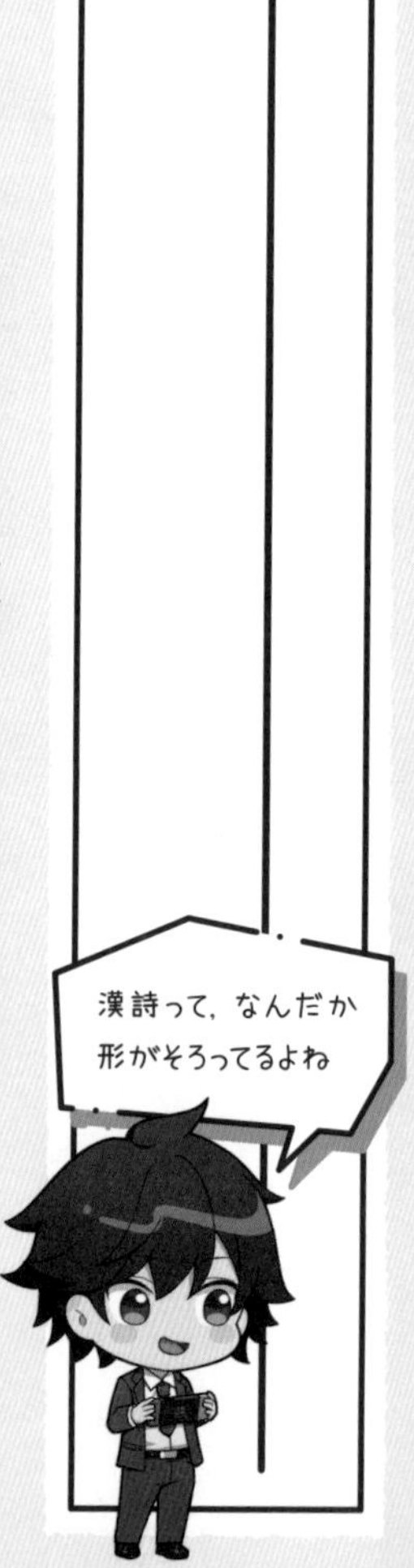

絶句では偶数《ぐうすう》句に、律詩では一句目と偶数句にこの**押韻**を使う決まりになっているんだ。さらに、律詩では、三・四句と五・六句は**対句**にしないといけないことになっているよ。

例 五言絶句　※「●」の箇所《かしょ》は押韻

○○○○○（起句…内容を歌い始める）
○○○○●（承句…起句を発展させる）
○○○○○（転句…内容を一転させる）
○○○○●（結句…全体をまとめる）

「起句・承句・転句・結句」って、どこかで聞いたことがあるような……。

あ、四コマ漫画とかでよくある「**起承転結**」じゃない？

これって、漢詩がもとになったことばだったんですね！

まとめ

漢詩は、句の数と一句の字数から四つに分類される！

練習問題

次の漢詩を読んで、あとの問いに答えなさい。

解答解説▼▼別冊32ページ

【漢詩】

宿《やど》ル㆓建《けん》徳《とく》江《かう》ニ㆒　孟《まう》浩《かう》然《ねん》

移㆑シテ舟《ふね》ヲ泊《と》マル㆓煙《えん》渚《しよ》ニ㆒
日《にち》暮《ぼ》客《かく》愁《しゆう》新タナリ
野ハ曠《ひろ》クシテ天低《た》レ㆑樹《き》ニ
江ハ清クシテ月近㆑シ人ニ

（『唐詩《とうし》三百首』より）

【書き下し文】

*建徳江に宿る　孟浩然

舟を移して*煙渚に泊まる
日暮*客愁新たなり
野は曠くして天樹に低れ
江は清くして月人に近し

*建徳江＝中国の長江の下流を流れる川。
*煙渚＝川霧がたちこめる川辺。
*客愁＝旅人の悲しみ。

問1 この漢詩の形式を、漢字四字で答えなさい。

問2 押韻となっている漢字を漢詩の中から二つ探し、それぞれ抜《ぬ》き出しなさい。

問3 この漢詩の主題として適切なものを次から一つ選び、記号で答えなさい。

ア　愁《うれ》いを抱《かか》えて旅をする旅人が目にした、日暮れの川辺の美しい情景。
イ　ひそかに野心を抱《いだ》く船頭が気づいた、日の昇《のぼ》る野原の広々とした情景。
ウ　野山をこえて、川の近くまでやっとたどり着いたはずの旅人の落胆《らくたん》。
エ　清い水が流れ、木々が茂《しげ》る川のほとりに暮らす人々の日常への感謝。

POINT　漢詩は句の数と一句の字数を数えて，形式をとらえよう。押韻は，漢字の音読みを手がかりに考えよう。

Q&A 11 勉強以外で夢中になれるものを見つけるには？

ヒナ
くめはら先生，勉強も大事だけど，それ以外に夢中になれることって，どうやって見つけるの？

くめはら先生
ヒナさんにとって，ちょっとでも興味のわくことに出合ったら，とにかくやってみて！
自分の可能性にふたをしないで，気になることは少しでもやってみる。
そのうち，ハマることが見つかると思うよ。

ぼくの場合，中学校時代からずっとマンガやアニメが好きだけど，今はそれに加えて，将《しょう》棋《ぎ》，ダーツ，英会話，料理を趣《しゅ》味《み》として楽しんでいるんだ。

そんなにたくさん，同時に楽しんでるの？

さすがに全部同時にはやれないけど，１・２か月はどれかにハマって，次はほかのものにハマって，また最初に戻《もど》る，っていうのを繰《く》り返《かえ》しているよ。
趣味とはいえ，やるときはもちろん本気！
いろいろなことに挑戦《ちょうせん》してみると視野が広がるし，知識も深まるよ。

COMMENTS
いっせー先生
たくさんのことを楽しめるのはすごい才能だな，くめはらのアニキ。ただ，ふつうはそんなにたくさんやるのは難しいかもしれないね。１つの物事でもいいし，複数の物事でもいいので，ヒナさんにもぜひ夢中になれるものを見つけてもらいたい！

Q&A 12

ものすごく落《お》ち込《こ》んだとき どうやって立ち直った？

私って，実はすごく落ち込みやすいんです。くめはら先生はそういうとき，どうしてますか？

アオイ

ぼくは 20 代半ばのとき，人生で初めて大きな挫《ざ》折《せつ》を味わったんだ。
ひどく落ち込んで，仕事以外は，マンガを読むか，アニメを見るか，ゲームをするか，あとは寝《ね》るしかできなかったことがあるよ。

くめはら先生

ちょっと意外！ そこから，どうやって復活したんですか？

自分は精神的にタフなほうだと思っていたから，なんとかひとりで乗りこえようとしたんだけど，難しかった。
そういうときは，自分だけで抱《かか》え込《こ》みすぎないで，信頼《しんらい》できる人に相談したほうがいいってわかったよ。アオイさんもそうしてね。

完全に復活できたのは，小 5 からやっていた「かるた」と，それがきっかけで出会った人たちのおかげ。好きで続けていたことに，助けられたんだ。

好きなことに助けてもらえたって，なんかいいですね！

COMMENTS

でんがん先生

これは勉強に限らず，大事な話だね。ぼくは「人生は失敗することが 99% で，成功するのは 1% だ」と思うようになってから，あまり落ち込まなくなったよ。アオイさんが思っている以上に，みんなも失敗してるんだ。こう考えるのも，前を向く 1 つの方法だね。

巻末付録❶

試験でねらわれやすい漢字はコレ！

漢字の知識

同音異義語

漢字の読み書きの問題でまちがえやすいのは、同じ音読みがある漢字を用いた熟語。つまり、同音異義語は弱点となりやすいということ。それぞれの熟語の意味をしっかり確認《かくにん》して、文脈に応じて書き分けられるようにしておこう。

❶ イガイ

- イガイな結果になる。
  考えたことと大きく異なっていること。　意外
- 関係者イガイは入室できない。
  それを除くほかのこと。　以外

❷ イシ

- 相手とのイシ疎通《そつう》を試みる。
  何かをしようとする思い。　意思
- 友人の強いイシを尊重する。
  あることを行いたいという考え。　意志

❸ イッテン

- イッテンだけ疑問がある。
  ひとつのてんや場所。　一点
- 話がイッテンする。
  がらりと変わること。　一転

❹ カイホウ

- 校庭をカイホウする。
  あけたままにしておくこと。　開放
- 人質《ひとじち》をカイホウする。
  ときはなって自由にすること。　解放
- 病人をカイホウする。
  （病人などの）世話をすること。　介抱
- カイホウに向かう。
  病人やけがが治ってくること。　快方

❺ カンシン

- みごとな技《わざ》にカンシンする。
  心を動かされること。　感心
- 芸術にカンシンを寄せる。
  ある物事に心を寄せること。　関心
- 相手のカンシンを買おうとする。
  うれしいと思う気持ち。　歓心

❻ ゲンショウ

- 不思議なゲンショウが起きる。
  人間が知覚することのできるできごと。　現象
- 人口がゲンショウする。
  へってすくなくなること。　減少

❼ ケントウ

- 真相のケントウをつける。
  だいたいの予想や方向性。　見当
- 解決策についてケントウする。
  よく調べて考えること。　検討

❽ コウイ

- 相手にコウイをもつ。 好意
  このましく思う気持ち。
- 相手のコウイに感謝する。 厚意
  思いやりの気持ち。

❾ コウエン

- 劇団のコウエンが行われる。 公演
  広く開かれた場でえんじること。
- 有名教授のコウエンに参加する。 講演
  たくさんの人に向けてある題について話すこと。

❿ シキュウ

- 手当をシキュウする。 支給
  お金などをしはらうこと。
- シキュウ帰らなければならない。 至急
  大いそぎ。

⓫ シジ

- 案内の人のシジに従う。 指示
  命令すること。
- 友人の意見をシジする。 支持
  ある意見に賛成すること。

⓬ セイサク

- 絵画のセイサクにはげむ。 制作
  芸術作品などをつくること。
- 工場で家具をセイサクする。 製作
  道具などを用いてものをつくること。
- 新たなセイサクを発表する。 政策
  国などを治めるための方針など。

⓭ ソウゾウ

- ソウゾウ以上の成果を上げる。 想像
  存在しないものや経験していないことを思い描《えが》くこと。
- ソウゾウ的な作品として評価される。 創造
  新しいものを初めてつくりだすこと。

⓮ タイショウ

- 研究のタイショウとする。 対象
  はたらきかける目標となるもの。
- タイショウ的な考えを述べる。 対照
  二つのものを比べた違《ちが》いがきわだっていること。
- 左右タイショウの絵を描く。 対称
  二つのものがつりあいを保っていること。
- タイショウ療法《りょうほう》を行う。 対症
  病気の状態に合わせること。

⓯ ツイキュウ

- 真理をツイキュウする。 追究
  未知のことをつきつめて明らかにすること。
- 理想をツイキュウする。 追求
  目的のものをどこまでもおいもとめること。
- 経営責任をツイキュウする。 追及
  悪事などをおいつめること。

⓰ ヒナン

- 失礼な発言をヒナンする。 非難
  失敗などを責めること。
- 急いで屋外にヒナンする。 避難
  災害をさけて安全な場所に逃《に》げること。

⓱ フシン

- 相手に対してフシンを抱《いだ》く。 不信
  しんじることができないこと。
- 選手がフシンに悩《なや》む。 不振
  成績などがよくないこと。
- フシンな人物が現れる。 不審
  あやしいこと。
- 地域の再興にフシンする。 腐心
  あることを成しとげるために懸命《けんめい》になること。

⑱ ヘイコウ

・ヘイコウに線を引く。 平行
線と線、面と面などがどこまでも交わらないこと。

・事業をヘイコウして進める。 並行
二つのことを同時におこなうこと。

・あまりの事態にヘイコウする。 閉口
手に負えずに困ること。

・体のヘイコウを保って歩く。 平衡
もののつりあいがとれていること。

⑲ ホシュウ

・英語のホシュウを受ける。 補習
学力をおぎなうために行われる授業のこと。

・古い建物のホシュウをする。 補修
こわれた部分などを直すこと。

⑳ ホショウ

・品質をホショウする。 保証
まちがいがないと認めて責任をもつこと。

・安全をホショウする。 保障
ある状態がたもたれるように守ること。

・事故のホショウをする。 補償
損失をおぎなってつぐなうこと。

同訓異字

同じ訓読みをもつ同訓異字を書き分けるときには、その漢字を使った熟語を思い浮《う》かべてみるといいよ。たとえば、「あける」の同訓異字は「明ける」「空ける」「開ける」とあるけれど、「店をあける」なら、「開店」「開始」という熟語のある「開ける」がふさわしいね。

❶ あ(げる)

・荷物を棚《たな》にアげる。 上
低いところから高いところに移す。

・具体的な例をアげる。 挙
広く知られるように表し示す。

・国旗をアげる。 揚
人の目につくようにかかげる。

❷ あやま(る)

・進むべき方向をアヤマる。 誤
まちがった判断をする。

・遅刻《ちこく》したことをアヤマる。 謝
悪いことをしたと思って許しを願う。

❸ あらわ(す)

・思いを紙に書いてアラワす。 表
心に思っていることを示す。

・月が雲間から姿をアラワす。 現
見えなかったものが見えるようになる。

・植物学の本をアラワす。 著
書物を書いて出版する。

❹ うつ(る)

・記念撮影《さつえい》に笑顔でウツる。 写
しゃしんに姿などが現れる。

・鏡に顔がウツる。 映
姿などがほかのものの上に現れる。

❺ おさ(める)

・倉庫に荷物をオサめる。 収
決まった場所にしまう。

・国をオサめる。 治
世の中などを秩序《ちつじょ》ある状態にする。

・物理学をオサめる。 修
学問などを学び身につける。

・税金をオサめる。 納
お金やものを受け取るべき側に渡《わた》す。

❻ きわ（める）

・選手として頂点をキワめる。　極
これより先のないところまで行き着く。

・研究者として真理をキワめる。　究
深く考えてすっかり明らかにする。

❼ さ（く）

・発表のために時間をサく。　割
都合をつけて一部をほかのものに当てる。

・シーツの布をサく。　裂
強い力を加えて二つに分ける。

❽ さ（ます）

・水を入れて熱湯をサます。　冷
熱を失わせる。

・毎朝六時に目をサます。　覚
意識のはっきりした状態に戻《もど》す。

❾ すす（める）

・計画を予定どおりススめる。　進
物事を前に動かす。

・新入生に入部をススめる。　勧
そうするように誘《さそ》いかける。

・友人を生徒会長にススめる。　薦
ある人物を採用するようにはたらきかける。

❿ た（つ）

・わずかな望みをタつ。　絶
終わらせる。

・犬が鎖《くさり》をタつ。　断
つながりを切る。

・はさみで布地をタつ。　裁
紙や布などを寸法に合わせて切る。

⓫ つと（める）

・計画の実現にツトめる。　努
力をつくして行う。

・会議の議長をツトめる。　務
役割を果たす。

・市役所にツトめる。　勤
会社などで働く。

⓬ ととの（える）

・部屋をトトノえる。　整
乱れのないようにそろえる。

・楽器の音程をトトノえる。　調
確かめて望ましい状態《じょうたい》にしておく。

⓭ はな（す）

・鳥を空にハナす。　放
とらえられていたものを自由にする。

・魚の骨から身をハナす。　離
くっついているものを分ける。

⓮ やさ（しい）

・ヤサしい問題から解く。　易
単純でわかりやすい。

・ヤサしい態度を心がける。　優
思いやりがある。

⓯ やぶ（れる）

・最後の大会でヤブれる。　敗
勝負に負ける。

・ふすまがヤブれる。　破
もとの形がこわれる。

漢字の読み

ここでは、漢字の読みの問題で問われやすいものを挙げておくよ。まちがえて覚えてしまっているものがないかどうか、チェックしておこう。

- 事件が**表沙汰**になる。　おもてざた
  世間に広く知られてしまうこと。
- 振《ふ》り向いた**拍子**にぶつかった。　ひょうし
  何かが行われたちょうどそのとき。
- 都市の**変遷**を調べる。　へんせん
  時代の流れとともに移りかわること。
- 損害**賠償**を請求《せいきゅう》する。　ばいしょう
  つぐないをすること。
- **懐疑**の念を抱《いだ》く。　かいぎ
  うたがいをもつこと。
- 非常識な言動はご**法度**だ。　はっと
  禁じられていること。してはいけないこと。

- 旅行費用を**賄**う。　まかな
  費用などを用意する。
- 成績の向上が**顕著**だ。　けんちょ
  はっきりとあらわれること。
- 山頂からのすばらしい**眺望**。　ちょうぼう
  遠くから見わたしたながめ。
- 人を**侮辱**してはいけない。　ぶじょく
  相手を軽んじたり見下したりすること。
- 筆記試験を**免除**する。　めんじょ
  しなくていいとゆるされること。
- **謀反**をくわだてる。　むほん
  権力者にさからって倒《たお》そうとする。
- 全国各地を**遊説**する。　ゆうぜい
  意見や主張を説いてまわること。
- 師と**仰**いで教えを受ける。　あお
  尊敬する。敬う。
- 彼《かれ》は**虚栄心**が強い。　きょえいしん
  みえを張る気持ち。
- 事業が無事**軌道**に乗った。　きどう
  物事が経過するすじみち。
- 故国への**郷愁**にかられる。　きょうしゅう
  ふるさとをなつかしく思う気持ち。
- 会報を**頒布**する。　はんぷ
  広く配ること。

- 温厚で**篤実**な人柄《ひとがら》。　とくじつ
  情が深くまじめなこと。
- 強敵を前に**萎縮**する。　いしゅく
  しおれて元気がなくなること。
- 冬の**名残**の冷たい風が吹《ふ》く。　なごり
  気配や影響《えいきょう》がのこること。
- きわめて**妥当**な判断だ。　だとう
  実情に合っていて適切であること。
- 事件の**経緯**を調べる。　けいい
  物事のいきさつ。
- 手続きが**煩雑**になる。　はんざつ
  こみいっていてわずらわしいこと。
- 水害に対する**措置**を講じる。　そち
  必要な手続きをすること。
- 激しいことばの**応酬**が続く。　おうしゅう
  お互《たが》いにやりとりすること。
- **廉価**な商品を買い求める。　れんか
  値段が安いこと。
- 多大なる**貢献**を果たす。　こうけん
  役立つように力をつくすこと。
- **固唾**をのんで見守る。　かたず
  つば。「固唾をのむ」は緊張《きんちょう》していることを表す。
- 条件に**該当**する本を選ぶ。　がいとう
  あてはまること。

漢字の書き

中学以上で習う、ちょっと難しめの漢字を挙げておくね。漢字の意味もしっかり確認《かくにん》しておこう。

- 今年は登山にチョウセンしたい。
  いどむこと。
  挑戦
- 新進キエイの作家。
  意気込《こ》みがするどいこと。
  気鋭
- ゲンソウ的な風景。
  現実にはないことを心に思い描《えが》くこと。
  幻想
- シリョ深い態度。
  注意深く考えること。
  思慮
- 予想外の展開にドウヨウする。
  心や気持ちがゆれ動くこと。
  動揺
- ヤクドウする選手。
  いきいきと活動すること。
  躍動
- 人間関係にクノウする。
  あれこれとくるしみなやむこと。
  苦悩
- アンネイな日々を送る。
  穏《おだ》やかでやすらかなこと。
  安寧
- 子どものジュンスイな心。
  まじりけのないこと。邪念《じゃねん》がないこと。
  純粋

- 社会フクシの予算を増やす。
  公的なサービスによって快適な生活をつくること。
  福祉
- 遊びのユウワクに負けない。
  よくないことに心をまよわすこと。
  誘惑
- ガンジョウな鍵《かぎ》をかける。
  じょうぶで堅牢《けんろう》なさま。
  頑丈
- 英雄《えいゆう》にイケイの念を抱く。
  おそれうやまうこと。
  畏敬
- ポスターをケイジする。
  伝えるべきことをかかげてしめすこと。
  掲示
- 新種の稲《いね》のサイバイに成功する。
  植物を植えて育てること。
  栽培
- 何事もドンヨクに学ぶべきだ。
  むさぼってあきないこと。
  貪欲
- 日帰り旅行にサソう。
  一緒《いっしょ》に行動するようにすすめる。連れ出す。
  誘
- 誤りをシテキされた。
  大切なことを具体的にさし示すこと。
  指摘
- 合格キガンのお守り。
  ある目的が達成されるようにいのりねがうこと。
  祈願
- ミャクラクのない話をする。
  一貫《いっかん》したつながり。筋道。
  脈絡
- 最近は料理にコっている。
  熱中して打ち込《こ》む。
  凝

- 事件のゼンボウが明らかになる。
  ぜんたいのありさま。
  全貌
- ニンタイ強く取り組む。
  苦しみなどをこらえること。
  忍耐
- 会場内をジュンカイする。
  一定区間内を見てまわること。
  巡回
- アンケートをジッシした。
  じっさいに行うこと。
  実施
- チツジョある行動を心がける。
  正しいじゅんじょや決まり。
  秩序
- かぜのショウジョウが見られる。
  病気などによる肉体的、精神的な異常。
  症状
- 時間をロウヒする。
  金銭や時間などをむだに使うこと。
  浪費
- 金のガンユウ量を調べる。
  成分や内容をふくみもつこと。
  含有
- ジヒ深い態度で接する。
  いつくしんであわれむこと。
  慈悲
- 実力がハクチュウしている。
  力がつりあっていること。
  伯仲
- 現地調査にオモムく。
  ある場所に向かって行く。
  赴
- すばやくボールをウバう。
  他人のものを無理に取り上げる。
  奪

巻末付録❷

文法は整理して覚えよう！

文法の知識

ことばの単位

▼ことばの単位は、まとまりが大きい順に、**文章・段落・文・文節・単語**に分けることができる。

❶文章　あるまとまった内容をもつもっとも大きなことばの単位。

❷段落　文章を、内容ごとに区切った一つのまとまり。形式段落と意味段落がある。

❸文　まとまった内容をもつ一続きのことば。句点（「。」）で区切られる。

❹文節　意味をこわさない程度にできるだけ細かく分けた一区切りのことば。

❺単語　意味をもったもっとも小さなことばの単位。

文節に分けるときには、「ネ・サ・ヨ」を入れてみて自然に区切れるかどうか確認しよう。

文の成分

▼文は、いくつかのまとまりでできている。**文を意味のまとまりごとに区切った、文を組み立てる要素となる部分**を**文の成分**という。文の成分には、次の五種類がある。

❶主語（主部）「何が・だれが」にあたる文節。

❷述語（述部）「どうする・どんなだ・なんだ・ある・いる」にあたる文節。

❸修飾《しゅうしょく》語（修飾部）ほかの文節に係って、その内容をくわしくする文節。

・連体修飾語　体言を修飾する。

・連用修飾語　用言を修飾する。

❹接続語（接続部）前後の文や文節をつないで、さまざまな関係を示す文節。

❺独立語（独立部）ほかの文節に直接係ることがない、独立している文節。

※二つ以上の文節がつながって一つの文の成分になっているものを、「連文節」という。連文節は、「〜部」と表す。

▼また、文節どうしは、次のような関係になっている。

❶主語・述語の関係　主語が述語に係る関係。文の組み立ての中心になる。

❷修飾・被《ひ》修飾の関係　修飾する文節と、修飾される文節の関係。

❸並立《へいりつ》の関係　二つ以上の文節が、対等に並んで一まとまりのはたらきをする関係。必ず連文節になる。

❹補助の関係　下の文節が上の文節の意味を補って一まとまりのはたらきをする関係。必ず連文節になる。

❺接続の関係　接続語（接続部）と、それを受ける文節との関係。

❻独立の関係　独立語（独立部）と、ほかの文節との関係。

並立の関係になっている文節は、前後の文節を入れ換《か》えても、意味が通じるようになっているよ。

品詞の分類

▼ことばの最小の単位である単語を、**文法のうえでの性質によって分類したもの**を**品詞**という。品詞を見分けるには、まずは**自立語**か**付属語**かを判断するとよい。

❶自立語　それだけで一文節をつくることができる単語。

❷付属語　それだけでは一文節をつくることができない単語。

▼続いて、**活用**に注目する。活用とは、ほかの語に続くときなどに語形が変化すること。

▼さらに、それがどういう文の成分（主語・述語など）になるかによって、単語は、**動詞・形容詞・形容動詞・名詞・副詞・連体詞・接続詞・感動詞・助動詞・助詞**の十種類の品詞に分類される。

▼活用がなくて主語となる単語のことを、**体言**という。体言は、名詞のみである。また、活用があって述語となる単語のことを、**用言**という。用言は、動詞・形容詞・形容動詞の三つのみである。連体詞という品詞名は、体言を修飾する連体修飾語となることからこう呼ばれている。

- 自立語
  - 活用がある ― 述語となる（用言）
    - ウ段で終わる → 1動詞
    - 「い」で終わる → 2形容詞
    - 「だ」で終わる → 3形容動詞
  - 活用がない
    - 主語となる（体言） → 4名詞
    - 主語とならない ― 修飾語になる
      - 体言を修飾する → 5連体詞
      - 用言を修飾する → 6副詞
    - 接続語になる → 7接続詞
    - 独立語になる → 8感動詞
- 付属語
  - 活用がある → 9助動詞
  - 活用がない → 10助詞

活用のある自立語

1 動詞

「どうする・どうなる・ある」などの、動作・作用・存在などを表す単語のことを、**動詞**という。動詞は、自立語で活用し、それだけで述語になれる。言い切りの形（終止形）は、ウ段の音になる。

【活用形】

❶未然形　「ない・う・よう」などに続く。

❷連用形　「ます・た・て」などに続く。

❸終止形　言い切る。

❹連体形　体言に続く。「とき」「ので」などに続く。

❺仮定形　「ば」に続く。

❻命令形　命令して言い切る。

【活用の種類】

❶五段活用　活用語尾《ごび》が「ア・イ・ウ・エ・オ」の各段の音になる。「話す」など。

❷上一段活用　活用語尾の最初の音が、すべてイ段になる。「起きる」など。

❸下一段活用　活用語尾の最初の音が、すべてエ段になる。「食べる」など。

❹カ行変格活用（カ変）　カ行で変則的な活用をする。「来る」のみ。

❺サ行変格活用（サ変）　サ行で変則的な活用をする。「する」「〜する」のみ。

動詞の活用の種類を見分けるには、「ない」をつけてみて、活用語尾の音がどうなるかで判断するといいよ。たとえば、「話す」「起きる」「食べる」にそれぞれ「ない」をつけてみるとこうなるよ。

・話[さ]ない…[さ]＝ア段→五段活用
・起[き]ない…[き]＝イ段→上一段活用
・食[べ]ない…[べ]＝エ段→下一段活用

2 形容詞

「どんなだ」という人や物事の性質・状態を表す単語のうち、「い」で終わるものを、**形容詞**という。形容詞は、自立語で活用し、それだけで述語になれる。言い切りの形（終止形）は、「い」の形になる。形容詞の活用の型は一種類で、命令形はない。

3 形容動詞

「どんなだ」という人や物事の性質・状態を表す単語のうち、「だ」で終わるものを、**形容動詞**という。形容動詞は、自立語で活用し、それだけで述語になれる。言い切りの形（終止形）は、「だ」の形になる。形容動詞の活用の型は二種類で、命令形はない。

「だ」で終わっていても、「中学生だ」などのことばは形容動詞ではないよ。活用して「〜な○○」と言うことができるものが形容動詞。「りっぱな兄」とは言っても、「中学生な兄」とは言わないよね。

活用のない自立語

4 名詞

自立語で活用がなく、主語などになることができる単語を、**名詞**という。ものの名前や数・順序などを表すことばで、体言とも呼ばれる。名詞は、次の五種類に分類される。

❶普通《ふつう》名詞　物事の名前を表す。「車」など。
❷固有名詞　人名・国名・地名などの、特定のものにつけられた名前を表す。「桃太郎《ももたろう》」「日本」など。
❸数詞　ものの数量や順序を表す。「二人」「三番」など。
❹形式名詞　名詞としての実質的な意味がなくなり、形式的に使われるもの。「こと」「もの」など。
❺代名詞　一般《いっぱん》的な名称のかわりに人・もの・場所・方向などを指し示すはたらきをするもの。「あれ」「それ」「どれ」など。

5 連体詞

活用がなく体言を修飾《しゅうしょく》する単語を、**連体詞**という。連体詞は、「かの」「わが」「大きな」「あらゆる」など、「〜の・が」「〜な」「〜る」の形をとることが多い。

「あの・この・その・どの」は代名詞ではなく、連体詞なので注意してね。

6 副詞

活用がなくおもに用言を修飾する単語を、**副詞**という。副詞は次の三つに分類される。

❶状態の副詞　状態や様子を表すもの。「そっと・ゆっくり・ときどき」など。
❷程度の副詞　程度や性質を表すもの。「かなり・ずっと・ずいぶん」など。

③呼応の副詞（陳述《ちんじゅつ》の副詞）　受ける文節が一定の言い方になるもの。「けっして→ない」「なぜ→か」「たぶん→だろう」など。

7 接続詞

前後の文や文節、語をつなぐはたらきをする単語を、**接続詞**という。接続詞には次のようなものがある。

①順接　だから・そこで・すると　など
②逆接　しかし・だが・ところが　など
③並立《へいりつ》・累加《るいか》　それから・そして　など
④選択《せんたく》　あるいは・または　など
⑤説明　つまり・なぜなら　など
⑥転換《てんかん》　ところで・さて・では　など

8 感動詞

「わあ・はい・ねえ・おはよう」などの、**感動・呼びかけ・応答・挨拶《あいさつ》などを表す単語**を、**感動詞**という。

活用のある付属語

9 助動詞

活用のある付属語で、用言・体言などに意味を添《そ》える単語を、**助動詞**という。

助動詞には、それぞれ次のような意味を示しているものがある。

①れる・られる　受け身・自発・尊敬・可能
②せる・させる　使役《しえき》
③ない・ぬ　打ち消し
④う・よう・らしい　推量
⑤う・よう　意志
⑥たい・たがる　希望
⑦だ・です　断定
⑧ようだ　比況《ひきょう》・例示・不確かな断定
⑨た（だ）　過去・完了《かんりょう》
⑩ます・です　丁寧《ていねい》
⑪そうだ　様態・伝聞
⑫まい　否定推量・否定意志

「れる・られる」の識別に注意しよう。次の四つの意味があるよ。
・犬にほえられる。
「〜に〜される」という意味→受け身
・昔のことが思い出される。
「自然にそうなる」という意味→自発
・先生が話される。
敬意を示す→尊敬
・よく寝られた。
「〜できる」という意味→可能

活用のない付属語

10 助詞

活用のない付属語で、語の関係を示したり意味を添えたりする単語を、**助詞**という。

助詞には、次の四種類がある。

①格助詞　おもに名詞について、その名詞がほかの文節に対して、主語になるのか動作の対象になるのかといったどんな関係になっているかを示す。「が・の・を・に・へ・と・より・から・で・や」など。
②副助詞　さまざまな語について、副詞に似たはたらきをする。「は・も・さえ・でも・こそ・しか・ばかり・だけ・ほど」など。
③接続助詞　活用する語について、前の文節とあとの文節をつなぐはたらきをする。「ば・と・ても（でも）・が・けれど（けれども）・ながら・のに・ので・から」など。
④終助詞　文の終わりや文節の切れ目について、疑問・反語・希望・命令・禁止などの意味を表す。「か・な（なあ）・ぞ・よ・や・ね（ねえ）・さ」など。

巻末付録❸

敬語は難しくない！

敬語の知識

敬語のはたらき

▼**話し手（書き手）から、聞き手（読み手）や話題になっている人物への敬意を表すことば**のことを**敬語**という。

敬語の種類

▼敬語には、**尊敬語**・**謙譲語**《けんじょう》・**丁寧語**《ていねい》の三つの種類がある。

❶尊敬語　相手のことを直接敬うことば。

❷謙譲語　相手に対してへりくだって言うことば。

❸丁寧語　相手に対して敬意を表すための丁寧なことば。

尊敬語

▼尊敬語は、次のような表現を用いることで相手への敬意を表す。

❶「お（ご）〜になる・お（ご）〜なさる」などの形をとる。

例　答える→お答えになる
　返答する→ご返答なさる

❷助動詞「れる・られる」を用いる。

例　読む＋れる→読まれる
　来る＋られる→来られる

❸特別な尊敬の動詞を用いる。

例　いる・来る・行く→いらっしゃる
言う→おっしゃる
する→なさる
食べる・飲む→召《め》しあがる
くれる→くださる

謙譲語

▼謙譲語は、次のような表現を用いることで相手への敬意を表す。

❶「お（ご）〜する・お（ご）〜いたす」などの形をとる。

例　答える→お答えする
　返答する→ご返答いたす

❷特別な謙譲の動詞を用いる。

例　いる→おる
来る・行く→参る・うかがう
言う→申す・申し上げる
聞く→うかがう・うけたまわる
する→いたす
食べる・飲む・もらう→いただく
やる→差し上げる
見る→拝見する

丁寧語

▼丁寧語は、次のような表現を用いることで相手への敬意を表す。

❶「です・ます・ございます」を用いる。

例 公園だ→公園です

公園に行く→公園に行きます

公園だ→公園でございます

❷「お・ご」などの接頭語を用いる。

例 茶→お茶

飯→ご飯

敬語の種類を見分けるときには、その敬語がだれの動作に対して使われているかに注目するといいよ。

・聞き手（読み手）や話題になっている人の動作→尊敬語

・話し手（書き手）やその身内にあたる人の動作→謙譲語

・「です」「ます」「ございます」などのとくにだれに対してというわけではない丁寧な言い方→丁寧語

まちがえやすい敬語表現

▼敬語には、**まちがえやすいパターン**というものがある。まちがえないようにしっかり敬語の使い方を理解しておこう。

❶尊敬語と謙譲語のまちがい

尊敬語を使うべきところに謙譲語を、謙譲語を使うべきところに尊敬語を使うまちがいが多いので注意しよう。

例 お客さまが明日私の家に参ると申していたという。お客さまにご訪問するのは申し訳ないので、お客さまの家に私がいらっしゃるようにすると伝えた。

↓

お客さまが明日私の家にいらっしゃるとおっしゃっていたという。お客さまに来ていただくのは申し訳ないので、お客さまの家に私がうかがうようにすると伝えた。

❷身内に尊敬語を使うまちがい

自分の家族や、自分の所属する団体の人のことについて、相手に話す場合には尊敬語は使わない。

例 母は今お出かけなさっています。

↓

母は今出かけております。

「お（ご）～なさる」は尊敬語の表現なのでまちがい。「いる」は、謙譲語を使って「おる」とするといいね。

❸過剰《かじょう》に敬語表現を用いるまちがい

敬意を表そうとするあまり、敬語が過剰になってしまうことがある。これは二重敬語といって、望ましくない敬語の使い方とされる。

例 何か冷たいものを召しあがられますか？

↓

何か冷たいものを召しあがりますか？

何か冷たいものを飲まれますか？

「召しあがられますか」は、「召し上がる」という尊敬語に、さらに「れる・られる」という尊敬の助動詞を重ねているので、どちらか一つにするといいね。

巻末付録④

入試によく出る論説文のテーマを知っておこう！

頻出《ひんしゅつ》テーマのまとめ①

高校入試の論説文では、科学、人権、ジェンダー、環境《かんきょう》、教育、経済、政治、デジタル技術・AIなど、社会問題に関するさまざまな文章が出題されるんだけど、それらを大きな枠組《わくぐ》みでとらえると、「近代」「哲学《てつがく》」「身体」「言語」「文化・芸術」などに分けることができるんだ。ここでは、それぞれのテーマについて、知っていてほしい知識や読むときのポイントなどを解説していくよ。

近代

論説文で重要なテーマといえば、絶対欠かせないのがこの**「近代」**というテーマだ。あらゆることが一気に発展していった時代。科学が大きく発展し、産業革命が起き、資本主義が誕生したのもこの時代だね。

ある意味、人間が「進歩」した時代に思えなくもないんだけど、**この時代は今も続く大きな問題をうみ出した時代でもある**んだ。だからこそ、近代に続く「現代」について書かれた論説文では、必ずといっていいほど、この「近代」についても語られることになる。そこで、「近代」について知っておくと、論説文がすごく読みやすくなるよ。

まずはなぜ、近代にさまざまな発展が起きたのかを説明していこう。それにはある考え方が関係しているんだ。**「二元論」**という考え方だよ。「二元論」は簡単に言うと、**「なんでも二つに分けて考えましょう」**ってもの。たとえば、「人間と自然」「自分と他人」「心とからだ」「男と女」みたいな感じだね。もちろん、近代の発展にはさまざまな要素があったんだけど、ものの考え方の中心にはこの「二元論」という考え方があったのは事実だよ。

何か難しいことがらがあったとき、二つに分けてから一つ一つを別々に考えると、なんとなくわかりやすくなる気がするでしょ？　そんな感じで、近代ではこの「難しいことは二つに分けて考えよう。それでも難しければ、わかるところまで分割しよう」っていう考え方が広まったんだ。

たしかに、この考え方はすごく便利で、さまざまな発展につながった。今でももちろん使える考え方だね。だけども、この考え方は「万能」ではなかったんだ。二つに分けて考えると、どうしてもどちらか片方が「強く」なってしまうことがあるよね。片方を「重視」するとか、片方が「中心」になる、と言ってもいいね。たとえば近代では、地球上のものを「人間」と「自然」に分けて考えていたわけだけど、そうすると「人間」のほうが重視される。すると、自然は破壊《はかい》してもいいから、どんどん森を伐採《ばっさい》して、そこに工場をつくって……という感じになっていく。工場ではたくさんのものをつくることができて、そのときは「豊か」になるけれども、本当のところはどうなんだろう？　そのせいで、現代では地球温暖《おんだん》化をはじめとした、環境問題が起きているよね。

こんなふうに、**近代は文明が大きく発展した時代であると同時に、かつてない問題をたくさんうみ出した時代と言える**わけなんだ。

関連語句

【近代国家】 国民が一つの組織としてまとまり、政治力を集中させることで、国のルールや考え方を決めるシステムをもっている国家のこと。

【産業革命】 一八世紀末から一九世紀初めにかけてイギリスを中心に起こった、機械による大量生産などを可能にした変革のこと。

【民主主義】 政治制度として民衆の意見を尊重し、市民が直接的・間接的に政治に参加することを重視する考え方。

【人権思想】 ヨーロッパで発展してきた、人が自由に暮らせることや平等にあつかわれることを大切にする、自由や人権などについての考え方。

【グローバリゼーション】 国境をこえて交流や経済活動が活発になり、世界中が相互《そうご》につながっていく流れのこと。グローバル化とも言う。

哲学

「哲学」とはそもそも何か？ってことは、説明し出すときりがないので、ここでは簡単に「考え方を考える学問」とか、「答えが出ない、またはないような問題を、深く考える学問」くらいに考えておくことにしよう。

すでに説明した「二元論」という考え方も、哲学者デカルトが主張した考え方なんだ。

最近はとくに、**「哲学」を題材にした文章が高校入試で多く出題されている**よ。「経済格差」「ジェンダー」「環境汚染《おせん》」などなど、これまでと同様かそれ以上に考えなければならない問題はたくさんある。それに最近では、インターネットやSNSが原因の問題や、新型コロナウイルスの問題をはじめとした、新たな問題も深刻だよね。そんな現代だからこそ、「哲学」が見直され、重要だと考える人が増えたのかもしれないね。

哲学は学問の範囲《はんい》が広くて、さまざまなテーマがあるよ。たとえば、「人間にとっていちばん大事なことは何か」とか、「人はなぜ生きるのか」といった疑問を考えることも、哲学だと言える。哲学的な文章が出たときは、内容によってはイメージしづらい箇所《かしょ》も多いかもしれない。そんなときは、本編でも学んだように、**「具体例」**をとおして筆者の主張を理解していくようにしよう。

関連語句

【デカルト】 ルネ・デカルト。一七世紀の哲学者。数学的な思考を哲学にとり入れ、合理性重視の考え方を提示した。「我思う、ゆえに我あり」ということばで知られる。

【自己決定権】 個人が自分自身の人生や行動について自分自身で決定することのできる権利のこと。

【道徳】 人々が「よい・正しい」「悪い・まちがっている」と判断する基準や価値観。

【現象】 私たちが経験する現実の世界。目に見えたり、感じたりするできごとやもののこと。

【超越《ちょうえつ》】 現象世界をこえたもの。物質的なものや人間の感覚をこえること。

【本質】 事物や現象の存在や性質の根源的で根本的な部分。

身体

「身体」をテーマにした**「身体論」**は、哲学の一部と考えることもできるんだけど、よく論説文で出てくるし、苦手な人も多いから、ここでは別個であつかおう。

「身体論」とは、読んで字のごとく「身体」、つまりは身体（からだ）についての問題だ。身体から派生して、「生命」についてもあつかう場合があるよ。「身体論」においては、ぼくたちの体が、ぼくたちの生活にどのような影響《えいきょう》を及《およ》ぼすかを考えることが多いんだ。

「身体論」でよく出てくるテーマとしては、**「身体と精神（心）の関係」**がある。ここでも、「近代」のところで出てきた「二元論」が登場するよ。というかそもそも、二元論を主張したデカルトが最初に二つに分けたのが「物質」と「精神」、つまりは「身体」と「心」なんだ。先に話したように、二つに分けると、どうしても片方がもう一方より重要視されてしまう。近代では、身体よりも精神のはたらきのほうが重視されたんだ。

でも、現代においては、この**「身体と心」は、分けて別々に考えることはできない**っていう考え方が中心となっているよ。体調を崩《くず》すと気分が落ち込《こ》んだりするし、逆に気分が落ち込むと体調が悪くなったりするよね。そういうふうに、「身体と心は一つのものだ」という主張をもとに、身体がもつ重要性が説明されることが多い。

ほかにも、「身体はほかの身体との関係の中で成り立つ」という考えや、「身体は他者の視線や価値観によって形づくられる」という考えも、論説文で登場することが多いよ。

関連語句

【五感】視覚、聴覚《ちょうかく》、触覚《しょっかく》、味覚、嗅覚《きゅうかく》の五つの感覚。

【心身相関】心と身体の関係性。ストレスなどが身体に影響を与《あた》えることなどがこれにあたる。

【パーソナルスペース】個人が自分の周囲に設ける、不快だと感じない他人との距離《きょり》や領域のこと。

【自律】自己判断・自己制御《せいぎょ》する能力。自分自身が意思決定し、自主的に行動できること。

言語

「言語」も、高校入試で多く出題されるテーマだよ。ぼくたちが日常的に使うことばはどのような意味をもつのか？　ふだんはあまり意識しないかもしれないけど、とても重要なことなんだ。

まず、ことばが生まれるには、人と人との**コミュニケーション**が必要だよ。その中で、特定の意味をもつことばが定着し、共通の理解を得られるようになる。また、新しいことばも、時代の変化や技術の進歩によって生まれることがあるよ。

さらに、ことばの意味は、単語の表記や音声だけではなく、その背景や文脈によっても変わってくるよ。たとえば、「青」ということばがあるけど、環境や人の感性によって、その青という色に対する感じ方はそれぞれ異なるものになるんだ。

また、四本足で「ワン」と鳴く動物を、ぼくたちは日本語で「犬」と呼んでいるけれど、犬のことを英語では「dog」と呼ぶし、フランス語では「chien」と呼ぶ。つまり、四本足で

「ワン」と鳴く動物のことをどのように呼ぶかは、それぞれの社会の中での決まりごとにすぎないということなんだ。

こうした言語の特性を研究することで、ぼくたちは**ことばの使い方や構造について理解を深めることができる**。そして、それは、**周りの人たちとよりよいコミュニケーションをとれるようになることにもつながる**んだよ。

関連語句

【ニュアンス】 ことばがもつ微妙《びみょう》な意味合い。

【シニフィエ】 ことばや記号が示す意味やもののこと。たとえば、「りんご」ということばは「赤いまるい実」などの意味をもっている。

【シニフィアン】 ことばや記号そのもののこと。先ほどの例で言うと、「りんご」ということばがそのままシニフィアンになる。

【コミュニケーション】 ことばなどを介《かい》して情報を共有し、相手と意思疎通《そつう》を行うこと。

【母語】 生まれたときから習得される自然な言語のこと。

【身体言語】 ことば以外の身体や表情の動きによって相手に意思を伝えること。ボディランゲージ。

文化・芸術

「文化」や**「芸術」**がテーマになっている文章は、とくに苦手な人が多い。よく出てくるのは、日本の文化や芸術と、西洋のものを比べるパターンだ。日本も江戸《えど》時代までは、中国の影響を受けつつも独自の文化や芸術を発展させていったけど、明治時代以降、西洋の影響をかなり受けたんだ。そういった意味では、明治以前の日本と明治以後の日本を比べるパターンも、近い内容として出題されることも多いよ。

現代は**「グローバル化」**の時代だから、世界中の文化や芸術の交流がどんどん進んでいる。よい面も多いけど、自国の文化や芸術が失われる危機にも陥《おちい》っているという面があることにも注意が必要だね。

ほかによく出てくるテーマとしては、**「文化人類学」**があるよ。文化人類学は、人間の文化の「多様性」を研究する学問だといえる。

もともと文化人類学は、単純にほかの文化を比較研究する学問だったんだけど、今はただ研究するだけにとどまらない。実際に現地に行って、現地の人と同じような生活をすることで、文化や習慣を学ぶ「フィールドワーク」という手法がとられることも多いんだ。

文化人類学で重要なのは、**「優《すぐ》れた文化」**や**「劣《おと》った文化」という見方をしない**ということ。とくに近代という時代は、「西洋」と「それ以外」に分けて、「西洋」が中心の時代だった。産業革命という大きな変化を経験した西洋人にとって、「それ以外」に住んでいる人たちの文化は「遅れている」ものだったんだ。でも、実際にフィールドワークをしてほかの文化を学ぶうちに、どちらが進んでいるとか遅《おく》れているとかそんなことはないってことに気づきはじめたんだろう。西洋以外の文化は、西洋と異なる発展をしたというだけで、「劣った文化」ではないということだね。

関連語句

【ナショナリズム】 国や民族を愛する気持ちや、誇《ほこ》りをもつ考え方のこと。ほかの国や民族を軽視したり否定したりする排他《はいた》的な要素がふくまれることがある。

【多文化主義】 異なる文化が共存する社会において、それぞれの文化を認め、尊重し、平等にあつかうことを目指す考え方。

巻末付録❺ 入試によく出る小説文のテーマを知っておこう!

頻出《ひんしゅつ》テーマのまとめ②

ここでは、高校入試の小説文でよく出るテーマを解説していくよ。高校入試の読解問題の小説では、「友情」「家族関係」「大人との関係」が主題になることが多い。そして、登場人物の「悩《なや》み」と「変化」がポイントになることがよくあるんだ。

成長

主人公が経験やできごとをとおして成長する様子を描《えが》いたものがテーマになっている小説文が出題されることが多いよ。主人公がある課題に直面し、その課題を乗りこえながら自分自身を成長させていくストーリーが描かれることが多い。青春小説や学園小説でよく見られるね。

「成長」をテーマにした小説文を読むときには、主に以下の三つのポイントに注目しよう。

❶成長の過程

文章の中で、どのような**「成長」**が描かれているのかを把握《はあく》するといいよ。主人公や登場人物がどのような試練を乗りこえてきたのかを確《かく》認《にん》しよう。たとえば、「高校生となったある男子が、ボランティア活動を通じて人間らしい成長をしていく」という文章を読む場合には、その男子がどのような厳しい状況《じょうきょう》に直面し、どのような体験を通じて成長したのかを見ていこう。**登場人物の「変化」**に注目することがポイントだよ。

❷成長の要因

文章中で**何が主人公や登場人物の成長をうながす要因となっているのか**を確認するといいよ。たとえば、主人公が反省を通じて成長していく場合、その反省が起こるきっかけとなったできごとや状況に注目しよう。

❸成長の意義

最後に、成長がどのような**意義**をもっているのかを考えよう。成長が人間関係にどのような影響《えいきょう》を与《あた》えるのか、主人公が何を学んだのかを考えることが重要だよ。

関連語句

【克己心《こうきしん》】 自分自身の欲望や衝動《しょうどう》に打ち勝ち、自制心をもって行動する心のこと。

【逆境】 困難や試練の起こる、苦労の多い状況。

【対峙《たいじ》】 向かい合うこと。問題や困難、葛藤《かっとう》などに対して、立ち向かうこと。

【毅然《きぜん》】 強い決意がある様子や断固とした態度のこと。自分の信念や目的に向かって、迷いやためらいをなくし、自信をもって行動することを示す。

【自己肯定《こうてい》感】 自分自身を受け入れて、自分に自信をもつことができる心の状態のこと。

【内省】 自分自身の内面に向き合い、自己反省を行ったり、深く考えたりすること。

友情

「友情」が形成される様子や、それを取り巻く問題や意味を描いたものもよく出題されるよ。

そして、高校入試で出題される小説文では、登場人物が中高生であることがけっこう多い。また、小説文の場面として多いのが、「学校生活」や「部活動」の場面だ。転校して離《はな》れ離《ばな》れになった友人が、新しい友人と仲良くしているのを見て嫉妬《しっと》したり、部活動で自分より上手な友人を見て劣等《れっとう》感を覚えたり……。そして、友人に助けられたり、一緒《いっしょ》に悩んだりする様子がよく描かれるよ。

主人公やほかの登場人物の性格を理解して、関係性を整理しながら読み進めていこう。

以下に、「友情」に関連するテーマをいくつか挙げておくよ。

❶別れ

人との**「別れ」**は、とても悲しいことだよね。読解問題に出てくる小説でも、「別れ」は重要なポイントになることが多い。「引越《ひっこ》し」や「卒業」、「病気」や「死」など、別れの種類はさまざまだよ。けれどどんな別れでも、**相手との関係が深いほど、悲しみや喪失《そうしつ》感は大きい**よね。「別れ」の場面が出てきたら、登場人物が別れの悲しみからどのように立ち直るのか、何がきっかけで立ち直るのかを、意識して読んでいこう。

❷劣等感

「劣等感」とは、**自分がほかの人より劣《おと》っているという感情**のこと。小説問題では、友人に対して何かしらの劣等感をもってしまうパターンがよく登場するよ。劣等感をもってしまうと、無力感や、自己肯定感の低下にもつながるから、大きな苦悩《くのう》を味わうことになるね。**その苦悩を登場人物がどう乗りこえるのか**がポイントだ。周りの人に別のことで認められたり、弱さを自分で受け入れたりして、登場人物が成長していく様子を読み取ろう。

❸葛藤

「葛藤」とは、**心の中にある二つ以上の感情が対立していて、どちらを優先すればいいのか決められず、不安になったり苦しんだりする状態**のこと。たとえば、「放課後は部活を頑張《がんば》りたいけど、もっと勉強もしなければいけない」というような状態だね。部活を遅《おそ》くまでやれば、どうしても勉強時間は少なくなってしまう。勉強時間を増やそうとすると、部活の時間を減らさないといけない。そんな「葛藤」をしている状態は、とても辛く苦しいものだよね。小説文の問題では、**登場人物が「何と」「何の」間で葛藤しているのか**、そして**その葛藤とどのように向き合い、乗りこえていくのか**を読み取るのが重要だよ。

関連語句

【連帯】共に困難などに立ち向かうために、人々が集まって結びつくこと。グループの一員としての結束力や協力関係を示す。

【共感】他人の感情や状況を自分自身であるかのように感じ取り、理解すること。

【寛容《かんよう》】人や意見、文化などの違《ちが》いを受け入れ、許容すること。

【憧憬《しょうけい》】強いあこがれの気持ちのこと。人や物事に向けた熱望などがふくまれる。

【気が置けない】他人に心を開いて素直《すなお》に話したり相談したりできるほどの信頼《しんらい》や親密さをもっていること。「気を許せない」の意味で使うのは誤用なので注意する。

【依存《いそん》】ある人や物事に過剰《かじょう》にたよりすぎること。習慣化すると、本来自分で行えることができなくなることもある。

家族

「友情」と同じくらい、小説文の問題でテーマになりやすいのが**「家族」**だよ。中高生の時期は「思春期」と呼ばれ、両親や兄弟姉妹とぶつかることも多い。小説文の中でも、家族がぶつかったり葛藤したりしつつも、愛情でつながっている様子が描かれることが多い。

「家族」をテーマにした文章を読むときには、**コミュニケーションの描写《びょうしゃ》**に注目するといいよ。家族がどのように会話をしているのか、どのようなことば遣《づか》いをしているのかなどから、家族の関係性が見えてくる。また、コミュニケーションが「ない」場合にも、そこから関係性を読み取ることができるね。

関連語句

【自己主張】自分自身の意見や価値観を強く主張すること。

【疎外感《そがいかん》】周りとのつながりや調和が失われ、自分自身が孤立《こりつ》しているような感覚。

【追憶《ついおく》】過去にあったできごとについて、懐《なつ》かしさや感傷に浸《ひた》ること。

犠牲《ぎせい》

主人公が何かしらの犠牲を払《はら》う姿と、その価値や意味を描いた文章も、高校入試でよく出題されるよ。一般《いっぱん》に「犠牲」と言うと、命を失うことや身体的な被害《ひがい》を受けることをイメージすることが多いかもしれないけれど、実際には、**精神的な犠牲**や、**時間やお金を犠牲にして成し遂《と》げたこと**も「犠牲」と言える。文章の中でどのような「犠牲」が描かれているかを正確につかんで、その重みを理解することが重要だよ。

関連語句

【自己犠牲】自分自身の利益や幸福を犠牲にして、他人のために行動すること。

【代償《だいしょう》】ある行為によって生じた、避《さ》けられない損失や被害。

【悔恨《かいこん》】過去に自分がしてしまったことを深く反省して、とても後悔すること。

【執着《しゅうちゃく》】一つのことにこだわり、離《はな》れないこと。また、物事に執拗《しつよう》にこだわり、それ以外のことを見ないこと。

恋愛《れんあい》

この**「恋愛」**というテーマは、人によって得意不得意がはっきり出やすいという特徴《とくちょう》があるんだ。点数がうまく取れないという人は、自分自身の経験や感情をもとにして文章を読んでしまっていないかな？　そういう「主観的」な読み方ではなく、文章の中でどのように書かれているかをつかむことが大切だよ。

その際には、**主人公の心理状態**に注目しよう。主人公がだれにどのような感情をもっているか、何に興味を示しているか、何を望んでいるかを確認《かくにん》しながら読み進めるんだ。

次に、**恋愛をめぐる人間関係**に注目しよう。主人公の恋人や恋人候補、友人、ライバルといったキャラクターたちの関係性を理解することが心情の把握に役立つよ。

関連語句

【焦燥感《しょうそうかん》】何かを達成しようとするが、うまく進まずに焦《あせ》りや不安を感じる状態。

【嫉妬心《しっとしん》】自分に欠けているものを他者がもっているため、その人をうらやんだり、ねたんだりする感情。

自己・アイデンティティ

主人公が自分自身と向き合い、自分自身を見つめ直すものを指す。過去の自分と戦い、克服する姿を描いたものもこれにあたるよ。

「自己」や「アイデンティティ」をテーマにした小説文には、**登場人物の「過去」や「現在」の状況**が描かれることが多い。主人公が自己を構築するために必要なできごとや環境《かんきょう》が何なのかを読み取って、主人公にとって大切なものを理解するようにしよう。

また、こういうテーマでは、**人物の心の内面**に注目することが重要だよ。文章中に人物の心情が読み取れる語句がある場合は、その表現を細かく読み解いて、人物の内面をつかむようにしよう。

関連語句

【アイデンティティ】 自分が自分であるということを自覚すること。自己の所属するグループや人格などがふくまれる場合がある。

【自己嫌悪《けんお》】 自分自身に対して強い嫌悪や否定感をもち、自らを責めること。

【空虚《くうきょ》】 内面に何も感じられず、何かが欠落しているように感じること。

環境問題

ここでいう、「環境問題」とは、たとえば、**自然災害や貧困などの「環境」が原因となって生じる問題をテーマにした作品**のことだ。

とくに近年では「子どもの貧困《ひんこん》」が問題になっていることから、それをテーマにした文章が入試でもよく出題されるようになっている。このような文章では、そこに描かれている内容が自分の現在の生活とはかけ離れていたりして、すぐには理解できないこともあるかもしれないね。だからこそ、思い込《こ》みや先入観によってまちがった読み方をしてしまわないように、文章中に書かれていることを丁寧《ていねい》につかんでいこう。

関連語句

【閉塞《へいそく》感】 進むべき道がなく、先が見えなくなる感覚。

【自暴自棄《じぼうじき》】 自分自身に対して憎悪《ぞうお》や失望を感じ、やけになる状態。

【窮地《きゅうち》】 手づまりで、出口が見つからない状況。苦境。

時代背景の古いもの

明治から昭和初期の古い時代の文章や戦時中を舞台《ぶたい》にした文章も、高校入試に出題されることがある。これらの文章には、その時代特有のことばや表現が多くふくまれているため、正確な解釈《かいしゃく》をするためには、当時の状況を理解することが大切だよ。

また、戦時中には、国の利益を優先するために、新しいことばや表現がつくられたり、既存《きそん》のことばに政治的な意図がはっきりとふくまれるようになったりしたんだ。だから、そこに現代の常識をあてはめて読んでしまうと誤読につながる可能性があるよ。まずは、文章中から当時の状況を正確に理解することを心がけよう。

関連語句

【学制】 教育制度の法律。一八七二（明治五）年の学制により、小中大と階層化された教育システムができた。しかし、当時は中学校の学費が高く、身分の低い子弟《してい》は進学できず、家業を手伝ったり結婚《けっこん》したりすることが多かったため、中学校に進学できるのは当時のエリート層だけであった。

巻末付録6

読解の重要語20を覚えよう！

読解重要語リスト

ここでは、論説文に頻出《ひんしゅつ》の重要語を挙げているよ。
難しいことばもあるけど、これらのことばは文章のテーマにも直結するものだから、知っていると文章がすごく読みやすくなるよ。それぞれのことばの意味を、ぜひ理解しておいてね！

①具体←→抽象《ちゅうしょう》

【具体】 目に見えたり触《ふ》れたりすることができる形や内容にもとづいて、明らかに存在するものを指す。

【抽象】 目には見えないもので、概念《がいねん》や考え方などを指す。

▼「抽象」ということばを理解するために、まずは対義語の **「具体」** について考えてみよう。

「具体」とは、形を目で見ることができたり、内容が明確だったりすること。「具体例」「具体的」なんて使い方をよくするから、イメージしやすいね。

それに対して、**「抽象」** とは、目に見えない概念などを指すことばなんだ。「愛」や「正義」などがこれにあたるよ。

また、具体的なものの中から、それぞれに共通のものを取り出すことを **「抽象する」** って言うんだ。たとえば、「野球」「サッカー」「テニス」の三つを抽象すると「球技」になる、「球技」「陸上」「水泳」を抽象すると「スポーツ」になるといった感じだね。

そのほか、**「抽象的」** なんて言い方をしたときは、「具体的でない＝曖昧《あいまい》」っていうように、よくない意味で使われていることもあるよ。

②主観←→客観

【主観】 個人的な考え方や感情に基づいた物事の見方。

【客観】 事実や現状にもとづいた物事の見方。個人的な感情や考え方に左右されず、一般《いっぱん》的な情報やデータにもとづいて客観的な判断がされる。

▼ **「主観」** は、 **「個人的なものの見方」** という意味だね。対義語は **「客観」** で、 **「第三者のものの見方」** のことだ。

たとえば、同じ絵画を見ても、好みや感じ方は人それぞれ違《ちが》うよね。ある人が美しいと思う絵画でも、別の人は退屈《たいくつ》だと感じたり、あまり好きではなかったりすることがある。これが主観的な見方だよ。

一方、客観とは、自分の感情や考え方に左右されず、事実や現実を見ること。たとえば、テストで答えが2＋2＝4の場合、人それぞれの考え方や好みに左右されず、答えは必ず4であると客観的に見ることができるよね。

また、主観ということばは、「あなたの感想ですよね？」という感じで、マイナスの意味で使われることも多いけど、いつもそうとは限らないことにも注意しよう。逆に「客観」は、とくに日常生活だとプラスの意味で使うことが多いけど、論説文の中ではそうではない場合も多いよ。**どちらもよく出てくる単語なので、しっかり意味を覚えておこう。**

③日常⟷非日常

【日常】 ふだんの生活や日々のできごと、身近なこと。「ケ」とも言う。

【非日常】 ふだんは体験しないような、珍《めずら》しいことや特別な状況《じょうきょう》。「ハレ」とも言う。

▼**「非日常」** ということばは、「遊園地は非日常的な空間だ」のように使われるね。「日常」の反対の意味のことばで、意味は簡単なんだけど、論説文で出てきたときはちょっと注意が必要。論説文でこのことばが使われる場合には、**「繰《く》り返される毎日から抜《ぬ》け出す」** という意味であることが多いよ。毎日同じような生活を繰り返していると、退屈だし精神的に疲《つか》れてしまうよね。そんなとき、「非日常的な空間」に行くことで、疲れた心をリフレッシュさせるわけだ。

④自己⟷他者

【自己】 自分自身のこと。

【他者】 自分以外の人やもののこと。

▼**「自己」** は、自分自身のこと。だから、たとえば、自分がこんなふうに考えている、自分はこういう性格だと自分自身を分析《ぶんせき》したり、自分が何をしたいのかと思考したりすることなんかがこれにあたるね。

一方で、**「他者」** は、自分以外の人やもののこと。だから、友人や家族、学校の同級生などの人物はもちろん、自分を取り巻くすべてのものが他者だといえる。

そして、もう一つ重要なのは、「自己」については自分で自由に考えられるように思えるけれど、実はそうではないということ。**「自己」は「他者」との関係によって形成されるもの**なんだ。たとえば、友人に「きみはこんな性格だよね」と言われると、自分でもそう思い込《こ》んでしまったり、周囲が求めるようなキャラを演じてしまったりすることがあるよね。このように、人は「他者」からのイメージや言動に大きな影響《えいきょう》を受けるんだ。

⑤普遍《ふへん》⟷特殊《とくしゅ》

【普遍】 あらゆる場所や事象に例外なく存在すること、またはあてはまることを意味する。

【特殊】 一般的ではなく、限定的・独特なこと。特定の条件のもとでのみ現れる物事のこと。

▼**「普遍」** は、いつでもどこでも、だれにとっても成り立つという意味だよ。たとえば、「すべての動物が生まれ、成長し、死ぬ」ということは、すべての動物にとって「普遍的」な性質だと言えるね。また、「普遍的な法則」といえば「時代や場所に関係なく、だれに対しても成り立つ法則」ということになる。対義語は **「特殊」** だよ。

「普遍」に近い意味のことばに **「一般」** があるけれど、イコールではないね。「一般」は、ある程度の範囲《はんい》で共通の特徴《とくちょう》をもったものを指すけれど、すべてにあてはまるわけではないんだ。そもそも、「一般的には～」と言う場合には「例外もあるよ」というニュアンスをふくんでいるよね。

⑥受動←→能動

【受動】自分自身が何かを受ける側である状態を表す。

【能動】自分自身が何かを行う側である状態を表す。

▼**「受動」**とは、自分が何かをされることを意味するよ。たとえば、友達から電話がかかってきて、電話をとって通話することがこれにあたる。また、学校でテストを受けるときには、先生から出された問題に答えるよね。これも「受動的」な行動だ。

一方、**「能動」**とは、自分自身が何かを行うことを意味する。たとえば、友達に電話をかけたり、メールを送ったりすることが「能動的」な行動にあたるよ。また、勉強して自己学習を行ったり、自分で課題を設定して取り組んだりすることも「能動的」な行動になるね。

つまり、「受動」と「能動」は、何かが自分に向かって起こるか、自分から何かを起こすかで、行動の向きが異なることを表すんだけど、**論説文では「受動的」な受け身の姿勢は批判されることが多く、「能動的」に動くべきだという主張がよく見られる**よ。

⑦本音←→建前

【本音】自分が本当に思っていることや感じていることを率直に表現すること。

【建前】相手や社会との関係性を大切にするために、表面的には正しいとされている考えやことばを言うこと。

▼みんなは、日常の生活の中で**「建前」**を言うことがあるかな？「建前」とは、外面をとりつくろうために使われることばで、相手によい印象を与《あた》えるために言われることが多いんだ。たとえば、友達に「今日の服、似合っている？」と聞かれたとき、「本音」では「正直、似合っていないな」と思っていても、友達の気持ちを考えて、「似合っているよ」と建前を言ったりするよね。

論説文では、「建前」は日本的な文化として取り上げられることが多いよ。でも、英語にも「politically correct」ということばがある。これは「政治的に正しい」という意味なんだけど、「建前」に近い意味で使うことがあるんだ。

⑧必然←→偶然《ぐうぜん》

【必然】あることが起こることが、避《さ》けられないように決まっていること。

【偶然】予想しなかったことが起こること。

▼**「必然」**っていうのは、要するに、必ず起こるということだよ。たとえば、太陽が東から昇《のぼ》ることや、人が年をとることなんかは「必然的」なことだよね。また、物事が進む流れの中で、その結果が予想される場合も「必然」と言える。たとえば、テストの勉強をまったくしなかったら悪い点を取るっていうのも「必然」と言えそうだね。

一方、**「偶然」**とは、あることが予想外に起こることを言うよ。たとえば、連絡していないのに、道で友達と出会ったことや、テストで出題された問題が事前に勉強した問題と全部同じだったことなどは、「偶然」のできごとだ。

偶然の出会いやできごとが運命の分かれ道になることもよくある。けれど、それにたよるだけではなく、自分自身がコントロール可能な部分を大事にして行動を続けていくことが必要だと思うんだ。

⑨総合←→分析《ぶんせき》

【総合】 個々の部分を集めて、全体を見ること。

【分析】 情報を分けて考えることで、細かい部分まで理解しようとすること。

▼**「総合」**は、何らかのテーマや問題について、多角的な視点をもって全体を見ることを指すよ。たとえば、スポーツであれば、選手の能力、チームの組織力、戦略、環境《かんきょう》など多くの要素を総合的に評価することが必要だよね。

一方、**「分析」**は、そのテーマや問題を部分に分解して、その中から何らかの法則性や傾向《けいこう》を読み取ることだ。先ほどのスポーツの例で言えば、選手の個々の能力を分析することで、それぞれの選手にどんな課題があるのかを把握《はあく》して、個人レベルでの改善策を立てることができるよね。

つまり、「総合」と「分析」はどちらも大切な考え方で、どちらか一方だけでなく、**お互《たが》いに補い合うことで、より深い理解や解決策を導くことができる**んだ。

⑩顕在《けんざい》←→潜在《せんざい》

【顕在】 はっきりと表面に現れているもののこと。

【潜在】 表面に現れていない、見えていないもののこと。

▼**「顕在」**とは、目に見えているもの、明確に現れているものを指すんだ。たとえば、果物を見れば、種類や形がわかるよね。それが「顕在」な情報だ。

それに対して、**「潜在」**とは、目には見えないが実は存在しているものを指す。たとえば、果物の中には、種の形でしか現れない芽が「潜在」しているね。

⑪有機的←→無機的

【有機的】 生命の力でつくられる物質のこと。また、さまざまなものが密接に関係し合って組み合わさっている状態を表す。

【無機的】 生きていない自然物、化学物質、金属など、生命体ではないもの。非常に単純で素朴《そぼく》な状態のものを指す場合がある。

▼国語の読解問題では、**「有機的」「無機的」は二つの意味で登場することがある**から要注意だ。

まずは、**生きものとして「有機的」（＝生きている）か「無機的」（＝生きていない）か**というもの。「有機物」「無機物」という単語になっていることもあるよ。これらは、自然科学をテーマにした文章に多く見られる。生きているものとそうでないものが「対比」の形で説明されることが多いので、対立する二つのものをチェックするようにしよう。

もう一つは、**さまざまなものが結びついている「有機的」な状態と、単純で素朴な「無機的」な状態**について。「有機的なつながりが生まれた」や「彼女《かのじょ》のことばは無機的だ」というような使い方だね。この場合には、「有機的」であることがよいこととされて、「無機的」な状態は批判されることが多い。

さらに、「有機的」「無機的」とだけ言われてもよくわからないので、文章中では、それぞれの「具体例」が挙げられていることが多いよ。だから、**「具体例」**を通して筆者がどのようなことを伝えようとしているのかを読み取るようにしよう。

⑫創造↔模倣《もほう》

【創造】 新しいアイデアやものをつくり出すこと。人間の知恵《ちえ》や想像力をいかし、これまでに存在しなかったものをうみ出すこと。

【模倣】 他人がすでにつくり出したものを真似してつくること。もともとあるものやアイデアなどをそのまま真似して再現すること。

▼新しい商品を開発する際には、「**創造力**」が必要だよね。たとえば、スマートフォンは、最初に発売された当時には想像もつかなかったような機能が次々と追加され、今では生活に欠かせないものになっているよね。これは、企業《きぎょう》が新しいアイデアを出し続け、新機能の「創造」を続けてきたからなんだ。

一方で、「**模倣**」にも意義がある。模倣は、「よいものを真似することで、自分自身の技術や美学を向上させる」ことにつながる。たとえば、建築家のフランク・ロイド・ライトは、和風建築からさまざまなインスピレーションを得て、自らの創作にいかしたんだ。ライトは日本の古い建築様式を自身のデザインの中で独自にアレンジし、創造的な作品を生み出したんだよ。

⑬デジタル↔アナログ

【デジタル】 連続するものを切り離《はな》して表現する方式のこと。

【アナログ】 連続的な波の形で情報を伝える方式のこと。

▼「**デジタル**」は、情報を0と1の二進数で表現するんだ。たとえば、コンピューターがあつかう数字はすべて二進数で表されるので、デジタル方式が使われていると言える。また、スマートフォンやタブレットなどのデバイス、電子書籍《しょせき》やオンラインゲームなども、「デジタル」だ。これらのデバイスやサービスは、光や電流を使って情報をやりとりするから、精密《せいみつ》で正確な情報処理が可能になるんだ。

一方、「**アナログ**」は、情報を電圧や音や光などの波によって表現するよ。たとえば、時計の針やレコード盤《ばん》、古い電話機などは、アナログ方式で動作している。アナログ方式は自然現象に近い形で情報を表現するので、自然な音や動きを再現することができるんだ。

現在では、圧倒《あっとう》的にデジタル方式が主流となっているけれど、両方の方式はさまざまな分野で利用されているんだよ。たとえば、音楽制作では、初期の段階ではアナログ録音が使われることが多いと言われている。また、医療《いりょう》分野では、画像処理においては両方の方式が使われる。デジタル技術はさらに進歩し続け、今後もますます多くの分野に利用されていくことが予想されるね。

⑭象徴《しょうちょう》

【象徴】 あるものを代表するものや、ある特定のイメージを表現するもののこと。

▼「**象徴**」というのは、よく聞くことばだけど、ちゃんと理解している人は少ないかもしれないね。「象徴」とは、「**抽象的でわかりにくいことを理解するための、具体的なもの**」と理解するといいよ。たとえば、「彼《かれ》は知恵の象徴だ」という文で考えてみよう。「知恵」ということばはなんとなくわかるけど、どんなものを知恵と言うのか、はっきりとイメージすることは難しいよね。でも「彼」のことを考えると、「知恵」について少しイメージしやすくなる。そんなときに、「彼は知恵の象徴だ」という言い方をするんだね。

⑮ 逆説

【逆説】 一見すると正しくないように見えて、実は正しいこと。

▼「急がば回れ」ということわざを知っているよね。これは、何かを急いでやろうとすると、逆にうまくいかなくなるから、一度落ち着いてから行動するほうがよいという意味のことばだよ。このように、一見正しくないように思えて真理を含むものを**「逆説」**と言うんだ。ほかにも、「失敗は成功の母」などがあるよ。

⑯ 認識《にんしき》

【認識】 物事《ものごと》について、正しく見極《みきわ》めたり理解したりすること。

▼日常生活の中で**「認識する」**といえば、「知っている」くらいの意味で使うけど、論説文ではもうちょっと深い意味で使われることが多いんだ。ただ単に「知っている」ということではなくて、**「ほかのものと何が違《ちが》うかをふくめて、はっきりと理解する」**といったニュアンスだね。

⑰ 合理

【合理】 論理にかなっているさま。筋道立てて理性的な判断にもとづいて行動すること。

▼たとえば、自分の目標を達成するためには何をする必要があるかを考えて、それに最適な方法を模索し、実行することは**「合理的」**だね。ただし、人間はすべてを「合理的」に考えられるわけではないから、感情や意志などの**「非合理的」**な部分も大切にしたいね。

⑱ マスメディア

【マスメディア】 テレビ、ラジオ、新聞、雑誌、インターネットなど大勢の人に情報を伝える手段のこと。

▼**「マスメディア」**は、広く情報を伝えたり、娯楽《ごらく》を提供したりと、重要な役割をもっているけれど、よくない一面もある。例としては、まちがった情報も、「テレビが言っているから」という理由で信じ込んでしまって、受け手が偏った考え方をもってしまうことがあるよ。

⑲ メディアリテラシー

【メディアリテラシー】 情報を適切に受け止め理解し、主体的、批判的に評価する力を身につけること。

▼現在はインターネットを使って、だれでも簡単に情報を発信できるようになったけど、その分まちがった情報も目に入りやすくなってしまったよね。だからこそ、**まちがった情報や偏《かたよ》った情報を見極めて、自分で判断をしていく能力**が求められているんだね。

⑳ 人工知能

【人工知能（AI）】 人がもつ知性や判断力をコンピューターなどの機械に再現し、自動的に問題を解決する技術のこと。

▼今では、まるで人間のように文章をつくれたり、絵を描《か》けたり、車の運転をしたりできるAIが続々と登場している。人工知能を利用する際は、**適切な使い方を心がけ、機械が判断する範囲《はんい》を理解する**ことで、人間らしさを失わないようにしたいね。

巻末付録⑦

心情を表すことばをマスターしよう！

心情表現マスターリスト

心情を表すことばには、ストレートに気持ちを表現しているもの以外に、慣用表現やさまざまな言い回しを用いたもの、表情や言動などから読み取れるものなどがあるんだ。

プラスの心情を表すことば

❶「うれしい」気持ち

- 喜びをかみしめる
- 心が躍《おど》る
- 胸がはずむ
- 表情が明るい
- 笑《え》みがこぼれる
- 顔がほころぶ
- 天にも昇《のぼ》る気持ちがする

❷「楽しい」気持ち

- うきうきする
- わくわくする
- 心が浮《う》き立つ
- 足取りが軽い
- 腹を抱《かか》えて笑う
- スキップをする

❸「満足する」気持ち

- 満ち足りる
- 悦《えつ》に入《い》る
- ほくほく顔になる
- にんまりする

❹「感動する」気持ち

- 胸に響《ひび》く
- 胸がジーンとする
- 心を打たれる
- ことばにならない

❺「興奮する」気持ち

- どきどきする
- たかぶる
- 思わず立ち上がる
- 我を忘れる

❻「安心する」気持ち

- ほっとする
- 力が抜《ぬ》ける
- 肩《かた》の荷が下りる
- 胸をなでおろす

❼「希望を抱《いだ》く」気持ち

- 心に光がともる
- 胸をふくらませる
- 目が輝《かがや》く
- 晴れやかな顔をする

❽「あこがれる」気持ち

- 目で追う
- 心を奪《うば》われる

❾「好ましい」気持ち

- 胸がときめく
- ほおを染める
- 心がひかれる
- 目がハートになる

マイナスの心情を表すことば

❶「悲しい」気持ち

- 涙《なみだ》があふれる
- 目の奥が熱い
- めそめそする
- 胸がつぶれる

❷「苦しい」気持ち

- 息がつまる
- 表情が暗い
- 胸がふさぐ
- 顔色が悪い

・胸をかきむしる
・足取りが重い

❸「落ち込《こ》む」気持ち

・がっかりする
・肩を落とす
・ため息が出る
・気分が晴れない

❹「怒《いか》り」の気持ち

・腹が立つ
・かっとなる
・大声で怒鳴《どな》る
・顔を赤くする
・いらいらする
・八つ当たりをする

❺「混乱する」気持ち

・あたふたする
・戸惑《とまど》いを隠《かく》せない
・心が乱れる
・頭が真っ白になる

❻「ためらう」気持ち

・気が重い
・二の足を踏《ふ》む
・尻込《しりご》みする
・足が前に出ない

❼「焦《あせ》る」気持ち

・おろおろする
・手に汗《あせ》をかく
・うろうろ歩き回る
・気持ちが先走る
・居ても立ってもいられない

❽「不安な」気持ち

・目の前が暗くなる
・心に影《かげ》が差す
・顔がこわばる
・顔が白い
・心にもやがかかったようになる

❾「怖《こわ》い」気持ち

・青ざめる
・力が入らない
・鳥肌《とりはだ》が立つ
・寒気がする
・肝《きも》を冷やす
・顔色を失う

❿「嫌《きら》う」気持ち

・眉《まゆ》を寄せる
・にらみつける
・くってかかる
・つんけんする
・虫が好かない
・犬猿《けんえん》の仲である

⓫「寂《さび》しい」気持ち

・孤独《こどく》を感じる
・むなしさを覚える
・心が冷える
・胸がしめつけられる
・心に穴が空いたようになる
・世界でたった一人のように感じる

⓬「憂鬱《ゆううつ》な」気持ち

・気がふさぐ
・浮かない顔をする
・気が沈《しず》む
・気分がどんよりする
・ブルーな気分になる

⓭「後悔《こうかい》する」気持ち

・自責の念にかられる
・地団駄《じだんだ》を踏《ふ》む
・後ろ髪《がみ》をひかれる
・時間を巻き戻《もど》したいと思う

⓮「後ろめたい」気持ち

・目をそらす
・気がとがめる
・負い目を感じる
・罪悪感を覚える
・まともに顔を見られない

心情は、いろんなことばで表すことができるんだね！

Q&A 13 習い事を続けたい。今は何の勉強を優先すべき？

ヒナ：くめはら先生，いくつか習い事をしていて，あんまり時間がないんだけど，何の勉強を優先すればいい？

くめはら先生：たとえば，ヒナさんが国語を好きで，国語の勉強は苦にならないなら，国語を優先してもいいよ。でも，何をやろうか迷ったときは，英語と数学をやっておくといいよ。

ヒナ：なんで，その２つなの？

くめはら先生：英語と数学って，成績が伸《の》びるのに時間がかかる教科なんだ。だから，できるだけはやくから進めておいたほうがいいんだよ。

たとえば３年生の夏までに，国語，英語，数学のうち，１教科は得意，ほかの２教科は普通《ふつう》くらいまでできていれば，あとがすごく楽になる。
理科と社会は，３年生になってからでも成績を上げやすいんだ。

ヒナ：なるほど。迷ったら英語と数学だね！

COMMENTS

こーさく先生：数学担当のぼくとしては，ここで数学が挙げられているのは，うれしい！ たしかに，英語や数学はコツコツやるのが大事な教科だね。そして，ヒナさん，習い事を続けたいと思えるのはすごくいいことだから，ぜひこれからも続けてね！

Q&A 14 部活と受験勉強を両立するには？

ユウマ：くめはら先生，部活と受験勉強の両立が大変で，困っているんです……。

くめはら先生：ユウマくんが部活を本気でやっているのであれば，部活の時間中は，そこに集中してほしいな。
でも，最低限の勉強時間は確保しておこう。

ユウマ：でも，部活をやっていると，なかなか時間がとれなくて……。

くめはら先生：そうだよね。でも，通学中の電車の中でも，お風《ふ》呂《ろ》の中でも，探せばいくらでも時間はつくれるよ。そういう短い時間にコツコツとやっておくことって，すごく大事なんだ。

それができていれば，部活を引退して，これからだっていうときに，周りに追いつく力になる。
とくに時間のかかる英語と数学は，できるだけはやい段階からコツコツやっておいたほうがいいよ。

ユウマ：そうなんだ。今日からお風呂で英単語をやります！

COMMENTS

すばる先生：部活動と勉強のメリハリをつけることは，ぼくも意識してたね！とくにスキマ時間の使い方はくふうしていたよ。友達と学校帰りのバスの中で，英単語しりとりや首都あてゲームをして楽しんでいたのを思い出すなー。机の上の勉強だけがすべてではないからね。

高校受験に向けて勉強をがんばるみんなに，くめはら先生が大切なことをたくさん教えてくれたよ。

きみの悩《なや》みを解決するヒントが見つかるかも！


英語，数学，国語は積み重ねの教科。これらが苦手な人は，思い切ってレベルを下げてみることがとても大事。全然恥《は》ずかしいことではないし，そうしたほうが結果的に近道になることが多い。まさに「急がば回れ」だね。

ぼくも趣味《しゅみ》で将棋《しょうぎ》を始めたときは，一手《て》詰《づ》めという，小学生でも簡単すぎてやらないような教材から始めて積み重ねていったよ。

―― 3年の夏休みを過ぎた時点でE判定だったら，志望校を変えるべき？

高校入試だったら，夏を過ぎたあたりで判定が悪くても，逆転した例はたくさんある。ぼくの教え子でも，逆転合格した人はたくさんいるので，まだあきらめる必要はないと思うな。

3年生の11月，12月になってからも判定が悪いときには，志望校について再考したほうがいい場合もある。でも，そこは人それぞれで判断が難しい。

そういうときは，自分だけで悩まないようにしよう。悩んでいる時間がもったいない。信頼《しんらい》できる人，親，先生などに相談してみると，自分がどうしたいかがわかってくるよ。

オンライン個別指導塾を経営しながらみずから講師としても活躍《かつやく》するくめはら先生

―― 高校入試に失敗したら，悲惨《ひさん》な人生が待っているの？

そんなことは絶対ない！ 高校入試が人生のすべてではないし，思い通りにいかなかったからって人生が終わるわけじゃない。とはいえ，定められた期間の中で目標に向かって試行《しこう》錯誤《さくご》するのは，とてもいい機会。結果はどうあれ，人生にとって必ずプラスになるよ。

ぼくが好きな言葉に「正解は選ぶのではなく，選んだ道が正解になる」というのがある。どんな選択《せんたく》をして，どんな結果になっても，あとの自分の努力次第で正解にできる。だから，そこまでマイナスにとらえずに，前向きな気持ちで入試にチャレンジしてほしいな。

ヒナ
勉強が苦手なのは，頭が悪いわけじゃなくて，自分に合った勉強法を見つけられていないだけだったんだ！

ユウマ
苦手な教科でも，自分に合うやり方を実践していけば成績って上がるんだ。

アオイ
もっと素直になって，いろいろな人のアドバイスを参考にしてみようかな。

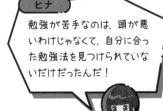

中学生のみんなへ伝えたいこと

―― 勉強する意味って何？　どうしても勉強しなきゃだめ？

大人になった今，中高生時代に勉強してきてよかったなと思うことがたくさんある。行きたい大学に入れたこともそうだけど，中高生のときに自分に向き合ってがんばっておくことは，その先の人生でいろいろな壁《かべ》にぶつかったとき，乗《の》り越《こ》えていくためのいい練習になると思う。

大人になってから向き合う問題には，正解がなかったり，答えがいくつもあったりするんだ。いつかそういう難問を乗り越えるために，今はまず答えが定まっている問題にたくさん取り組んで，考える過程を積み重ねておくことが重要なんだって思うよ。

勉強をしたからこそ出会えた仲間も！
（右は社会担当いっせー先生）

―― 勉強は苦手でも，成績は上げられる？

勉強が苦手だと思っている子はたくさんいる。勉強が苦手なのは，頭が悪いからじゃなくて，まだ自分に合う勉強法や教材を見つけられていないだけなんだ。だから，自分を責めずに，前向きにいろいろなものを試《ため》して，自分に合うものを見つけてほしいな。

自分に合ったレベルの自分に合ったやり方を実践《じっせん》していけば，確実に成績は上がるよ。こんなに成果がわかりやすく数字となって表れるのは，勉強かスマホゲームのレベルくらい。覚えれば覚えるほど結果が出るから，その成長を楽しんでいるうちに，勉強自体も楽しくなってくるはずだよ。

―― 成長しやすい人って，どんな人？

素直《すなお》な人！　先生に言われたことや本に載《の》っている勉強法などを，素直に「まずやってみよう」と思う人。最初は「どうかな？」って思っても，いったん試してみる。それが意外と自分に合っていることもあるんだ。

人の言うことを疑って，根拠《こんきょ》のない自分のやり方にこだわってしまうと，本当に自分に合うやり方を見つけるのに，結局遠回りになってしまうよ。

―― 苦手な教科は，どうしたらいい？

まずは自分のレベルに合う内容から勉強していこう。ぼくの塾《じゅく》では，高校生にも小学校の内容に戻《もど》ってやってもらうことがある。最初は抵抗《ていこう》があるみたいだけど，やってみるとよくわかっていないところが明確になるんだ。

さくいん＆用語集

色文字になっているページには、くわしい説明があります。

あ

□ **相反《あいはん》する気《き》持《も》ち** …… 070
反対の二つの気持ちが同時にあること。

□ **言《い》い換《か》え表現《ひょうげん》** …… 032・054
同じ内容を言い換えること。言い換えることで、筆者の主張を確実に伝えようとしている。

□ **異論《いろん》** …… 030
筆者の主張とは異なる意見のこと。筆者の主張を強調するために、あえてとり上げることがある。

□ **因果関係《いんがかんけい》** …… 050
原因と結果の関係。「だから」「したがって」という接続語が用いられている場合は、その前に原因、そのあとに結果が述べられている。「〜から」という文末表現が用いられている場合は、その直前に原因が述べられている。

□ **隠喩《いんゆ》（暗喩《あんゆ》）** …… 074
「〜（の）ようだ」「〜ごとし」などのことばを使わずにたとえること。
例 あなたの笑顔《えがお》は満開の花だ。

□ **押韻《おういん》** …… 136
漢詩の表現技法の一つで、句の最後の字を同じ音の漢字でそろえること。

□ **小倉百人一首《おぐらひゃくにんいっしゅ》** …… 132
藤原定家《ふじわらのさだいえ》が選んだ和歌集。百人の歌人の歌が一人一首ずつ選ばれている。

□ **オリジナル表現《ひょうげん》** …… 086
その文章の書き手にしかわからない特別なことばのこと。そこに強い思いが込《こ》められていることが多い。

か

□ **返《かえ》り点《てん》** …… 134
漢文を訓読するときに読む字の順序を示す、左下につける符号《ふごう》のこと。「レ点」「一・二点」「上・下点」などがある。

□ **係《かか》り結《むす》びの法則《ほうそく》** …… 126
「ぞ・なむ・や・か・こそ」などの係り助詞が上にくると、述語の活用形が変わるという決まりのこと。
・「ぞ」「なむ」…連体形になる（強意）
・「や」…連体形になる（疑問・反語）
・「か」…已然形《いぜんけい》になる（強意）

□ **かぎかっこ（「　」）** …… 056
一般的《いっぱんてき》なことばが「　」でくくられている場合、筆者独自のニュアンスを出すために用いられていることが多い。

□ **書《か》き下《くだ》し文《ぶん》** …… 134
漢文の訓読文をもとに白文を漢字と仮名《かな》で書き改めたもののこと。

□ **掛詞《かけことば》** …… 132
一つのことばで二つの意味を連想させる技法のこと。

□ **季語《きご》** …… 090
季節を表すことば。俳句の中に、季語を一つ詠み込む決まりになっている。季語は旧暦《きゅうれき》（古いこよみ）をもとにしているため、現代の季節感とはずれがある場合がある。

例
・春の季語…春風・ひな祭り・つばめ・桜　など
・夏の季語…夕立・花火・かぶと虫・ひまわり　など
・秋の季語…秋晴れ・七夕・こおろぎ・もみじ　など
・冬の季語…雪・豆まき・つる・大根　など

□ **擬人法《ぎじんほう》** …… 088
人間でないものを人間にたとえること。
例 空が泣いている。

□ **気《き》持《も》ちの変化《へんか》** …… 072
プラスの気持ちからマイナスの気持ちへなどの、登場人物の心情の変化のこと。変化した原因をおさえるとよい。

□ **逆接《ぎゃくせつ》** …… 044
前のことがらと反対の内容があとに書かれる。代表的な接続語に「でも」「しかし」「ところが」などがある。

□ **客観的《きゃっかんてき》な「理解《りかい》」** …… 062
登場人物の心情を理解するうえで、文章に書いてあることをもとに客観的に判断すること。

□ **切《き》れ字《じ》** …… 090
俳句の作者が強調したいところを示すときに使われる語のこと。「や・ぞ・か・かな・けり・なり」など。

□ **句切《くぎ》れ** …… 090
短歌において、意味や調子のうえで大きく分かれるところ。

□ **具体例《ぐたいれい》** …… 052
それぞれの物事に合ったことがらを挙げること。筆者の主張をわかりやすく伝えるために用いられる。

□ **繰《く》り返《かえ》し表現《ひょうげん》** …… 032
「つまり」「いわば」などを用いて、同じ内容を別のことばで言い換えて繰り返すもの。

□ **訓読文《くんどくぶん》** …… 134
漢文の白分に訓点(訓読するための記号)をつけて日本人が読めるようにしたもの。

□ **結論《けつろん》** …… 036
文章の最後の部分。筆者の主張がまとめて述べられることが多い。

□ **現代《げんだい》仮名《かな》遣《づか》い** …… 124
今の日本語の仮名遣いのこと。

□ **口語詩《こうごし》** …… 088
今のことばで書かれている詩。

□ **呼応《こおう》の副詞《ふくし》** …… 116
あとに特定のことばをともなって、決まった組み合わせで使われる副詞のこと。

さ

□ **指示語《しじご》** …… 038・040
「この」「その」「あの」などの、何かを指し示すはたらきをする語。指示語の指し示す内容を探すときは、指示語よりも前の部分に注目し、指示語のあとの表現を手がかりにしてとらえるようにするとよい。

□ **したがって** …… 044・050
原因と結果の関係をつくる接続語。「したがって」の前に原因・理由、あとに結果が述べられる。
例 台風が接近している。したがって、大気が不安定だ。

□ **自由詩《じゆうし》** …… 088
音数に一定の決まりがない詩。

□ **主張《しゅちょう》** …… 028
筆者の言いたいこと。「～と思う」「～と思われる」などの文末表現をともなって述べられることが多い。

□ **順接《じゅんせつ》** …… 044
前のことがらが原因・理由となり、あとにその結果が書かれる。代表的な接続語に、「だから」「したがって」「すると」がある。

□ **消去法《しょうきょほう》** …… 096・100
選択《せんたく》問題を解くとき、選択肢《せんたくし》のまちがいを一つひとつ探していく方法。

□ **情景描写《じょうけいびょうしゃ》** …… 076
景色の描写のこと。登場人物の気持ちが情景描写によって表現されることがある。

□ **譲歩《じょうほ》** …… 030
「たしかにA　けれどもB」「もっともA　でもB」などの形で、いったんAの異論を認めたあとで、Bの意見のほうがよりよいとすることで、筆者の主張を強調すること。

□ **省略《しょうりゃく》** …… 088
ことばを省いて余韻《よいん》を残すこと。
例 光が見える。ああ、きっと明日は……。

□ **叙景詩《じょけいし》** …… 088
おもに風景を描《えが》いた詩。

□ **序詞《じょことば》** …… 132
あることばを導くために、和歌の作者が自由につくり出すもの。

□ **叙情詩《じょじょうし》** …… 088
おもに作者の感情をうたった詩。

□ **序論《じょろん》** …… 036
文章の初めの部分。「序論・本論・結論」は、論説文のおもな構成となる。

□ **心情《しんじょう》** …… 064
登場人物の気持ちのこと。心情を理解するには、行動とセリフに注目するとよい。

□ **心情表現《しんじょうひょうげん》** …… 064
登場人物の心情を表す表現。ストレートに気持ちが表現される以外に、慣用表現などを用いて遠回しに表現されることもある。

□ **人物像《じんぶつぞう》** …… 080
性格や人柄《ひとがら》など、その人がどのような人物かということ。

□ **随筆文《ずいひつぶん》** …… 084
自分の体験などを、自由に書いた文章のこと。筆者の日常生活や思い出話が中心に書かれることが多い。

□ **積極法《せっきょくほう》** …… 096
選択問題を解くとき、選択肢を見る前にあらかじめ自分で答えを考えておいて、その答えにもっとも近い選択肢を選ぶという方法。

□ **絶句《ぜっく》** …… 136
四句から成る漢詩。一句が五字でできているものを「五言絶句」、一句が七字でできているものを「七言絶句」という。

□ **接続語《せつぞくご》** …… 044・114
文と文をつないだり、文と文の関係を示したりするはたらきをする語。

□ **設問《せつもん》の方向性《ほうこうせい》**……094
理由を答えるのか、登場人物の気持ちをとらえるのかといった、何が問題として問われているのかということ。

□ **選択《せんたく》**……044
前の内容とあとの内容のどちらかを選ぶ。代表的な接続語に「または」「あるいは」「もしくは」などがある。

□ **そして**……044・114
前の文にあとの文をつけ加えるはたらきをする接続語。
例 サルは知能の高い動物だ。そして、手先も器用だ。

た

□ **体言止《たいげんど》め**……088・090
名詞で終わって余韻を残すこと。
例 そびえる山。音を立てて流れる川。

□ **対比《たいひ》**……046・048
二つのものを共通する項目《こうもく》の中で比べること。対比により、二つのものの違《ちが》いを明確にすることができる。

□ **だから**……044・050・114
原因と結果の関係をつくる接続語。「だから」の前に原因・理由、あとに結果が述べられる。
例 雨が降った。だから、運動会が延期になった。

□ **たとえば**……044・052
具体例の目印となる接続語。「たとえば」のあとには具体例が挙げられている。
例 計画が中止になった原因はいくつかある。たとえば、機械の故障もその一つだ。

□ **短歌《たんか》**……090
五・七・五・七・七の三十一音から成る歌のこと。

□ **直喩《ちょくゆ》（明喩《めいゆ》）**……074
「〜（の）ようだ」「〜ごとし」などのことばを使ってたとえること。
例 花のように笑う。

□ **対句《ついく》**……088・136
同じ形で対になることばを並べてリズムを出すこと。漢詩では、となりあう二句の意味や形式を対にすることをいう。

□ **つまり**……032・054
言い換えの目印となる接続語。前に書いてあることを簡潔にまとめるはたらきと、難しいことをわかりやすく言い換えるはたらきがある。

□ **定型詩《ていけいし》**……088
音数に一定の決まりがある詩。

□ **テーマ**……026
中心になっている話題のこと。主題ともいう。

□ **転換《てんかん》**……044
前の内容とあとの部分で話題を変える。代表的な接続語に「さて」「ところで」「では」などがある。

□ **問《と》いかけ**……034
「〜はなんだろうか」など、読者に問いかけるもの。問いかけに答える形で、筆者の主張が展開される。

□ **倒置《とうち》**……088・090
ことばの順序を入れかえて強調すること。
例 歩き出そう、未来へ向かって。

は

□ **俳句《はいく》**……090
五・七・五の十七音から成る歌のこと。

□ **白文《はくぶん》**……134
漢字だけで書いてある中国の原文のこと。

□ **場面《ばめん》**……078
物事が行われている一部分のこと。どのような場面かは、時間・場所・人物などに注意して読み取るとよい。

□ **場面《ばめん》の変化《へんか》**……078
場面が移り変わること。時間・場所・人物・心情の順に確認して変化をとらえるとよい。

□ **反対意見《はんたいいけん》**……030
筆者の主張とは反対の意見のこと。筆者の主張を強調するために、あえてとり上げることがある。

□ **反復《はんぷく》**……088・090
同じことばを繰り返して印象を強めること。
例 強く強く、願った。

□ **否定《ひてい》**……030
「AではなくB」「AよりむしろB」などの形で、Aの意見に反対してBの意見のほうがよりよいとすることで、筆者の主張を強調すること。

□ **皮肉《ひにく》**……056
遠回しな意地悪のこと。

□ **比喩《ひゆ》**……074・088・090
あるものをほかのものにたとえること。

□ **プラスの気持《きも》ち** …… 066
登場人物の気持ちのうち、明るくて前向きな、ポジティブな気持ち。

□ **文語詩《ぶんごし》** …… 088
昔のことばで書かれている詩。

□ **文末表現《ぶんまつひょうげん》** …… 028・050
文の最後の表現のこと。「〜と思う」「〜と思われる」などの文末表現になっている場合、筆者の主張が述べられていることが多い。「〜から(だ)」という文末表現になっている場合、その前に理由が書かれていることが多い。

□ **本当《ほんとう》の気持《きも》ち** …… 068
見せかけの言動に対する実際の気持ちのこと。言動と気持ちが一致していない場合があるので、文章中の表現を手がかりに、本当の気持ちを読み取る必要がある。

□ **本論《ほんろん》** …… 036
文章の中心となる部分。筆者の主張がくわしく述べられることが多い。

ま

□ **マイナスの気持《きも》ち** …… 066
登場人物の気持ちのうち、暗くて後ろ向きな、ネガティブな気持ち。

□ **枕詞《まくらことば》** …… 132
下に続くことばが決まっていて、そのことばと一緒《いっしょ》に用いられるおもに五文字のことば。

□ **まとめの指示語《しじご》** …… 044
「このように」「そのように」などの、広い範囲《はんい》を指し示すはたらきをする指示語。その広い範囲の内容をまとめたあと、筆者の主張が述べられることが多い。

や

□ **予測読《よそくよ》み** …… 058
その先に展開されていることを予測しながら読むこと。

ら

□ **律詩《りっし》** …… 136
八句から成る漢詩。一句が五字でできているものを「五言律詩」、一句が七字でできているものを「七言律詩」という。

□ **歴史的仮名遣《れきしてきかなづか》い** …… 124
昔の日本語の仮名遣いのこと。現代の仮名遣いとは違いがある。

わ

□ **和歌《わか》** …… 132
五音と七音を基調とする日本固有の詩歌。

著者紹介

粂原圭太郎

オンライン個別指導塾「となりにコーチ」代表。

本田式認知特性研究所メンバー。

高校時代は平均偏差値 80，最高偏差値 95 を出し，京都大学に首席で合格。

京都大学経済学部卒業後にオンライン個別指導塾で受験指導を開始。多くの受験生を合格へと導いている。

2014 年から 3 年連続で「最強の頭脳 日本一決定戦！ 頭脳王」（日本テレビ系）ファイナリストになり，全国的な人気を博す。

小学生のころから続けている競技かるたにおいて，2019 年からは競技かるた名人位を 3 連覇（65 ～ 67 期）。

著書に『やる気と集中力が出る勉強法』（二見書房），『偏差値95の勉強法』（ダイヤモンド社）などがある。

LINE：【公式】となりにコーチ（@kumehara）
Twitter：@k_kumehara

□ 企画編集　柳田香織
□ 執筆協力　高橋みか
□ 編集協力　㈱カルペ・ディエム　多湖奈央　福岡千穂　細谷昌子
□ 本文デザイン　齋藤友希／佐野紗希（トリスケッチ部）
□ イラスト　月代
□ 監修（認知特性）　本田式認知特性研究所

シグマベスト
くめはら先生と学ぶ
中学国語のきほん 50レッスン

著　者　粂原圭太郎
発行者　益井英郎
印刷所　岩岡印刷株式会社
発行所　株式会社文英堂
〒601-8121　京都市南区上鳥羽大物町28
〒162-0832　東京都新宿区岩戸町17
（代表）03-3269-4231

●落丁・乱丁はおとりかえします。

ΣBEST シグマベスト

くめはら先生と学ぶ

中学国語のきほん50レッスン

解答集

文英堂

1 論説文は難しくて頭に入ってこない……

論説文を読むコツ

▼▼本冊 27ページ

解答

エ

解説

大事なことは、何度も繰《く》り返し書かれる！

国語の問題の文章では、初めのほうにテーマ（主題）が書かれていることもありますが、少し読んだだけでは、テーマがわからないときもあります。でも、テーマはとても大事なので、筆者はそれを何度も繰り返して伝えようとします。ですから、**文章の中に何度も登場することば（キーワード）に注目すると、テーマをつかむことができます**。

それでは、本文中に何度も登場することばを探していきましょう。10行目には「わたしたちは何をめざして生きているのでしょうか」とあり、続けて、「何をめざして生きていけばよいのでしょうか」と書かれていました。さらに、27行目にも「何をめざして生きていけばよいのか」と書かれています。このように、何度も登場することばは筆者が文章をとおして伝えようとしていることなので、この文章のテーマは、エの「何をめざして生きていけばよいのかということ」であるとわかります。

「何をめざして生きていけばよいのか」って、すぐには答えられない難しい質問だよね。人生を終えるときに、自分の人生は生きるかいのあったものだと言えるように、やりたいことや大事なものをたくさん見つけていけるようにしたいと思ったよ。

2 筆者の主張はどうやって見つけるの？

主張の発見

▼▼本冊 29ページ

解答

イ

解説

文末表現に注目して筆者の主張を発見！

筆者の主張というのは、「〜と思う」「〜と思われる」などの**文末表現を目印にすると見つけやすくなります**。

本文でこうした文末表現が用いられている文を探していくと、4行目の「ふつうに考えると、『引き抜《ぬ》かれても、また生えてくる植物などいないだろう』と思われます。」と、最後の一文の「このように、いのちをたくましく守っている雑草には、地下茎《ちかけい》で育っているという語がふさわしく思われます。」が見つかります。これらと2〜3行目の一文以外の文章は、筆者の主張ではなく事実を述べたものです。4行目は一般《いっぱん》的な考えなので、最後の一文に筆者の主張が述べられていると考えられます。

前の単元で文章のテーマをつかむ学習をしましたが、この文章のテーマは「引き抜かれても生えてくる植物」なので、このテーマに対する筆者の主張は、イの「地下茎で育っている雑草は、いのちをたくましく守っている植物ということができる」であるとわかります。

植物をテーマにした文章は、入試でもよく出題されるよ。今回の文章では、「引き抜かれても、また生えてくる植物」があると、ぼくたち人間が思っているよりも植物はたくましいことが述べられているね。植物をテーマにした文章は、「植物はこんなにすごい！」ということが書かれたものが多いから、筆者が伝えようとしている「植物のすごさ」を読み取っていこう。

3 筆者の主張を見つけるコツ、もっと教えて！

否定と譲歩《じょうほ》

▼▼本冊 31ページ

解答

ア

解説

反対意見のあとにくる筆者の主張が大事！

筆者が自分の主張を強調するために、反対意見や異論を一緒《いっしょ》に述べることがあります。「AではなくB」「AよりむしろB」と、Aの意見に反対してBのほうがよりよいとしたり、「たしかにA　けれどもB」「もっともA　でもB」と、いったんAの異論を認めて譲歩したあとでBのほうがよりよいとしたりすることで、筆者の主張が強調して述べられるのです。

本文では、9行目に「科学は答《こたえ》を出すためのもの**ではなく**、常に問い続けるものだ」、20行目に「知識をふやして欲しいということ**ではなく**、世界の広げ方を共有したい」、25行目に「**もっとも**、……科学離《ばな》れは、……科学の本質とは無関係の面もあります。**でも**、……科学技術の未来は怪《あや》しく、不安だという気持ちの現れでしょう」とあります。イ・ウ・エは、これらの部分の筆者の主張と合います。アは、いったん筆者が認めている異論とも異なるので不適切です。この問題は、「適切でないもの」を答えるので、正解はアになります。

「否定」と「譲歩」はめちゃくちゃ重要で、大学入試の「現代文」でもたくさん出てくるんだ。国語じゃなく「英語」でも長文を読み解くキーになることが多いよ。今から「AではなくB」や「もっともA　でもB」というパターンに慣れておこう！

4 同じことを言い換《か》えるのはなぜ？

言い換えの発見

▼▼本冊 33ページ

解答

イ

解説

言い換えるのは伝えたいことがあるから！

同じ内容を別のことばで言い換えている**「繰《く》り返し表現」に注目すると、文章の中で筆者が伝えようとしている主張がとらえやすくなります。**

——線部の前で、筆者は「文化」とは「ルールのかたまりのようなもの」だと定義しています。また、6行目では「お互《たが》いを理解し合い行動を予測することのできる、大きなルールのかたまりのようなもの」とくわしく言い換えています。24行目「私たちの生活が、たくさんのそうした生活上の細々したルールから成り立っている」と29行目「自分たちにとって当たり前のことが、日本に住んでいない人には決して当たり前でない」でも、別のことばで言い換えられています。これらの内容をふまえ、最後の一文では言い換えの目印の「つまり」のあとで、設問で問われている筆者の文化についての主張をわかりやすくまとめているのです。したがって、イの「その文化を学びとった人以外には当たり前ではないもの」が、文化に対する筆者の考えとしてあてはまります。

本文中に出てくる「文化人類学」というのは、人間の社会や文化について研究する学問だよ。文化人類学の研究では、現地の生活に実際に入り込《こ》んで、現地の人たちと生活を共にする「フィールドワーク」という手法が用いられるんだ。

5 筆者が問いかけてくるのはなぜ？

問いかけと答え　▼▼本冊 35ページ

解答

イ

解説

問いかけてきたからには答えがある！

「～だろうか」「なぜ～なのか」などの問いかけは、その疑問に答えるという形で筆者の主張が述べられます。**問いかけと筆者の主張はつながっているのです**。問いかけてきたからには、その答えが文章中で述べられているはずです。

本文では、――線部に「この包んでいる世界が異なっているとき、同じ現象は発生するのだろうか」という問いかけがあります。「同じ現象」とは、キツネにだまされるという現象のことです。外国人技師はキツネにだまされなかったという例を挙げて、筆者はこの問いかけに答えていきます。そして、最後の段落で「同じ場所にいても同じ現象はおこらなかったのである」「その理由は、その人を包みこんでいる世界が違《ちが》うから、なのであろう」という筆者の主張が述べられています。問いかけに対するこの答えと一致《いっち》するのは、イの「その人を包みこんでいる世界が違うと同じ現象は生じない」であるとわかります。

本文中では述べられていないけれど、この『日本人はなぜキツネにだまされなくなったのか』という本の中で、筆者の内山《うちやま》節《たかし》さんは、人々がキツネに「だまされなくなった」ことをプラスではなくマイナスにとらえているんだ。昔の日本人は自然を敬いながら生きていたのに、今は自然を人間の利益のための道具ととらえるようになってしまった。それはなぜか？　ということをさまざまな角度から考察している本だよ。

6 論説文のお決まりのカタチ、教えて！

序論・本論・結論　▼▼本冊 37ページ

解答

問1　4（段落）

問2　ウ

解説

文章の構成を知っておく！

論説文では、**「序論・本論・結論」**という構成が代表的なものになります。**序論で話題を提示し、本論でその話題についての筆者の主張を述べ、結論でまとめる**というものです。

問1　本文では、1段落が序論、2・3段落が本論、4段落が結論となります。序論にあたる1段落では、「コミュニケーション」というこの文章のテーマ（話題）を提示しています。そして、本論にあたる2・3段落で「コミュニケーションとは何か」という問いかけに答える形で、コミュニケーションについて説明しながら、筆者の主張を述べていきます。そして、筆者の主張をまとめているのが、結論にあたる4

段落です。

問2　結論にあたる④段落に注目しましょう。「意味と感情――この二つの要素をつかまえておけば、コミュニケーションの中心を外すことはない」というのが、文章をとおして筆者がいちばん伝えたいこととなります。したがって、「コミュニケーション」についての筆者の考えとして適切なものは、ウの「コミュニケーションでは意味と感情が重要である」だとわかります。

「感情的になる」という語があるように、感情をマイナスなものとしてとらえて、**客観的で論理的なことが重視される風潮があるよね。**
でも最近では、**感情こそが大切で、感情を相互《そうご》に理解し合おうと努力することを目指す**という趣旨《しゅし》の文章も、入試でよく出題されているよ。

7 指示語の問題、苦手なんです……

指示内容の見つけ方

▼▼本冊39ページ

解答

最新の情報を得る（ため）〔25～26行目・8字〕

解説

指示語の問題で注目するのは直前・直後！

指示語の問題を解くときには、**まずは直前の一文に注目して指示内容を探しましょう**。このとき、**指示語のすぐあとの表現が、指示内容を探す手がかりとなります**。

まずは――線部「そのため」の直前の「今日ひじょうに多くの情報がインターネット上に公開されていて、……最新の情報を得ることができる。」という一文のうち、「その」がどの部分を指しているのかを読み取る必要があります。

このとき、指示語のすぐあとの表現が「……ための情報検索《けんさく》にも、便利なものがつくられている」となっていることに注目しましょう。「その」が指すのは「情報検索」にかかわる目的であることが手がかりとなって、「最新の情報を得る」という部分を指しているのだとわかります。

本冊38ページでも話したけど、指示語はほんとに大切！　だけどその大切さは、今はなかなか理解しづらいかもしれないね。だから、今はとにかく**「あ、指示語だ！　何を指してるんだろう？」**と考えるくせをつけよう！　その習慣が、あとできっと役に立つときがくるよ。

8 指示語を使って上手に読む方法は？

指示語の活用法

▼▼本冊41ページ

解答

ア

解説

「このように」は、まとめの指示語！

「このように」「そのように」のあとには、筆者の主張がまとめて述べられていることが多いので、**まとめの指示語に注目すると、筆者の主張がとらえやすくなります**。

本文のテーマ（主題）は「心のエネルギー」です。このテーマに沿って、15行目では「エネルギーの消耗《しょうもう》を片方で押《お》さえると、片方で多くなる、というような単純計算が成立しない」、22行目では「人間の心のエネルギーは、多くの『鉱脈』のなかに埋《う》もれていて、新しい鉱脈を掘《ほ》り当てると、これまでとは異なるエネルギーが供給されてくる」と、心のエネルギーについての筆者の主張が述べられています。本文には、28行目に「このように」というまとめの指示語があります。ここの「このように」でここまでの主張をふまえて、「エネルギーの節約ばかり考えて、新しい鉱脈を掘り当てるのを怠《おこた》っている人は、宝の持ちぐされのようなことになってしまう」と述べられているので、心のエネルギーの節約についての筆者の主張に合うのは、アだとわかります。

人間を物理的な法則に従って動く「機械」のようなものとする考え方のことを「機械論」と呼ぶんだ。機械論では、人間を含《ふく》めたあらゆる現象は、原因と結果が完全に決まっていると考えるんだけど、この考え方は見直されてきている。今回の筆者も、「人間は『もの』でもないし『機械』でもない」という主張をしているね。

9 接続語はなんで大事なの？

接続語のポイント

▼▼本冊45ページ

解答

A エ　B ア

解説

接続語のはたらきから、先が予想できる！

文と文をつなぐ接続語に注目すれば、文と文が前後でどのような関係になっているのかがわかります。たとえば、「さて」という接続語は、話題を変えるときに用いられるので、前後で話題が変わっていることになります。つまり、**接続語のはたらきから、展開を予想しながら読むことができるのです。**

［A］の直前にある「それで」という順接の接続語は、前のことがらを原因・理由としてその当然の結果をあとに続けるはたらきをします。「頭の優秀《ゆうしゅう》さは、記憶《きおく》力の優秀さとしばしば同じ意味をもっている」ことの当然の結果となる内容があとに続くと予想できるので、エの「生き字引というような人間ができる」があてはまると判断できます。「生き字引」とは、生きた「字引」、つまり辞書のような記憶力のよい物知りな人のことです。

［B］の直前にある「ところが」という逆接の接続語は、前のことがらとは反対の内容をあとに続けるはたらきをします。「倉庫としての頭にとっては、忘却《ぼうきゃく》は敵である。博識は学問のある証拠《しょうこ》であった」はずなのに逆の結果となった内容があとに続くと予想できるので、アの「こういう人間頭脳にとっておそるべき敵があらわれた」があてはまると判断できます。「倉庫」としての「人間頭脳」にとって、「コンピュータ」はすばらしい機能をもった「おそるべき敵」なのです。

今回の文章は「忘れる」ということがテーマだったね。「忘れる」というのは、一般《いっぱん》的にマイナスイメージのことばとして使われているけど、筆者の外山《とやま》滋《しげ》比古《ひこ》さんは、このあとの部分で「忘れる」ことの重要性を話しているよ。人間の頭をよくはたらかせるためには、忘れるということがとても大切なんだって。

10 対比の発見
二つのものを比べるのはなぜ？

▼▼本冊47ページ

解答

問1 ① いい〔6・7行目〕
② 劣る〔19行目〕

問2 ア・ウ〔順不同〕

解説

対比のあるところに、筆者の主張あり！

逆接や対比の接続語と「対して」「一方で」「異なり」「比べて」「よりも」などの表現によって二つのものを比べることで、筆者はわかりやすく自分の主張を伝えようとしています。**筆者が対比を用いて、何を主張しているのかを読み取るようにします。**

問1　本文では、まず6行目に「〜に比べて」という対比の目印となる表現があります。この前後では、ハチとアブの頭のよさが対比されていて、アブは「ハチに比べてあまり頭のいい昆虫《こんちゅう》とは言えない」、また、アブに対して「ハチは頭のいい昆虫」だと書かれています。

また、19行目にも「〜に比べると」という表現があります。この前後では、ハチとアブの飛翔《ひしょう》能力が対比され、アブがハチに対して「飛翔能力も劣《おと》る」とあります。

問2　この文章には4行目と8行目に「しかし」「ところが」という逆接の接続語もあります。この前後では、ハチが同じ種類の花を選んで花粉を運ぶのに対し、アブは花の種類を識別できないことが対比されています。アブが花粉を運ぶ花は、2行目に「春先に花を咲《さ》かせる」、14行目に「集まって咲く」と書かれているので、ア・ウが正解です。最後の段落でも、アブに花粉を運んでもらう花についてまとめられています。

今回も面白《おもしろ》い文章だったね。野原に花が集まって咲くのはとてもきれいだけど、それは花粉を運ぶ「アブ」の特性が理由だったわけだ。昆虫《こんちゅう》に分類されるものどうしでも、比べてみると違《ちが》いがあることがわかるね。ちなみにハチとアブには、「おしりの毒針で刺《さ》すハチ」「口でかんで吸血するアブ」という違いもあるよ。

11 対比の共通点
対比を読むときの注意点は？

▼▼本冊49ページ

解答

エ

解説

対比は、共通する項目《こうもく》で比べている！

対比はなんでもいいから比べているというわけではなく、**共通する項目の中で比べられているということに注意しましょう。**共通点の中で対比することで、二つのものの違《ちが》いが明確になるのです。

本文は、「間」について説明したもので、「空間的な間」「時間的な間」「心理的な間」について述べられています。そして、——線部の「時間的な間」については、16行目に「それにひきかえ」という対比の目印となる表現があることから、ここでは対比を用いてくわしく説明されていることがわかります。対比されているのは「西洋のクラシック音楽」と「日本古来の音曲」です。「音楽」という共通する項目の中で、日本と西洋の時間的な間についてのとらえ方が比べられていることをおさえましょう。筆者は、西洋の音楽について、12行目で「息を継《つ》ぐ暇《ひま》もなく、ときには息苦しい」と述べる一方で、日本古来の音曲について、22行目で「いくつもの絶え間に断ち切られていても日本の音曲は成り立ってしまう」と述べているので、この内容と一致《いっち》するエの「西洋の音楽には絶え間がなくてときに息苦しいが、日本の音曲は絶え間がたくさんあっても成り立つ」が正解です。

論説文では、二つのものが「対比」されて展開されていくことがとても多いよ。
筆者は、そのうちの片方を重視している場合もあれば、優劣《ゆうれつ》はなく共通点を話題にしたい場合もあるから、注意が必要だ。
二つのものの「共通点」と「違い」に気をつけて、「対比」を読み取ろう！

12 なんでそうなったの？

原因と結果の関係

▼▼本冊51ページ

解答

ア

解説

接続語と文末表現から原因をとらえる！

接続語や文末表現に注目することで、原因と結果の関係をとらえることができます。たとえば、「だから」「したがって」という接続語がある場合には結果の前に、「〜から」という文末表現がある場合には結果のあとに、原因となることがらが書かれています。それぞれ**原因があとに書かれているのか、前に書かれているのかをしっかり読み取りましょう**。

設問では、「何が原因」かと、原因が問われているので、チンパンジーが互《たが》いに助け合う原因を読み取っていくことになります。そこで、原因と結果の関係を示す表現を探すと、——線部の直前に「だから」という接続語が見つかります。「だから」という接続語は、前のことがらを原因として、あとに結果を述べるはたらきをするものです。このため、「だから」の直前に書かれている「メンバー間は平等主義を基本原則とする」ことが原因となって、「互助《ごじょ》的である（＝互いに助け合おうとする）」という結果になっているという因果関係を読み取ることができます。したがって、正解はアの「パーティーのメンバーでの平等主義を基本原則とすること」となります。

今回の問題の出典は霊長類《れいちょう》（サル等）の研究者である正高信男《まさたかのぶお》さんの『考えないヒト』だ。この本では、「携帯《けいたい》電話の普及《ふきゅう》によって、人間は考える力が弱くなったのではないか？」というテーマについて語られているよ。スマートフォンが普及する前の2005年に書かれた本だけど、「スマホ依存《いぞん》」が問題となっている今だからこそ、改めて入試に取り上げられることもありそうだね。

13 「たとえば」を見つけたら、どうするの？

具体例の発見

▼▼本冊 53ページ

解答

エ

解説

具体例から筆者の主張をつかもう！

具体例は、筆者の主張をわかりやすく伝えるために挙げられています。つまり、**具体例が挙げられているところの近くには、筆者の主張が述べられているということになります。**

——線部は、直前に「たとえば」とあることから具体例だとわかります。この具体例から筆者の主張を読み取っていきましょう。直前の段落に、『物知り』『情報通』であることと、『知性』とは別物だと思います」とあることに注目すると、「〜と思います」という文末表現から、ここに筆者の主張が述べられていることがわかります。この主張を受けて具体例を挙げ、28行目で「この小学生がお父さんより知的な人間とは言えないでしょう」と筆者は述べています。情報をよく知っていたり、情報をうまく扱《あつか》ったりできることは知的であることとは異なるというのが筆者の主張なので、正解はエです。

「具体例」は読み飛ばしてもいいって考えている人もいるかもしれないけど、ぼくは、その考えには反対だ。具体例を読むことで、筆者の主張を理解しやすくなるからね。ただ、具体例が直接答えになることは少ないのも事実。具体例をとおして説明したい内容を理解できている場合には、具体例そのものを読むのには時間をかけすぎないように注意するといいよ！

14 「つまり」を見つけたら、どうするの？

まとめの発見

▼▼本冊 55ページ

解答

エ

解説

「つまり」があれば、言い換《か》えがある！

④でも「つまり」を扱《あつか》いましたが、さらにくわしく学んでいきましょう。前に書かれていることをまとめたりわかりやすく言い換えたりするはたらきをする**「つまり」の前後の部分には筆者の主張が述べられていることが多い**ので、注意して読み取っていく必要があります。

本文には、二つの「つまり」があります。——線部は、直前に一つ目の「つまり」があることから、5行目の「読む側は、そこに表現されたことばから、相手の考えているらしい意味を類推する」ことを言い換えたものだとわかります。さらに、直後に「同様に」とあり、——線部と同じ事例の具体例を挙げたうえで、二つ目の「つまり」のあとの23行目で「読み手にとっては、その表現の意味的に係りうる三つの可能な修飾《しゅうしょく》関係のうちの一つの選択肢《せんたくし》でしかなかった」と言い換えています。これらは、エの「ふさわしいことばで表現したつもりでも、書き手の伝えたい意味と読み手のとらえる意味が異なることがある」と同じ内容になっています。

中村明《なかむらあきら》さんの『日本語の作法』が出典だね。「ほんとに頭のいい人は、むずかしい内容をやさしく書ける」という主張は、文章を書く機会が多いぼくにもグサッとささる話だ。読んだ人に理解してもらえなければ意味がないから、わかりやすい文章を書けるように頑張《がんば》ろうと思ったよ。

15 「 」を使うのはどんなとき？

「 」のはたらき

▼▼本冊57ページ

解答

エ

解説

「 」には筆者の思いが込《こ》められている！

筆者がわざわざ一般《いっぱん》的なことばを「 」でくくっているのは、筆者独自のニュアンスを出すためです。「 」に込められた筆者の思いを読み取るようにしましょう。

本文では「疑う」「信じる」ということばが「 」でくくられています。一般的に「疑う」ことはよくないことで、「信じる」ことはよいことだと考えられています。しかし、筆者は18行目で「私はそのルールさえいったん疑い、納《なっ》得《とく》の上で信じるというふうに変わるべきだと思っている」と、「信じる」ことよりも先に「疑う」ことをすべきだと主張しています。このように、筆者は「疑う」ことに一般的な考えとは異なる考えをもっているのです。そして、最後の一文で、筆者は「疑い続けることが自然や社会の実相をつかむ根源の力になると思う」という主張を述べています。したがって、「疑う」ことへの筆者の考えとしては、エが適切です。

今回の文章も、興味深いテーマだったね。ぼくがよく主張している、「なぜ？」と考えることの大切さを筆者も痛感しているんだ。一般的にはプラスイメージで使われる「信じる」が少しマイナスに、逆にマイナスイメージで使われる「疑う」がプラスに書かれていることに注意しよう。

16 この先に書いてあることまでわかるの？

予測しながら読む

▼▼本冊59ページ

解答

イ

解説

先の展開を予測しながら読む！

筆者の主張をつかむには、先の展開を予測しながら読むことが重要となります。そのためには接続語などに注目して、そのはたらきをふまえながら読むようにしましょう。

□の前には、「しかし」という逆接の接続語があります。逆接の接続語は前のことがらとは逆の結果をあとに続けるはたらきをするので、□には、「しかし」の前で述べられている内容とは逆の内容があてはまるとわかります。そこで、「しかし」の前でどのような内容が述べられているのかを読み取っていきましょう。28行目に「自然のこうした大災害を尺度にとれば、人間の活動など、なにほどのことがあろうか。そう思う人もあるだろう」とあるように、前の部分では、自然の大災害に比べれば、人間の活動などたいしたことはない、という内容が書かれています。したがって、□には、この内容とは逆の内容が続くと予想されるので、イの「人間の活動が自然というシステムに影響《えいきょう》を与《あた》えている」があてはまります。

今回は「予測しながら読む」ということを学習したけど、これができるようになると国語がすごく得意になるよ！

最初のうちは予測が外れてしまうことも多いと思うけど、練習を重ねていくうちにだんだん正しく予測できるようになってくる。そうすると読むスピードもはやくなるし、文章の内容が頭に残りやすくなるよ！

17 小説文はどうやって読めばいいの?

小説文を読むコツ

▼▼本冊 63ページ

解答

ウ

解説

登場人物の気持ちは客観的に判断する！

小説文を読むうえでは、**登場人物の気持ちを「自分ならこう思う……」など、主観的にとらえるのではなく、小説文の中に書かれていることをもとにして客観的に読み取る**ようにすることが重要です。

——線部に「胸のつかえ」とあるので、雪乃《ゆきの》が何を心配していたのかを読み取っていきましょう。本文に手がかりを探すと、15行目に「茂《しげ》三《ぞう》は怒《おこ》っていないだろうか」、16行目に「すごくあきれているんじゃないだろうか」とあるので、シゲ爺《じい》が怒っていたりあきれていたりしているのではないかと心配していたことがわかります。しかし、そのあとにシゲ爺に笑顔《えがお》とともにからかうようなひと言をかけられて、シゲ爺が怒っていないとわかり、「胸のつかえ」がとれて気持ちが「楽になってゆく」のです。この気持ちを説明しているのは、ウの「シゲ爺が怒っていないことに安心する気持ち」です。アは、直前に「からかうようなそのひと言」とありますが、雪乃がそれに腹を立てているとは読み取れません。イは、「胸のつかえ」がとれるよりも前の気持ちなので不適切です。エのような「開き直る気持ち」は本文から読み取れません。

小説文の読解は、論説文以上に「得意不得意」が分かれるね。

本文をもとに客観的に判断することが大事だから、「主人公に感情移入して読む」というような主観的な読み方は危険だ。主人公に共感できる場合はそれで解けることも多いけど、そうじゃない場合は大変だからね。

18 登場人物の気持ちなんてわからないよー！

心情の把握《はあく》①

▼▼本冊 65ページ

解答

エ

解説

注目するのは、行動・セリフ・心情表現！

小説文の登場人物の気持ちを読み取るには、行動・セリフと、気持ちを表す心情表現に注目するようにしましょう。

ここでは「行動」に込《こ》められた気持ちが問われています。——線部の「ひたすら兄だけを見つめていた」という行動には、「俺《おれ》」のどのような気持ちが表れているのかを読み取っていくのです。そのためには、10行目の「おれも兄ちゃんみたいになれる?」という「セリフ」に注目しましょう。「俺」は、兄のようになりたいという憧《あこが》れの気持ちを抱《いだ》いていることが読み取れます。また、——線部の直後には「強烈《きょうれつ》な憧れ」という「心情表現」があります。さらに、30行目の「いつかあの舞台《ぶたい》で、俺もあそこを走りたい」という内心の「セリフ」の部分にも

「俺」の心情が書かれています。「俺」は、兄と同じように陸上選手として活躍《かつやく》したいと思っているのです。これらの行動・セリフ・心情表現から、「俺」が兄に強く憧れ、兄のようになりたいと思っていたということがわかります。したがって、エの「兄に憧れて自分もそうなりたいという思い」が正解です。

今回は「家族」がテーマの文章だったね。高校入試でもよく出題されるテーマだよ。

練習問題では兄への「憧れ」が描《えが》かれているけど、強すぎる憧れは「劣等感《れっとうかん》」につながることもあるんだ。兄と自分を比べてしまう主人公が、どのように成長していくのか……。この天沢夏月《あまさわなつき》さんの『ヨンケイ!!』は、チームワーク最悪の男子高校生たちが、「ヨンケイ」と呼ばれる4×100のリレーに挑《いど》む、すごく「熱い」本なんだ。青春っていいなっていう気持ちになるはずだから、ぜひ手に取って読んでみてほしいな。

19 プラスの気持ち？マイナスの気持ち？

心情の把握《はあく》②

▼▼本冊67ページ

解答

①エ　②ア

解説

気持ちをプラスとマイナスに分けて読む！

試験では、時間が限られているので登場人物の気持ちをじっくり考えていくわけにはいきません。おおまかに、**登場人物の気持ちをプラスの気持ちとマイナスの気持ちに分けて読んでいくようにしましょう。**

――線部①の直後に、「自分のボールを受けとめてくれる相手がいる。そのことがこんなにも心地《ここち》よい」とあるので、ここはプラスの気持ちだと判断することができます。巧《たくみ》が豪《ごう》とキャッチボールをしたときの快感を「身体の中を電気が走った」と表現しているのです。したがって、エの「自分の実力を十分に発揮できる相手と出会えて喜ぶ気持ち」が正解です。

また、――線部②のあとには「誰《だれ》でも投げてるだと、ふざけんな」とあるので、ここはマイナスの気持ちだと判断することができます。「頭の芯《しん》が熱くなる」は、自分の投げた球を「誰でも投げてる」ような球と言われた巧の怒《いか》りの気持ちを表現したものなので、アの「自分の投球の実力を軽く見られたと思い腹を立てる気持ち」が正解です。

今回は、人物の気持ちを、おおまかに「プラス」と「マイナス」に分けて読んでいくというテクニックを学んだね。小説文には、「プラス」の気持ちも「マイナス」の気持ちもたくさん出てくるから、それをしっかりとつかんでいくと、正しい読み方ができるようになるんだ。

そして、今回の問題の出典である、あさのあつこさんの『バッテリー』は野球少年の青春を描《えが》く小説で、じつはぼくの青春の一冊なんだ。中学生のころに何回も何回も読んだなぁ……。長編小説で見どころもたっぷりだから、まだ読んだことのない人は、ぜひ読んでみてね！

20 この主人公、素直《すなお》じゃないなー！

ストレートに表されない心情

▼▼本冊69ページ

解答

ア

解説

登場人物の本心を読み取る！

小説文においては、登場人物の言動と気持ちが一致《いっち》していないこともあるので、言動だけで判断してしまうとまちがうことがあります。こうした場合でも、登場人物の本当の気持ちを理解する手がかりとなる表現が小説文の中にあるので、しっかり読み取っていきましょう。

――線部の「ちゃんと俺《おれ》を敬えよ」という坂《さか》口《ぐち》さんの発言は、直後に「わざとらしく口を尖《とが》らせ」とあることから、篤《あつし》に自分のことを敬ってほしいと本心から思っているわけではないということがわかります。篤は、坂口さんの心中について、25行目で「当然葛藤《かっとう》があったはずだ」と想像しています。努力する篤の姿を見て、弟弟子《おとうとでし》と一緒《いっしょ》にトレーニングをしようとしている兄弟子の自分について複雑な気持ちを抱《いだ》き、自分は敬われるほどの存在だと本心では思っていないとわかります。では、なぜ坂口さんがこのような発言をしたのかというと、31行目の「冗談《じょうだん》を言って強がろうとしている」という部分が根拠《こんきょ》となって、アの「引け目を隠《かく》す気持ち」であるとわかります。

思っていることを素直《すなお》に口に出せないってことは、みんなも経験があると思う。実生活ではことばにされないとわからないことも多いけど、小説文の場合は大丈夫《だいじょうぶ》！しっかり本文にヒントがあるよ。ちなみにぼくは、けっこうツンデレキャラ好きです。

21 気持ちは一つとは限らない？

複雑な心情の把握《はあく》

▼▼本冊71ページ

解答

イ

解説

一つではない、複雑な気持ちもある！

登場人物の心の中でさまざまな感情が入り乱れていたり、相反する気持ちを抱《いだ》いていたりすることがあります。こうした**複雑な気持ちをとらえるには、その原因となるできごとを見つけることで理解しやすくなります。**

ここでは、――線部のできごとを原因として、ヒロシが抱くことになった複雑な気持ちを読み取っていきましょう。20行目に「しょんぼりと落ち込《こ》んでいるような、にんまりと笑っているような、フクザツな表情になった」とあり、さらに続く部分で、心情表現を用いてヒロシの気持ちがくわしく書かれています。「最下位」であったことについて、21行目にあるように「最下位に終わった悔《くや》しさ」を感じる一方で、「シールが一枚貼《は》ってあった」ことについては、22行目にあるように「シールがゼロではなかったうれしさ」を感じているのです。この気持ちを説明しているイが正解となります。

重松清《しげまつきよし》さんの作品は、高校入試にとてもよく出題されているよ。今回の文章のように、人物の複雑な感情描写《びょうしゃ》がすばらしい作品が多いからだろうね。

現実の世界は、「うれしい」「悲しい」というシンプルな気持ちばかりじゃないよね。小説文も同じ。「うれしいけど悲しい」「苦しいけど楽しい」といった、複雑な心情の描写をしっかりとらえていこう。

22 人の気持ちは変わりやすい？

心情の変化

▼▼本冊 73ページ

解答

ウ

解説

心情の変化は、その変化の原因を確認《かくにん》！

登場人物の気持ちが変化するときには、そのきっかけとなるできごとがあるはずです。**変化の原因をしっかり確認して、登場人物の心情の変化をとらえるようにしましょう。**

「僕《ぼく》」は刺繍《ししゅう》を趣味《しゅみ》にしていましたが、——線部にあるように、それを周囲の人には「わかってもらえるわけがない」と思いこんでいました。この思いこみが変化して、「わかってもらえる」のだと気づきます。理解されないというマイナスの気持ちから、理解してもらえるというプラスの気持ちに変化していくわけです。

刺繍の趣味を友人の宮多《みやた》に告白する前には、15行目に「文字を入力する指がひどく震《ふる》える」とあり、わかってもらえずに苦しい思いをするのではないかと緊張《きんちょう》しています。しかし、宮多から「え、めっちゃうまいやん、松岡《まつおか》くんすごいな」というメッセージが返ってきたことを原因として、自分の思いこみが解けることになるのです。したがって、思いこみが変化したきっかけは、ウの「宮多が自分の好きなものに理解を示してくれたこと」となります。

主人公は「刺繍」という、中高生の中では少し珍《めずら》しい趣味をもっているね。ぼくは小学生から「競技かるた」をしていたんだけど、中学生くらいまでは周りに理解されないことが多かったから、数人にでも理解されたときはすごくうれしかったなぁ。

23 たとえは難しい？

比喩《ひゆ》表現

▼▼本冊 75ページ

解答

ウ

解説

「何を」「何に」たとえているかを確認《かくにん》！

比喩は、二つのものの共通点から、あるものを別のものにたとえるものです。比喩を理解するには、**「何を」「何に」たとえているのかを考えて、共通点を見つけるようにしましょう。**

本文では「黒い雨雲のような」と、「〜ような」が続いていて、直喩（明喩）が用いられています。「黒い雨雲」は晴れた空を覆《おお》い隠《かく》すものなので、直前の一文から、「嬉《うれ》しいという気持ちを覆い隠そうとしている別の感情」をたとえたものだと判断できます。したがって、「体」「未来」をたとえたものとしているイ・エは不正解です。この「別の感情」についてくわしく読み取っていきましょう。「僕《ぼく》」は交通事故に遭《あ》って陸上部での活躍《かつやく》をあきらめて放送部に入っていること、また、最後の一文に「陸上部に入っていたら、この黒い雲は湧《わ》き上がってこなかったのではないか」とあることから、「黒い雨雲」がたとえているのは、良太《りょうた》の活躍を素直《すなお》に喜べずに嫉妬《しっと》する気持ちであるとわかります。したがって、ウが正解です。

比喩表現は、論説文にもよく出てくるし、小説文にもたくさん出てくる。そしてなにより、問題としても問われやすい。比喩表現は苦手な人も多いから、ここで理解を深めておくと差をつけられるよ！

24 うれしいと景色が輝《かがや》いて見えるよね！

情景描写《びょうしゃ》

▼▼本冊77ページ

解答

イ

解説

情景描写は登場人物の心情とリンク！

小説文には、登場人物の心情や行動が描《えが》かれているだけでなく、登場人物を取り巻く景色や目にした景色が描かれています。こうした**情景描写には、登場人物の気持ちが反映されていることがあります。**

――線部の「すっかり花の散りきった桜の葉が青々として、すがすがしかった」という情景描写からは、「私」が桜の葉の青々とした様子にすがすがしさを感じていて、快いものとしてプラスの気持ちで見ていることがわかります。

このように「私」の目に景色が快いものとして映っているのは、どのような気持ちでいたからなのかを読み取っていきましょう。9行目の「どれもが未知の大学生活への扉《とびら》であり、私はなけなしの好奇心《こうきしん》でいっぱいになった」、26行目の「来《き》るべき薔薇《ばら》色の未来への期待に我を忘れていた」などから、「私」の心は好奇心や期待で満ちていたことが読み取れます。したがって、イの「これから始まる新生活に期待して希望にあふれる気持ち」が正解となります。

小説文にはよく「景色」や「天気」などの情景描写が登場するよね。現実世界だと、ぼくたちの気持ちと情景は関係ないことが多いけど、小説文はそうじゃない。小説文の中の描写には、必ず作者の意図がある。意味のない情景描写が入ることはないから、問題文に情景描写があったら注意！

25 いきなり昔の話になってる？

場面の変化

▼▼本冊79ページ

解答

あの日〔7行目〕～出す。〔20行目〕

解説

場面の変化は、時間や場所をチェック！

小説文は場面をふまえたうえで読んでいくと理解しやすくなります。**場面の変化をとらえるには、まずは時間の変化に注目して、場所・人物・心情の変化の順に確認《かくにん》していきましょう。**

最初の場面は、「私」と「とっくりさん」が図書館で会話をしているところを描《えが》いています。ところが、7行目には「三十年以上たった今でも」とあり、ここから時間が変化していることがわかります。つまり、6行目までが「あの日」の場面で、7行目からは「今」の「私」が「あの日」のことを回想している場面になっているのです。回想で実際に行動している人物は「私」だけですが、21行目には「ミーナは待ちきれずに玄関《げんかん》ホールのベンチに座《すわ》っていた」とあり、ここからミーナが登場して人物がふえています。登場人物の変化と二人の会話の内容から、21行目からは再び「あの日」のことを描いた場面へと変化していることが読み取れます。

小説文では、突然《とつぜん》昔の話が始まったり、少し前のできごとが挿入《そうにゅう》されたりすることがよくある。前後関係を考えずに読んでしまうと意味を理解できなくなってしまうから、場面の変化には注意が必要だ。逆に言うと、展開についていけなくなったら「場面が変わっているかも？」と疑って、少し戻《もど》って読んでみるといいよ。

26 人物像の把握《はあく》

「どのような人物か」って聞かれても……

▼▼本冊 81ページ

解答

イ

解説

さまざまな側面から人物像をとらえる！

人物像とは、登場人物がどんな性格や人柄《ひとがら》をしているのかということです。現実の人間と同様、登場人物の性格や人柄もいろいろなので、言動などを手がかりに**さまざまな側面から人物像をとらえていくようにしましょう**。

「私」の人物像をとらえるために、性格や人柄がわかるような描写《びょうしゃ》を探していきます。13行目に「リコーダーのことで他の人が誉《ほ》められるのがちょっと悔《くや》しい」とあることに注目しましょう。考え方には、その人の性格が反映されています。したがって、「私」には負けず嫌《ぎら》いな面があることがわかります。また、20行目の「おもちゃみたいなプラスチックのジャーマン式リコーダーをピーピー鳴らしてただけの人たちとは違《ちが》うんだ」や23行目の「クラスの他の子たちは、リコーダーが八種類あるのを絶対知らない」という描写にも注目しましょう。「私」はほかの人よりもリコーダーにふれる機会が多く、練習を重ねてきたので、リコーダーにもくわしいという自負があることがわかります。したがって、「自分の特技に誇《ほこ》りをもつ、負けず嫌いなところのある人物」というイが、「私」の人物像としてあてはまります。

今回の主人公は、リコーダーの腕《うで》に自信があったのに、アルト・リコーダーの演奏に苦戦しているね。そしてほかの人が誉められて悔しい思いをしている。自信がくずれる瞬間《しゅんかん》は登場人物にとってとてもつらい場面だけど、それだけ大きく感情が動くから、小説文の問題ではよく取り上げられるよ。

27 随筆文を読むコツ

随筆《ずいひつ》文ってどんな文章のこと？

▼▼本冊 85ページ

解答

エ

解説

随筆文も読み方は論説文・小説文と同じ！

随筆文でも、論説文や小説文と同じように、**文章中に書かれていることをもとに読み取っていきます**。

本文は、筆者が小学校三年生のときの思い出を書いた「小説文っぽい随筆文」です。このような随筆の場合には、筆者の気持ちを読み取っていくようにします。ちなみに「論説文っぽい随筆文」の場合は、筆者の主張を読み取っていくようにします。

では、――線部のときの「私」の気持ちをとらえるために、「私」の置かれている状況《じょうきょう》を読み取っていきましょう。「私」は病院に通院していて、そのあとに「母の足が鰻屋《うなぎや》に向《むか》う」と、それが原因で「気が重く」なっていることがわかります。それは、9行目に「ゆとりがなかった」とあるように、12行目の「母のへそくり」で鰻丼を食べることになるからで、経済的に苦しい中で自分においしいものを食べさせようとしてくれる母への申し訳なさを感じていたのだと読み取れます。したがって、エの「自分に尽《つ》くしてくれる母に対してうしろめたく思う気持ち」が正解です。病気の娘に好物の鰻を食べさせようとしてくれる母の心遣《こころづか》いに感謝しつつも、家計が苦しい中、母が貯《た》めたへそくりを使ってほかの家族に内緒《ないしょ》でおいしいものを食べることに、うしろめたさを感じているのです。

向田邦子《むこうだくにこ》さんの「ごはん」は、ぼくも中学生のときに教科書で読んだことがあって、今でもすごく記憶《きおく》に残っているよ。「気《き》持《もち》ちが晴れなければおいしいものはやっぱりおいしくない」という二つの心情が、当時はよくわからなかったけど、今ではすごくよくわかるようになったなぁ。「食べものの味」も「人生の味」も、人生経験によって感じ方が変わってくるんじゃないかと思うんだよね。

28 こんなことば、初めて見たよ！

筆者のオリジナル表現

▼▼本冊87ページ

解答

エ

解説

オリジナル表現に筆者の思いあり！

随筆《ずいひつ》文では、ほかでは見られない筆者のオリジナル表現が用いられることがあります。こうした**オリジナル表現がある場合は、筆者が説明していることばの意味やエピソードをしっかり理解し、そこに込《こ》められた筆者の思いをつかむようにしましょう。**

この随筆文では、「忘れ物エンジェル」というオリジナル表現が用いられています。忘れ物についてのエピソードを通じて、このオリジナル表現に込められた筆者の思いを読み取っていきましょう。筆者は、13行目で「慎重《しんちょう》と云《い》えば聞こえがいいが、臆病《おくびょう》とか、せこいとか思われるような気がする」と述べていて、忘れ物をしない自分を恥《は》じているところがあります。さらに、21行目で「むしろ突拍子《とっぴょうし》もない忘れ物をするようなキャラクターこそが愛される」と述べ、長嶋茂雄《ながしましげお》さんの忘れ物の話を、24行目で「天使のエピソード」と表し、忘れ物をすることを好ましいこととらえていることがわかります。つまり、「忘れ物エンジェル」とは、忘れ物をするほほえましい天使のような人物を指すと読み取れるので、正解はエの「抜《ぬ》けたところはあるものの、天真爛漫《てんしんらんまん》で愛すべき性格の人物」となります。

じつはぼく、かなりうっかりが多いんだ。降りる駅で降り忘れたり、逆に一つ手前で降りてしまったり……。日々そんなことをしているから忘れ物も多いんだけど、本文の筆者は、逆にそんな人のことをうらやましく思っているんだね。個人的には、忘れ物をしない人のほうがよっぽどうらやましいけどなぁ……。

29 詩は苦手なんです!

詩を読むコツ

▼▼本冊89ページ

解答

問1 ア

問2 ①ア　②エ　③ウ

問3 イ

解説

詩は、種類と表現技法をおさえる!

詩は、「文語定型詩」「口語自由詩」などの**種類をおさえましょう**。また、**詩に使われる表現技法とその効果を覚えておきましょう**。

問1 この詩は、今のことばで書かれていて、音数に一定の決まりがありません。したがって、詩の種類はアの「口語自由詩」です。

問2 ——線部①には「～のように」とあるので、アの「比喩《ひゆ》」が用いられています。——線部②は、「きのうからきょうへと」のあとには、どうなる、どうするにあたることばが続くはずなのにそれがないので、エの「省略」が用いられています。——線部③は「少しずつ」ということばが繰《く》り返されているので、ウの「反復」が用いられています。

問3 この詩の題名は「空をかついで」で、おとなから子どもへ、「かついで」いるものを移しかえていくと書かれています。詩からは、アの「大勢の人がつながりあって生きていることの息苦しさ」やウの「空を見たときの感動」、エの「成長していくことへの不安」は読み取れません。したがって、イの「大人から子どもへ世界を引き継《つ》いでいくことの重大さ」が作者の伝えたかったことであると考えられます。

「詩」に関する問題は難しいよね。実際にぼくも、中学生のときは詩が苦手だったんだ。だけど、出題されるパターンは同じようなものが多いから、慣れればちゃんと正解できるようになるよ。「詩の種類」と「詩に使われる表現技法」がわかると、詩が読みやすくなるから、必ず覚えておこうね!

30 短歌や俳句はもっと無理!

短歌・俳句のポイント

▼▼本冊91ページ

解答

問1 A エ　B イ　C オ

問2 E

問3 E・F・G〔順不同〕

問4 G

解説

短歌は句切れ、俳句は切れ字に注目!

短歌や俳句でも、詩と同様に表現技法に注目して読み取っていきます。

問1 Aは「銀杏《いてふ》ちるなり」の直後で意味が切れるので、四句切れの短歌です。Bは「哀《かな》しからずや」の直後で意味が切れるので、二句切れの短歌です。Cは意味の切れ目がないので句切れなしです。

問2 D～Gの俳句の季語と季節は、Dが「雪」で冬、Eが「名月」で秋、Fが「菜の花」で春、Gは「椿《つばき》」で春となります。俳句では、季語が問われることが多いので、季語とそれが表す季節をしっかり覚えておきましょう。季語は旧暦《きゅうれき》をもとにしているので現在の季節感とはずれるものもあるので注意が必要です。

問3 切れ字の「かな」「や」「けり」が用いられているのは、EとFとGの俳句です。

問4 鑑賞《かんしょう》文に「色の対比」「落ちているもの」「対照的な色彩《しきさい》の鮮《あざ》やかさ」とあるので、対照的な色が描《えが》かれたものを探すと、Gの俳句の散り落ちた「赤い椿」と「白い椿」の赤と白の色彩がそれにあたるということがわかります。

短歌で使われる「五七調」や「七五調」は、日本人にはかなりなじみ深いと思う。七音と五音の組み合わせを読んでいくと、すごくリズムがよくて、心地《ここち》よく感じるはずだ。それはきっと、千年以上前からぼくたちの先祖がつないできた文化だからだろうね。

---

31 自信があったのに まちがえた！ なんで？

高得点をとるためのコツ

▶▶本冊 95ページ

解答

イ

解説

まずは設問をしっかり読んで確認《かくにん》！

問題を解き始める前に、**まずは設問をしっかり読んで、何が問われているのかを確認するようにしましょう**。やみくもにとりかかるのではなく、設問を把握《はあく》したうえで考えていくのです。

今回の設問では、「——線部とあるが、このとき『私』はどのような気持ちになっているか」と、登場人物の「気持ち」が問われています。そこで、「教室の中で立ちすくんでいる」と様子を説明しているアと、「教室が気まずい空気に包まれている」と状況《じょうきょう》を説明しているエは除外できます。設問に従って、このときの「私」の「気持ち」がわかる表現を探していくと、——線部のあとに「私は心臓がどきどきし始めるのを感じた」「二人ともに避《さ》けられている」とあります。ここから、「私」は友達の萌《も》絵《え》と史奈《ふみな》に避けられ、動揺《どうよう》していると考えられます。したがって、イの「友達二人に避けられているとわかって不安になっている」が正解となります。ウは「腹を立てている」と気持ちを説明したものではありますが、これは「私」の気持ちではなく、萌絵の気持ちなので不適切です。

設問をよく読むというのは本当に大切なことなんだ。ぼくはふだん、中学生だけじゃなくて高校生に勉強を教えることも多いんだけど、たとえば、京都大学を受けるような受験生でも、ユウマくんのようなミスをよくしてしまうんだ。設問をよく読むことは、国語だけじゃなくほかの教科でも重要なことだから、ここでしっかり身につけよう！

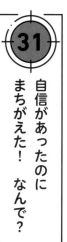

32 選択肢《せんたくし》のまちがいを探すのはよくないの？

積極法を使おう

▼▼本冊 97ページ

解答

エ

解説

自分で考える「積極法」を使って解く！

選択問題は、まずは積極法を使って解くようにしましょう。あらかじめ自分で答えを考えたあとで、選択肢を見て自分が考えた答えに合うものを選ぶのです。

――線部「日本人が合いの手や相づちを求める理由」について、筆者は直後で「言語の成り立ちにも関係している」と述べています。日本語という言語は、肯定《こうてい》か否定かの表明は、4行目で「文章の最後に決定される」と説明されています。つまり、13行目にあるように「相手の反応を窺《うかが》いながら、自分の言うことを決められるという、まことに便利な言語のつくりになっている」のです。この言語の成り立ちにより、日本語を使う日本人は、17行目や22行目で述べられているように「相手やまわりの状況《じょうきょう》を見てから自分の意見を決める傾向《けいこう》がある」、「相手の反応をいちいち細かく確認《かくにん》しながら、話をしたい」というのです。日本人は、相手やまわりの状況や反応を見てから話そうとするので、合いの手や相づちがあると話しやすいということなのです。こうして導き出した答えに合うのは、エの「相手の状況や反応を確認しながら話そうとするから」という選択肢です。

「消去法」は有名だけど、「積極法」ということばは初めて聞いた人も多いのではないかと思う。「積極法」は、言ってしまえば、「消去法」を使わない普通《ふつう》の解き方だ。「消去法」のほうが解き方のテクニックっぽいから、どうしてもそちらばかりを使ってしまいがちだけど、「消去法」では解けない問題もあるから、「消去法」だけにたよるのは危険なんだ。まずは「積極法」を使って考えるということを、肝《きも》に銘《めい》じておいてね。

33 選択《せんたく》問題の正解率がビミョーなんです……

選択問題の攻略《こうりゃく》

▼▼本冊 99ページ

解答

エ

解説

本文の内容を言い換《か》えた選択肢《せんたくし》に注意！

積極法で選択肢が見つけられない場合には、**選択肢の中で本文の内容が言い換えられていないかを確かめるようにしましょう。**

――線部「SNS的人間」とは、直前に「これすなわち」という言い換えの目印となる表現があることから、この前で説明されている「ネット上のつながりばかりに興味がいき、自力で考えることや、読み書きがおろそかになっているとすると、それは思考の軸足《じくあし》が『私』ではなく『皆《みな》』にある」ような人間のことだとわかります。エの選択肢では、「ネット上のつながりばかりに興味がいき」が「つながりに関心をもち」に、「思考の軸足が『私』ではなく『皆』にある」が「集団に重点を置いて」に、「自力で考えることや、読み書きがおろそかになっている」が「自力で思考しようとしない」に言い換えられています。ウには「思考の軸足」という本文の表現が用いられていますが、これだけで正解と勘違《かんちが》いしないように注意しましょう。

本文のことばが言い換えられている選択肢の問題は、たしかに難しく感じてしまうよね。でも、周りと差がつくのはまさに、そういう問題なんだ。しかもやっかいなことに、ほかの選択肢には「本文と同じことばが使われているけど、筆者の主張とは異なる内容になっているもの」もあったりする。そういう選択肢に引っかからないようにするためにも、「積極法」を使って、まずは自分で答えを考えるようにしよう。

本文のことばが言い換えられている問題にも正解できるようになれば、国語で高得点が取れるようになるのはまちがいなしだよ。

34 消去法はどんなときに使えばいいの？

消去法の使い方

▼▼本冊101ページ

解答

エ

解説

答えが見つからなければ消去法を使う！

選択《せんたく》問題では、積極法を使って解くのが原則ですが、**適当な答えが見つからない場合には例外として消去法を使って解きます**。選択肢《せんたくし》を区切って、本文の内容と照らし合わせて正誤を判断するようにしましょう。

——線部「両立説」とは、直前にあるように「人間が自由意志を持つということは決定論と両立する」という説のことです。これをそのまま説明している選択肢はないので、消去法を使って選択肢を区切りながら答えを探していきましょう。アは、「脳のせいであるという考え」はそもそも「決定論」のことなので誤りです。イは、「人の脳回路の特性」は「人の性格の良《よ》し悪《あ》しに影響《えいきょう》」すると本文に書かれているうえ、人間の「自由意志」を両立するという内容が書かれていないので誤りです。ウは、「人の性格は脳回路ではなく」と、決定論を否定しているので誤りです。本文では、人の性格について、24行目で「その人の脳回路の特性によるものであり、」27行目で「その人の心の持ち方のせいでもある」と書かれているので、この内容と一致《いっち》するエの「人の性格の悪さはその人の心がけと脳回路のどちらにもよる」が正解となります。

本冊100ページでは、選択肢を区切って○か×をつけることを学んだね。ただし、時間制限がある試験中には、どちらとも判断がつかない場合もある。そんなときには「△」をつけておくといいよ。たとえば、もっともふさわしいものを一つ選ぶ問題で、ほかの選択肢にはすべて×がつくようなら、△の選択肢を選べばいい。

でも、△を使いすぎると、結局何も選べなくなるから、注意が必要だよ。

35 選択《せんたく》問題、最後の二つでまちがえた！

誤り選択肢《せんたくし》のパターン

▼▼本冊103ページ

解答 ア

解説

まちがい選択肢のパターンを知る！

選択問題では、**選択肢のまちがいのパターンを知っておくと正解を選びやすくなります。**

この問題では、「聴《き》いても言葉を返しようがないとあらかじめわかっているとき」に「聴くことがむずかしい」理由を答えます。

本文では、10行目の「一つは」、15行目の「第二に」、20行目の「第三に」、24行目の「そして最後に」のあとで、聴《き》くことがむずかしい四つの理由が挙げられています。したがって、この四つの理由をまとめているアの「答えがないとわかっていて本当に苦しいときは話さないもので、語ってもらえなかったり過剰《かじょう》に反応してしまったりするから」が正解となります。イの「必ず相手に内容が伝わらないことになる」は、「必ず」ということばが使われていて、言いすぎのパターンです。ウは「本人が口を開かないために家族が過剰に反応する」とありますが、「家族が過剰に反応してしまう」ために「二度と口を開かなくなる」のであり、因果関係がまちがっているパターンです。エの「本人も気づかないうちに嘘《うそ》が紛《まぎ》れ込《こ》んで真《しん》偽《ぎ》の判断をするのが難しくなる」は、本文にないことが書かれているパターンです。さらに、「ひたすら聴くことに意味がある」は、7行目の「ひたすら聴くということ、そのことには大きな意味がこもっている。」という本文の内容と一致《いっち》していますが、聴くことが難しいということの理由にはならず、問題の答えとは違《ちが》うことが書かれているパターンです。

今回解説した、「まちがい選択肢のパターンを知っておく」のはもちろん有効。そしてもう一つ、「選択肢どうしを比べる」という方法も有効だ。二つの選択肢を見比べて、異なる箇所《かしょ》を見つけてみよう。そうすると、重点的に確認《かくにん》すべきポイントが見えてくるから、正解しやすくなるんだ。これもぜひ覚えておいてね！

36 本文の内容と一致《いっち》するものを選ぶときは？

内容一致問題の攻略《こうりゃく》

▼▼本冊105ページ

解答 イ

解説

選択肢《せんたくし》と本文を丁寧《ていねい》に照合して確認《かくにん》！

選択肢の正誤を文章全体の内容をふまえて判断しなければならない場合には、**選択肢の内容を文章の内容に照らし合わせて丁寧に確認していくようにします。**

本文は難しい語句が使われていて難解な印象を受ける文章ですが、注を参考にして書かれている内容を読み取っていきましょう。10行目にあるように「先駆《せんく》的に知る力」とは「学ぶ力」のことです。「学ぶ力」を子どもたちが「訓練を受けず」「発達させてきた」とは本文に書かれていないので、アは誤りです。イは、最後の段落で筆者が主張している内容と一致《いっち》します。ウは、「学ぶ前から」とありますが、5行目の「私たちはこれから学ぶことの意味や有用性を、学び始める時点では言い表すことができない」という内容と一致しないので誤りです。エは、14行目の「報酬《ほうしゅう》の確証が与《あた》えられなければ学ぶ気が起こらない」というのは仮定の話であり、「確実な報酬があるときのみ」人が意欲的に学ぶとは限らないので誤りです。

今回の練習問題の文章は、使われている表現が少し難しかったね。
本番の入試でも、文章中に知らないことばが出てくることはあると思う。そういうときに、「難しい！　わからない！」とあせる必要はないんだ。一般的《いっぱん》に、文章が難しいときには、設問自体はそんなに難しくないことが多いんだ（設問も難しいと、だれも解けなくて、差がつかなくなってしまうからね）。
だから、もしもわからない表現が出てきて難しいと感じても、あせらずに読んでいって、丁寧に問題を解いていくようにしよう。

37 抜《ぬ》き出しはすごく時間がかかるんだよね……

抜き出し問題の攻略《こうりゃく》

▼▼本冊109ページ

解答

特別扱い〔8行目〕

解説

設問をよく読んで抜き出すことばを探す！

文章中からことばを抜き出して答える問題では、**何を探すのかを設問を読んで確認《かくにん》してから、抜き出すことばを探すようにします。**

今回の場合、設問で「なぜそうなったのか」と、心《しん》が「暗い顔」になった理由が問われていて、その理由が「コンテストの校内選考で□されそうなことが嫌《いや》だから」と説明されています。探すのは、この空欄《くうらん》にあてはまることばです。そこで、心がコンテストの校内選考をめぐって、どのような状況《じょうきょう》にあるのかを読み取っていきましょう。8行目で「特別扱《あつか》いされることのほうが、嫌なんよ」、25行目で「コンテストには校内選考で勝たんと出られんのやけど、ほかの学科の先生から女子が出たほうが学校のPRになるから、私が選ばれるやろうって、言われた」と心は言っています。23行目にあるように、「外部の人にはやはりまだ女子は特別だという思いがある」ことで自分のがんばりが認められないような状況に、心は苦しい思いをしていることがわかります。したがって、心が「暗い顔」になっている理由として、8行目から「特別扱い」を抜き出すことができます。

今回の練習問題の文章は、前書きをしっかり読まなかった人だと状況を理解するのに時間がかかったかもしれないね。7行目に、「仏壇《ぶつだん》の前だからだろうか」と書かれているので、登場人物の「心」は、亡《な》くなったおじいさんの仏壇の前で、おばあさんと話していることがわかる。それさえつかめれば、内容を理解すること自体はそんなに難しくなかったんじゃないかな？

38 抜《ぬ》けている文を戻《もど》す問題が苦手！

脱文挿入《だつぶんそうにゅう》問題の攻略《こうりゃく》

▼▼本冊111ページ

解答

返し起こっています。〔8〜9行目〕

解説

戻す文の中に手がかりはある！

抜けている文を文章の中に戻す脱文挿入問題では、前後の文脈を正しくつかむことが大切です。どのような話の流れの中にあった文なのかを考えていくのです。**戻す文の中に接続語や指示語があればそれを手がかりにして、戻す場所を考えます。**

今回の場合、戻す文には「つまりあの地震《じしん》は……」と、「つまり」という接続語と「あの」という指示語が用いられています。「つまり」があるということは、前後で同じ内容が言い換《か》えられているということです。地震が「起こるべくして起こった」という内容が書かれている段落を探すようにしましょう。第2段落では、二〇一一年の東日本大震災が発生した場所は、大昔からプレートの境界面でのひずみが繰《く》り返し発生してきた場所であり、ひずみが解消するときに放出されたエネルギーが原因で地震が起きたと、地理的に地震は起こるべくして起こったものだということが説明されています。さらに、「あの地震」の「あの」という指示語は特定のものごとを指すので、ここでは「二〇一一年の東日本大震災」を指していると考えられます。したがって、第2段落の最後に戻すのが適当です。

脱文挿入問題は、苦手な人が多いね。でもコツさえつかめば、簡単に解けるようになるよ。

ただ、試験中にあせってドツボにハマるとなかなか抜け出せなくなるから、全然わからないときにはさっさと次の問題に行くのもアリだ。これはほかの問題に対しても言えること。**一つの問題に時間をかけすぎないようにする**のも、高得点を取るコツだよ。

39 空欄《くうらん》に入ることばなんてわからないよ！

空欄補充《ほじゅう》問題の攻略《こうりゃく》

▼▼本冊113ページ

解答

A ウ　B ア

解説

前や後ろを手がかりに空欄を補う！

空欄補充問題では、**前か後ろに手がかりとなることがあるので、それをヒントにあてはまることばを考えるようにしましょう。**

[A]・[B]のある段落は、『夢』というのは」で始まっていて、「それとも」という接続語の前後で[A]と[B]の内容が対比されていることが手がかりになります。つまり、夢についての対照的なあり方がそれぞれの空欄にはあてはまることになります。夢について、この文章では、8行目に「他者に認められて初めて実現する夢を思い描《えが》く人が実に多い」、19行目に「自分のためではなく、周囲の他者のために夢を実現しようとしている」とあり、さらに高級時計を買おうとする人の例を挙げて、25行目で他者に「見せたい」という気持ちが内心

にはあると指摘《してき》しています。ここから、他者の介入《かいにゅう》しない自分だけの夢と、他者が介入する夢が対比されているということがわかります。そして、A の直前には「自分」が、B の直前には「人に」とあるので、A にはウの「見たい夢」、B にはアの「見せたい夢」があてはまるとわかります。

今回の文章は、「他者」をテーマにしたもので、この「他者」というテーマは、入試でよく出題されているよ。
とくに中高生は、どうしても「周り」の影響《えいきょう》が大きくなってしまうよね。もちろん、それはしかたのないことなんだけど、だからこそ、本文に書かれているように「それは本当に自分のしたいことなのか」ということを、たまに考えてみてほしいな。

40 「だから」も「そして」も両方入る？

接続語の空欄《くうらん》補充《ほじゅう》問題の攻略《こうりゃく》

▼▼本冊115ページ

解答

ウ

解説

文と文の関係をつかんで、接続語を選ぶ！

接続語は、文と文をつなぎ、どのような関係にあるのかを示します。逆に言えば、接続語は前後の文の関係によって使うものが決まっているので、**文と文の関係をつかめば、空欄にあてはまる接続語がわかることになります。**

A の前では「時間にかんする複雑なしきりを設けることで、やはり自分を位置づけ集団との関係をコントロールし、また意識の切り替《か》えを行っている」と述べられていて、その具体例として、あとで「ベッドに入る時間的しきり」や「深夜に電話をしてはならないという時間のしきり」を挙げています。したがって、例示のはたらきをする「たとえば」があてはまります。言い換《か》えたりまとめたりするはたらきをする「つまり」はあてはまりません。

B の前後では「実に多様なしきりがわたしたちの暮らしを構成している」という内容に、「そのしきりの変化は、人々の生活の変化とかかわっている」という内容が付け加えられているので、前の文にあとの文を付け加えるという添加《てんか》のはたらきをする「そして」があてはまります。前のことがらを原因としてあとに結果を述べるはたらきをする「だから」は、あてはまりません。

したがって、「たとえば」と「そして」の組み合わせになっているウが正解となります。

空欄にあてはまる接続語を選ぶ問題は、ついつい「順番に入れてみて、なんとなく合いそうなものを選ぶ」というやり方になりがちだよね。簡単な問題ならそれでも解けるけど、ちょっと難しくなるとそうはいかない。だからこそ、本冊114ページで解説したように、前後の関係をつかむことが重要になるんだ。

41 決まった組み合わせがわかればラッキー！

呼応の副詞

▶▶本冊117ページ

解答

A ア　B エ

解説

副詞と呼応することばを覚えておく！

空欄《くうらん》補充《ほじゅう》問題では、前や後ろに手がかりがあると説明しましたが、**呼応の副詞が用いられている場合には、組み合わせて使われることばが重要な手がかりになります。**

A の前に「まるで」という副詞があることに注目しましょう。「まるで」は呼応の副詞で、あとに「ようだ」などを伴《ともな》って比喩《ひゆ》を表します。したがって、A にはアの「生き物の様に」があてはまるとわかります。イの「完全に違いなく」やウの「悲劇的な人生と言わざるを得ない」やエの「口惜《くちお》しそうな口調ではなかった」は、「ようだ」などがないので不適切です。

B の前には、「たいして」という副詞があります。「たいして」は「たいして～ない」と、あとに打ち消しの表現を伴って、「さほど～でない」「それほど～でない」という意味を表します。ウ・エのどちらにも「ない」「なかった」と打ち消しの表現がありますが、ウでは文意が通じません。B のあとには「明るい顔付き」と続いているので、文脈から判断してもエの「口惜しそうな口調ではなかった」があてはまるとわかります。

井上靖《いのうえやすし》さんの『あすなろ物語』、ぼくも中学生のときに読んだなぁ。「あすなろ」は漢字で「翌檜」と書くんだ。檜《ひのき》よりも小さいことが多い木で、「明日は檜になろう」という思いから「あすなろ」と呼ばれるようになったという説があるよ。あすなろのように興味深い由来をもつ植物は多いから、ぜひいろいろ調べてみてほしいな。

42 記述は苦手だからいつも白紙……

記述問題の攻略《こうりゃく》

▶▶本冊119ページ

解答

(例) 自分の思いをなんとかうまく表現し、それがきちんと相手に伝わってほしいということ。

解説

記述問題も選択《せんたく》問題も解き方は同じ！

記述問題も選択問題と同じように、設問をしっかり読んで自分で答えを考えていくことが大切です。**記述問題を解くときにも本文に必ず手がかりがあるので、本文の中に手がかりを探して、答えとなる部分のことばを使って答えを作成するようにします。**

設問では「――線部『発言者の思い』とあるが、発言者はどのようなことを願っているのか」と問われています。そこで、発言者が願っていることが書かれている部分が答えとなると考えることができます。その手がかりを探すと、11行目に「ことばの基本にあるのは、自分の思いをなんとかうまく表現し、それがきちんと相手に伝わってほしいという願いだ」とあり、発言者が願っていることが書かれている部分が見つかります。この部分を答えとしてまとめていくことになります。「どのようなこと」と問われているときは、答えの文末を「〜こと。」とまとめるようにしましょう。「三十字以内」などの字数指定がある場合には、字数が多すぎても少なすぎても減点となるので、省略したり表現を変更《へんこう》したりして、その字数内でまとめるように注意しましょう。

記述問題は苦手な人が多いし、最近ではマークシートのみの試験も多いから、あまり重要視されない場合もある。でも、ぼくは記述の練習はとても大事だと思ってるよ。記述問題ができれば、選択《せんたく》問題も正解できる。国語の力をつけるためには、記述問題にも積極的に取り組もう！

43 グラフや表、これって国語なの？

図表問題の攻略《こうりゃく》

▼▼本冊121ページ

解答

問1 Ⅰ 68　Ⅱ 508000

問2 イ

解説

ポイントをしぼって図表を確認《かくにん》！

図表を扱う新傾向《けいこう》問題では、**設問をしっかり読んで、見るべきポイントをしぼるようにしましょう。**

問1 設問では Ⅰ ・ Ⅱ にあてはまる数字が問われているので、それぞれの空欄《くうらん》の前に書かれている項目《こうもく》についてのグラフの数字が見るべきポイントになります。【資料1】から、「可燃ごみ・不燃ごみとして廃棄《はいき》」する割合は68％だとわかります。【資料2】から、「可燃ごみ・不燃ごみに出される衣服の総量」は「508000トン」だとわかります。

問2 Ⅲ にあてはまるのは、Cさんが【資料1】・【資料2】を見て大切だと考えていることです。【話し合いの一部】を参考にして、Cさんの考えを読み取りましょう。Cさんは多くの服が「焼却《しょうきゃく》・埋《う》め立て」されることが「環境《かんきょう》への大きな負担」にならないようにしなければならないと考えているのです。そのために大切なことは、イの「むやみに服を買ったり簡単に服を捨てたりしないようにする」だと考えられます。「むやみに服を買ったり簡単に服を捨てたり」してごみにしなければ、「環境への大きな負担」になるほど多くの服を「焼却・埋め立て」する必要がなくなるのです。

図表問題は、慣れてしまえば論説文や小説文よりも簡単。短時間でパパッと解いて、ほかの問題に時間を使おう。
論説文や小説文の問題は、設問より先に本文を読むのが原則なんだけど、図表問題では、設問をチェックしてからグラフや表を探したほうがはやく解けることが多いよ。

44 古文って宇宙語なんですけど……

古文を読むコツ

▼本冊125ページ

解答

問1 ①あわれなり ②いうらん ③こころわこう ④まなこい ⑤よろず ⑥おかし

問2 ①ア ⑥エ

解説

歴史的仮名遣《かなづか》いと重要古語に注意！

古文は、歴史的仮名遣いと重要古語をマスターすると、ぐっと理解しやすくなります。

問1 ①「あはれなり」の「は」は「わ」に、②「言ふらむ」の「ふ」は「う」に、さらに「む」は「ん」に直します。③「心わかう」は、「かう（ア段＋う）」を「こう（オ段＋ウ）」に、④「まなこゐ」の「ゐ」は「い」に、⑤「よろづ」の「づ」は「ず」に、⑥「をかし」の「を」は「お」に直します。

問2 ①「あはれ」には今では「かわいそうだ・気の毒だ」という意味がありますが、古文では、アの「しみじみとした感じがする」という意味でよく用いられます。また、⑥「をかし」には「おかしい・こっけいだ」という意味がありますが、ここではエの「おもしろい」という意味で用いられています。

古文は好きじゃないって人も多いよね。でも古文を読むと、ぼくたちの先祖がどんな暮らしをしていて、どんなことを考えていたのかがわかって楽しいよ。ライフスタイルも文化も違《ちが》うから、今と異なることも多いけど、「人を好きになる気持ち」や「景色を美しく思う気持ち」は変わらないってことがわかって、なんだか感動するんだ。

45 係り結びって何？

係り結び

▼本冊127ページ

解答

問1 イ

問2 ぞ

問3 エ

解説

係り結びをマスターしよう！

「ぞ・なむ・や・か・こそ」の五つの係り助詞と結びの変化・意味を覚えておきましょう。

問1 [A]のあとが「心地《ここち》す」という終止形ではなく、「心地すれ」と已然《いぜん》形になっていて係り結びになっていることから、係り助詞があてはまることがわかります。ア～エの助詞の中で、係り助詞はイの「こそ」だけです。

問2 係り助詞の「ぞ」が用いられ、文末の「多し」が連体形「多かる」となって結びが変化して係り結びとなっています。係り結びによって、強意の意味を加えています。

問3 [B]の前に「こそ」という係り助詞が用いられていますが、[C]の前には係り助詞は見当たりません。したがって、「をかし」の已然形と終止形があてはまると判断できるので、正解はエです。

今回は『徒然草《つれづれぐさ》』が取り上げられているね。徒然草は、iPhoneをつくったあのスティーブ・ジョブズも読んでいたという作品だよ。「今この瞬間《しゅんかん》を大切に生きる」というメッセージが込《こ》められていて、現代を生きるぼくたちにもよい教訓になるよ。

46 古文はどうやって読めばいいの？

省略を補う／助詞・助動詞

▼▼本冊129ページ

解答

問1 ウ

問2 が〔の〕

問3 ③ア　④イ

解説

省略と、助詞・助動詞の意味に注意！

古文は、**省略されたことばを補いながら読んでいきましょう**。また、**助詞・助動詞の意味を知っていると、内容が理解しやすくなります**。

問1 「桜の」の「の」は主語を表す助詞で、「桜が」と訳すことができます。「めでたし」は、古文では「すばらしい、みごとだ」という意味で用いられます。「たり」「ける」は助動詞で、それぞれ存続・過去の意味を加えます。「に」は「～ところに」という意味の接続助詞です。

問2 古文では助詞が省略されることが多いので、補いながら読む必要があります。「この児」のあとに「泣きける」と続いているので、「この児」は主語、「泣きける」は述語だとわかります。したがって、「この児」のあとに主語を示す助詞の「が」を補いましょう。

問3 ③「泣きける」の「ける」の終止形は「けり」で、過去の意味を加える助動詞です。したがって、現代語訳はアの「泣いた」となります。この少年が泣いた姿を見て、僧は近寄ったのです。また、④「苦しからず」は、形容詞「苦し」に助動詞「ず」が接続したものです。「ず」は打ち消しの意味を加えるので、現代語訳はイの「つらくはない」になります。少年は、桜の花が散ることはどうすることもできないので、つらくはないと言ったのです。

「が・は・を」などの助詞が省略されるというのは、じつはすごく大事だし、知っていると文章がすごく読みやすくなるよ。逆に言うと、「が・は・を」以外の助詞、「に」とか「の」が省略されることはほとんどないんだ。これは高校生になってからも使える知識だから、ここでしっかり身につけてね！

47 昔の人はどんな暮らしをしていたの？

古文常識

▼▼本冊131ページ

解答

ア

解説

古文の世界の人々の暮らしは今と違《ちが》う！

SF小説を読むときはその世界観を知ることでより深く味わうことができるように、**古文も古文に登場する人々が生きていた時代の暮らしを知ることで理解が深まります**。

「格子《かうし》」は、建物の柱と柱の間にはめる取り外しのできる戸です。――線部の「御格子《みかうし》おろしてよ」という大臣《おとど》の発言は現代語訳すれば「格子を下ろしなさい」という意味になります。現代の常識で考えると、ウやエのように、風雨が吹《ふ》き込《こ》まないようにしたり、光が差し込まないようにしたりするためにそう命令したのかと考えてしまいそうですが、そうではありません。直後で「男どももあるらむを、あらはにもこそあれ（男たちもいるだろうに、丸見えではないか）」と言っているように、男たちの目をさけるために格子を下ろすように言っているのです。平安時代は貴族の女性は男性に顔を見せないようにしていたことから、アの「姫君《ひめぎみ》の姿を見られないようにするため」が正解です。

【現代語訳】

（源氏の）大臣が、（明石《あかし》の）姫君のお部屋にお越《こ》しになるときに、中将の君が参上なさって、東の渡《わた》り廊下《ろうか》の小さい衝立《ついたて》の上から、両開きの板戸が開いている隙間《すきま》を何気なくおのぞきになると、女房《にょうぼう》がたくさん見えるので、立ち止まって音も立てずに見る。御屏風《ごびょうぶ》も、風がひどく吹《ふ》いていたので、押《お》したたんで寄せてあるために、見通しが丸見えになっている廂《ひさし》のお敷物《しきもの》に座《すわ》っていらっしゃる方は、誰《だれ》とも見まちがえようもなく、気高く美しく、ぱっと美しさがあふれる感じがして、春の曙《あけぼの》の霞《かすみ》の間から、みごとな樺桜《かばさくら》が咲き乱れているのを見るような気持ちである。思うようにならない、（その姿を）拝見しているわが顔にも移って来るように、魅力《みりょく》が映えこぼれて、またとなくすばらしい御有様《おありさま》である。御簾《みす》が（風に）吹き上げられるのを、女房たちが押さえて、どうしたというのだろうか、お笑いになっているのは、とてもすばらしく見える。花たちを気の毒にお思いになって、見棄《みす》てて（奥《おく》に）お入りにならない。女房たちも、とりどりにこぎれいな姿などをしているのが見渡されるけれども、目を移す気にはならない。大臣が（中将を）たいそう遠ざけて近づけようとなさらないのは、このように見る人が心を奪《うば》われずにはいられそうもない御有様なので、用心深い御気性で、もしもこのようなこともあろうかとお思いになってのことだったのかと思うと、様子が恐《おそ》ろしくなって、立ち去ろうとしたところ、西のお部屋から、（大臣が）内の御障子を引き開けてお戻りになる。

（大臣が）「とても嫌《いや》な、気ぜわしい風ではないか。御格子を下ろしなさい。男たちもいるだろうに、丸見えではないか」と申し上げていらっしゃるのを、また寄って見たところ、（姫君が）何かおっしゃり、大臣も微笑《ほほえ》んで、見上げ申していらっしゃる。親とは思えない、若々しく気高く優美で、今が盛《さか》りのすばらしいお顔立ちである。

平安時代と今とでは、暮らしや常識がまったく異なるけど、とくに違うのが「恋《れん》愛《あい》」の形だ。平安時代の恋愛は、男性が女性の顔を「のぞき見」することから始まる。そして和歌でやりとりして、和歌に「今夜会いたい」っていうメッセージを込《こ》めるんだ。女性が和歌でOKを伝えると、夜に、男性が女性の家に会いに行くんだよ。

48 和歌ってなんのために詠《よ》んだの？

和歌の表現技法

▼▼本冊133ページ

解答

問1 A 白妙の　B ひさかたの

問2 C いなばの山の峰に生ふる
D みかの原わきて流るるいづみ川

問3 E ア・カ　F ウ・キ
G エ・ク〔各順不同〕

解説

枕詞《まくらことば》・序詞《じょことば》・掛詞《かけことば》を覚える！

和歌は、枕詞・序詞・掛詞という三つの表現技法をしっかり覚えておきましょう。

問1 Aの和歌の「白妙《しろたへ》の（しろたへの）」は「衣《ころも》・袖《そで》」に、Bの和歌の「ひさかたの」は「光・天」などに係る枕詞です。

問2 Cの序詞は「まつ」を、Dの序詞は「いつみ」を導く序詞です。Cの和歌の「まつ」は、「松」と「待つ」の掛詞になっています。

問3 Eの和歌は「ふりゆくものは」の部分

の「ふり」が掛詞で、「花が雪のように降りゆくが」と「古《ふ》りゆく（老いてゆく）ものは」という意味がかかっています。Fの和歌は「まだふみも見ず」の「ふみ」が掛詞で、「まだ踏《ふ》んだこともなく」と「まだ文《ふみ》を見たことがなく」という意味がかかっています。Gの和歌は「人目も草も　かれぬ」の部分の「かれ」が掛詞で、「人目が離《か》れる（なくなる）」と「草が枯《か》れる」という意味がかかっています。

【現代語訳】

A　翌朝の別れに涙《なみだ》も露《つゆ》も落ちて、しみじみと身に染《し》みる色合いの秋風が吹《ふ》くことだ。

B　日の光がのどかな春の日に、落ち着いた心もなく、桜の花は散っていくのだろうか。

C　別れて因幡《いなば》の国に行くが、稲羽《いなば》山の峰《みね》に生えている松のように、私を待つと聞いたらすぐに帰ってこよう。

D　瓶原《みかのはら》を湧《わ》き出て流れる泉川の「いつみ」ということばのように、いったいいつ会ったといって、こんなに恋《こい》しいのか。

E　桜の花を誘《さそ》って散らす嵐《あらし》の庭に降ってゆくのは雪ではなく、老いてゆくわが身であるよ。

F　大江《おおえ》山を越《こ》えて生野《いくの》に行く道が遠いので、まだ天《あま》の橋立《はしだて》を踏んだこともなく、母の手紙を見たこともありません。

G　山里は、冬は寂《さび》しさがより感じられる。人の訪れもなく、草も枯れてしまうと思うと。

ぼくが中学生のときは、「百人一首競技かるた」と言っても「なにそれ？」って人が多かった。でも最近は、末次由紀《すえつぐゆき》さんの漫画《まんが》『ちはやふる』のおかげで、日本だけじゃなくいろいろな国で競技かるたを始める人がふえているんだ。『ちはやふる』はストーリーももちろんだけど、漫画の中に描《えが》かれている「ことば」がとても素敵《すてき》だから、ぜひ一度読んでみてほしいな。

49 漢文って勉強する必要あるの？

漢文を読むコツ

▶▶本冊135ページ

解答

問1　エ

問2　氷は水之を為して

問3　エ

解説

返り点をマスターして漢文を攻略《こうりゃく》！

「レ点」「一・二点」「上・下点」の返り点があるときの読み方を覚えておきましょう。

問1　——線部①には「レ点」と「一・二点」があります。「レ点」は一字、「一・二点」は二字以上離《はな》れた上の字に返って読むので、書き下し文に改めるときには「学→以→已→可→不」の順番で読みます。「不」は、書き下し文にするときは「ず」とひらがなにします。

問2　——線部②には「レ点」があるので、「為」は先に下の「之」を読んでから読みます。したがって、書き下し文に改めるときには

「氷→水→之→為」の順番で読みます。それぞれの漢字のあとに記されている送り仮名《がな》をつけて書き直しましょう。

問3　——線部③「藍《あい》よりも青く」という書き下し文と対応しているのは、「而青於藍」という白文です。書き下し文にはない「而」「於」という字は置き字というもので、書いてあっても読まない字です。「青」と「藍」の字は二字以上離《はな》れているので、「藍」から「青」に返って読むには、「一・二点」を用いる必要があります。

漢文は古文と同じく、苦手意識をもっている人も多いと思う。でも漢文は、古文以上に「コスパ」がいい科目なんだ!
覚えることも少ないし、一度得意になってしまえば、ずっと点数が取れるよ。高校生になってからも漢文は勉強すると思うけど、とっても「お得」な科目だってことを覚えておいてほしい。

---

50 漢詩がわからないー!

漢詩の知識

▼▼本冊137ページ

解答

問1　五言絶句
問2　新・人(順不同)
問3　ア

解説

漢詩は分類と表現技法に注意!

漢詩は、句の数と一句の字数によって**「五言絶句」「五言律詩」「七言絶句」「七言律詩」**に分類されます。また、**漢詩には押韻《おういん》と対句《ついく》という表現技法が用いられています。**

問1　四句から成り、一句の字数が五字なので、五言絶句に分類されます。

問2　押韻とは句の最後の字を同じ音の字でそろえることをいい、五言絶句の場合は二句目の承句と四句目の結句の最後の字を押韻にします。したがって、この詩では「新(シン)」と「人(ジン)」が押韻になっています。ちなみに、三句目と四句目は対句になっています。

問3　書き下し文を参考にして、漢詩の主題をとらえましょう。この漢詩は、日暮れの川のほとりの風景を詠《よ》んだもので、それを目にしている旅人は愁《うれ》いを抱《かか》えています。したがって、アが正解です。イは「野心を抱《いだ》く船頭」、ウは「旅人の落胆《らくたん》」、エは「日常への感謝」が漢詩の内容と合いません。

【現代語訳】
建徳江《けんとくこう》に泊《と》まる
舟《ふね》を動かし、川霧《かわぎり》がたちこめる川辺に泊まる
日が暮れ、旅人の悲しみは新たにわいてくる
野は広々として、空は木々の上に垂れ
川は澄《す》んで、月は人の近くにあるようだ

漢文は「お得」な科目! とさっきは書いたね。でも正直に言うと、ぼくは中学生のころ「漢詩」が苦手だったんだ。でも、漢詩の「ルール」を覚えてしまえばこわいものではないということがわかったんだ。試験ではあまり問われない漢詩だけど、最低限のルールを覚えておけば、しっかりと解けるようになるよ!

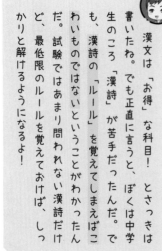